KB133471

정의와 평화윤리

# 정의와 평화윤리

유 석 성

서울신학대학교출판부

# 추천사


　나는 서울 신학대학교 총장 유석성 박사를 잘 알고 있습니다. 유석성 총장은 독일 튀빙겐 대학교에서 1990년 나의 지도하에 디트리히 본회퍼에 관한 논문으로 신학박사학위를 받았습니다. 유석성 총장은 그후 본회퍼에 관한 연구를 계속하여 논문과 글들을 발표하였으며, 한국 본회퍼학회 회장을 맡고 있습니다. 그는 또한 한국 기독교학회 회장, 전국신학대학협의회 회장, 한국 신학대학 총장협의회 회장 등 여러 학회와 단체의 회장을 맡아 일하였습니다.

　유 총장은 정의와 평화, 한국의 남북한 통일문제에 대해서 한국, 독일, 미국, 일본, 중국 등 세계 각처에서 강연을 한 바 있습니다. 그는 독일의 현대신학과 한국의 전통사상과 신학에 대해서 잘 알고 있으며, 중국철학과 한국사상 그리고 사회윤리학에 관련된 철학, 사회학, 역사학, 정치학, 법학 등의 분야들도 폭 넓게 공부하였습니다. 유석성 총장은 뛰어난 학자요, 우리시대의 박학다식(博學多識)한 훌륭한 지성인입니다.

　유 총장은 서울신학대학교 총장직을 성공적으로 잘 수행하였습니다. 그는 앞으로 「정의와 평화( Gerechtigkeit und Frieden)의 관계」, 「사랑과 힘(권력)(Liebe und Macht)의 관계」 그리고 「사랑과 정의 그리고 평화의 관계」에 대하여 계속하여 연구할 것입니다.

유석성 총장이 신학계뿐만 아니라 한국사회와 한국의 평화통일과 세계평화를 위해 봉사할 수 있기를 바랍니다.

2016년 7월10일 독일 튀빙겐에서

독일 튀빙겐대학교 명예교수
서울신학대학교 석좌교수
Jürgen Moltmann(위르겐 몰트만)

# 들어가는 글

정의와 평화는 인류 모두의 염원이며 우리 사회, 우리 민족, 세계가 이루어야 할 과제이다. 세계는 평화를 갈망하는 전쟁의 역사라고할 수 있다. 우리는 1945년 일제 강점기로부터 해방된 동시에 강대국의 이해관계에 의해서 분단되었다. 우리 해방의 역사는 분단의 역사가 된 것이다. 독일은 1990년 통일되기 전에 단 74년의 통일의 역사를 가지고 있었다. 반면에 우리 한민족은 천년이 넘는 통일의 역사를 가진 민족이다. 우리는 통일을 이루어야 하고, 그것도 평화통일을이루어야 한다.

통일은 당위성과 필요성 그리고 긴급성의 특성을 가지고 있다. 우리는 통일을 꼭 이루어야만 하는 당위성, 세계강대국으로서 평화롭게 살기 위한 필요성 그리고 그것도 가능한 빨리 긴급하게 이루어야할 긴급성의 특성을 가지고 있다.

한국기독교는 130년의 역사 속에서 세 시기로 나누어 이 민족과사회를 위해서 큰 역할을 해왔다. 첫째, 개화기의 문명운동. 둘째, 일제 강점기의 항일독립운동. 셋째, 해방 후에 민주화운동의 큰 역할을해왔다. 2000년대 들어서면서 한국개신교는 사회적 신뢰가 떨어지고 교회성장도 멈추었고, 오히려 쇠퇴하고 있다. 이제 한국교회가 사회적 신뢰도 얻고 민족적 사명을 얻기 위해서는 평화통일 운동에 나서야 한다.

예수님의 가르침은 실천적 의미에서 사랑과 정의 그리고 평화라는 세 단어로 이것은 요약할 수 있다. 사랑은 정의로써 구체화되고 정의가 행해짐으로써 평화가 이루어진다. 그동안 동서양의 정의와 평화사상에 관심을 갖고 연구하여 왔다. 이 책에 실린 글들은 그 연구의 결과이다. 여러 가지 더 연구해야 할 주제와 사상이 있지만 그동안 연구된 것을 한 권의 책으로 묶기로 하였다. 앞으로 더 연구하여 보완하고자 한다.

평화통일을 기원하며
2016년 6월 7일
유 석 성

# 목 차

# 제1장 아리스토텔레스의 정의론

## 1. 서 론

　정의는 인류와 사회의 이상이며 목표이다. 인간이 인간답게 인간의 권리를 지키고 인간의 존엄성을 누리며 살기 위해서는 정의가 필요하다.

　부정의와 부조리가 가득한 사회에서 정의에 대한 갈망은 더욱더 절실해진다. 정의에 대한 관심은 법학, 철학, 신학에서 주요 관심사이다. 정의에 대한 관심은 동서고금 어디에서건 쉽게 찾아 볼 수 있다. 현대 사회에서 논란의 초점이 되고 있는 정의 개념을 올바로 파악하기 위해서는 희랍 철학의 전통에서 그 연원을 찾는 것이 바람직할 것이다.

희랍의 전통에서 정의에 대한 진지한 관심을 갖기 시작한 것은 조화와 비례적 균형을 강조한 자연철학자들로부터 시작하여 소피스트로 이어졌다. 대부분의 소피스트들은 근본적으로 상대주의자들이었다. 이런 상대주의적 관점을 물리치는 것이 바로 소크라테스, 플라톤, 아리스토텔레스의 과제였다.

아리스토텔레스(384-322, BC)는 윤리학을 학문적으로서 정립시켰으며 정의의 개념을 종합적으로 체계화시켰다.[1] 아리스토텔레스는 『니코마코스 윤리학(Ethica Nicomachea)』 제5권에서 정의의 문제를 다루고 있다. 그는 이 책에서 정의와 부정의에 관해서, 어떤 성질의 행위에 양자(정의와 부정의)가 관계하며, 정의란 어떤 종류의 중용이며, 옳은 행위란 어떤 두 극단 사이의 중간인가를 고찰하였다.[2] 이글에서는 아리스토텔레스 이전의 희랍의 정의론과 『니코마코스 윤리학』 제5권에서 드러나 있는 아리스토텔레스의 정의론에 대하여 고찰하고자 한다.

---

1) 아리스토텔레스의 윤리에 관하여 ; Vgl. Otfried Höffe, *Praktische Philosophie. Das Modell des Aristoteles,* München /Salzburg, 1971-*Ethik und Politik. Grundmodelle und-probleme der praktischen Philosophie,* Frankfurt am Main, 1979. 13-83. Jonathan Barnes(ed.) *The Cambridge Companion to Aristotle,* New York, 1995, 195-232. 아리스토텔레스 정의론에 관하여, Vgl. *Alasdair MacIntyre, Whose Justice? Which Rationality?* Notre Dame, Indiana, 1988.103-123. Barker, *The Political Thought of Plato and Aristotle,* New York, 1959, 331-356. Hans Kelsen, *What is Justice? Justice, Law, and Politics in the Mirror of Science,* Berkeley/LA, 1960. chr. Demmerling, Th. Rentsch(Hg.) Die Gegenwart der Gerechtigkeit, Berlin, 1995, 17.-28.

2) 2 Aristoteles, *Ethica Nicomachea,* 영역 *The Ethics of Aristotle, The Nicomachean Ethics.* (Translated by J. A. K. Thomson) Penguin Books, 1955. 독역, *Nicomachische Ethik.*(übersetzung von Eugen Rolfes). Ph.B. 5, Hamburg, 1985. 국역, 『니코마코스 윤리학』, 최명관 역 ( 서광사 : 1984), 본 논문에서는 국역을 주로 인용 참조함. 이하EN으로 약칭.

## 2. 아리스토텔레스 이전의 희랍의 정의론

### 1) 정의의 개념과 정의관의 다양성

정의는 다음 두 가지 명제로부터 출발한다고 할 수 있다. 즉, '각자에게 그의 것을'(suum cuique, Jedem das Seine, to each his own)는 명제와 '눈에는 눈 이에는 이'라는 명제에서 출발한다. 첫째 명제는 "아무리 강한 자라도 자기가 갖도록 되어 있는 것 이상을 가져서는 안 되고, 아무리 약한 자라도 자기가 가질 수 있는 것을 가지는 것이 정의이며, 두 번째 명제는 힘의 강·약과 상관없이 어떤 사람이 타인에게 해악을 가한 만큼의 보복을 되받는 것이 정의"라는 것이다.[3] 이 두 명제는 정의에 관한 다양한 이론을 뒷받침하는 개념적 기초가 된다. 즉, '각자에게 그의 몫을 주라'는 명제는 분배적 정의의 원리로서 영향을 미쳤으며, 동해보복(同害報復)의 원리를 의미하는 '눈에는 눈 이에는 이'라는 명제는 시정적 정의의 원리로서 영향을 미치게 되었다.

우리는 여기서 한 가지 중요한 구분을 해 둘 필요가 있다. 그것은 '정의'란 말의 뜻, 즉 정의의 개념(concept of justice)과 정의에 대한 이해 방식,(conception of justice) 즉 정의관을 서로 구분해야 한다. 가령 분배적 정의란 말의 뜻, 즉 개념은 '각자에게 그의 것'을 주는 것을 말하며 이점에 대해서는 견해 차이가 있기 힘들다. 그러나 무엇이 '각자에 적합한 그의 몫'인가에 대해서는 서로 입장이 다를 수 있다.

---

3) 황문수, "서양정치사상과 정의", 『현대사회』, 1981. p.4.

가령 우리의 상식적 입장에서는 더 많이 일한 사람에게 더 많이 주고 더 적게 일한 사람에게 더 적게 주는 것을 정의라고 생각한다. 각자의 업적을 분배의 기준으로 삼는 이런 정의관을 흔히 업적주의적 정의관(meritocratic conception of justice)이라고 하며, 자본주의의 장구한 발전 과정에서 이런 입장이 더욱 강화되고 있는 것이 현실이다. 그러나 이런 입장을 따를 경우 선천적인 중증 장애자들처럼 생산 과정에 전혀 기여할 수 없는 사람들은 사회적 부에 대해 아무런 요구도 할 수 없을 뿐만 아니라 그 결과 최소한의 생존권조차 위협받게 된다.

이에 비해 사회주의자들은 '필요'에 따라 분배할 것을 요구한다. 즉, 마르크스가 고타 강령에서 밝힌 것처럼 "능력에 따라 일하고 필요에 따라 분배해야 한다"는 것이다. 그러나 이 정의관에 따를 경우 첫째, 능력에 따라 일해야 한다는 요구는 개인의 자유를 침해하게 된다. 가령 어떤 이가 화가로서 일평생을 살기를 열망한다. 그러나 이 사람의 노래 솜씨에 비해 그림 솜씨는 그렇게 빼어난 것은 아니다. 사회 전체의 입장에서 볼 때는 그가 화가가 되는 것보다는 가수가 되는 것이 분명 훨씬 더 유익할 것이다. 그렇다고 해서 가수가 될 것을 사회가 요구한다면 그것은 그 사람의 자유를 침해하는 것이 되고 말 것이다. 둘째, "필요"라는 개념은 무엇보다도 정확히 정의하기 힘들다는 결정적인 난점을 지니고 있다. 그러나 더욱 심각한 결점은 분배의 기준으로 "필요"가 전면으로 부각될 경우, 복지를 신장할 수 있다는 장점에도 불구하고 사회의 사회를 유지·발전시키기 위해 요구되는 생산성을 유지할 수 없다는 점이다. 이점은 지난 20세기 공산주의 실험의 좌절이 잘 보여 주고 있다.

　이처럼 다양한 정의관들에서 나타나는 여러 가지 상호 갈등들을 올바로 파악하는 한 방편으로 아리스토텔레스의 정의론을 살펴보고자 한다. 현대의 무수한 정의론들, 특히 정의와 관련된 온갖 종류의 개념과 이론들은 그 외견상의 다양성에도 불구하고 대부분 희랍적 전통과 밀접히 연관되어 있다. 따라서 정의와 관련된 현대의 다양한 논쟁들을 올바로 이해하기 위하여서는 희랍철학에서의 정의론, 특히 아리스토텔레스의 정의론을 이해하여야 한다. 왜냐하면 현대 정의론의 이론적 근거들을 추적해 보면 그 대부분이 이미 아리스토텔레스의 이론화 작업 안에서 발견되기 때문이다. 물론 아리스토텔레스 이전의 플라톤이나 소크라테스 더욱 멀리는 밀레토스 지방을 중심으로 활동한 자연철학자들의 단편에서도 정의에 관한 중요한 아이디어들을 쉽게 추적해 볼 수 있다.

## 2) 자연철학자들과 소피스트들

　서양 철학의 시조는 주지하다시피 기원전 6세기 밀레토스 지방의 자연철학자인 탈레스(Thales)라고 한다. 그는 물을 만물의 근원(arche)이라고 하였다. 또 다른 자연철학자인 아낙시메네스(Anaximenes)는 공기가 만물의 근원이라고 하였다. 이러한 자연철학자들의 일차적 관심은 자연이었으며 또한 자연 속에서 우주의 근원 혹은 궁극적 원리를 찾고자 했었다. 따라서 자연을 일차적인 관심대상으로 삼았던 자연철학자들은 정의를 자연적인 것으로 생각하였다. 그 결과 조화

또는 비례적 균형을 자연 세계의 궁극적 원리로 파악하고 정의의 본
질을 "자연에 따라" 사는 것에서 파악하였다. 솔론(Solon)은 자연을
이루고 있는 여러 요소들이 서로 균형 있는 조화를 이루면 정의가
이루어진다고 하였다.[4]

소피스트들은 철학의 관심을 자연에서 인간으로 전환시켰다. 그
러나 여기서 더욱 중요한 문제는 그들이 인간의 삶을 상대주의적 시
각에서 바라보았다는 점이다. "자연의 모습(physis)은 어디를 가나 똑
같지만, 인간의 규범(nomos)은 가는 곳마다 다르다"는 그들의 주장
에서 알 수 있듯이 그들은 인간 세계에서 보편적인 규범의 가능성을
처음부터 부정한다. 특히 프로타고라스는 '인간은 만물의 척도'라고
하면서 정의에 대한 객관적인 가치척도를 부정하고 주관적 상대주
의를 대표하였다. 물론 여기서 인간은 개인을 말한다.

## 3) 플라톤의 『국가』

플라톤의 『국가』편에서 소크라테스의 강력한 논적으로 등장하는
트라시마코스는 '정의를 강자의 이익 외에는 다른 것이 아니다'라고
주장한다.[5] 즉, 정의에 대한 어떤 보편적 기준이란 없으며, 강자가
자신에게 이익이 되는 것을 정의의 이름으로 정당화한다는 것이다.
따라서 현실에서 정의로 일컬어지는 것들은 사실은 강자에게 이익

---

4) 조요한, "그리스 철학의 정의관", in : 『정의의 철학』( 대화 출판사 : 1977), p.97.
5) Platon, *Politeia, 338c*.

이 되는 것에 불과하다는 것이다.

정의에 대한 이와 같은 트라시마코스식 사고 방식을 거부하는 것이 플라톤의 『국가(Politeia)』편이다. 플라톤의 여느 대화록이 그러하듯이, 플라톤은 여기에서도 소크라테스를 등장시켜 그 논적인 트라시마코스의 입장을 반박하고 있다. 여기서 중심 주제는 정의이다. 플라톤은 『국가』에서 이상적인 국가의 최대 관심사를 정의로 보았다. 이상적 국가의 최대 관심사는 국가의 건강이었다. 이렇게 볼 때 정의란 개인의 평등이라기 보다는 국가 전체의 건전성이었다.[6]

플라톤은 정의란 "각자가 자기 자신의 일을 하는 것"[7]이라고 하였다. 플라톤은 국가 구성원으로서의 개인이 도시 국가 질서 속에서 자기의 타당한 자리를 차지하여 자기에게 주어진 직분을 다함으로써 국가 전체가 정의롭게 된다는 것이다. 즉, 정의란 "자기 자신의 것을 갖거나 자기 자신의 일을 행함"이라는 것이다.[8] 플라톤은 인간의 영혼을 삼분설로 설명한다. 플라톤은 영혼이 이데아적인 부분인 이성과 육체적인 부분인 기개와 정욕의 세 부분으로 되어 있듯이 국가도 통치계급, 무사계급, 생산계급의 세 가지 계급으로 구성되어 있다고 하였다. 통치계급의 덕은 지혜(sophia)이며, 무사계급의 덕은 용기(andreia)이며, 생산자 계급의 덕은 절제(Sōphrosynē)이다. 이 지혜, 용기, 절제의 조화를 이루는 가운데 정의(dikaiosynē)의 덕이 있다. 정의의 덕은 다른 덕들을 나라 안에서 생기도록 하는 힘을 주고, 정의를

---

6) 조요한, "그리스 철학의 정의관", p.101.
7) Platon, *Politeia, 433b.*
8) Platon, *Politeia, 433e/434a.*

보전하는 것을 가능하게 하는 것이다.[9]

그렇다면 정의란 어떻게 이루어지는가? 국가 구성원인 통치계급, 무사계급, 생산계급의 사람들이 자기에게 부과된 각각의 덕목인 지혜, 용기, 절제 등의 덕을 잘 발휘하도록 자신의 맡은 바 직무를 잘 수행하여 타자의 영역에 간섭하지 않을 때 정의롭게 되고, 나라 전체에 균형과 조화를 이루고 있을 때 정의가 이루어지고 정의의 국가가 된다. 정의란 "자신의 일을 하고 남의 일에 참견하지 않는 것이다."[10] 정의는 "다양한 부분의 질서와 균형"이고 "전체성의 원리로서 다양성의 통일"이다.[11]

플라톤 정의관은 무엇이 문제인가? 가장 먼저 지적할 수 있는 것은 근대 이전 사상에서 흔히 볼 수 있는 것처럼 인간의 불평등에 대해 선천적인 방식으로 정당화 내지 인정하고 있다는 점이다. 플라톤에 따르면 인간은 처음부터 통치계급, 무사계급, 생산자 계급으로 태어난다. 그리고 그들 각자는 선천적으로 신체적·지적 능력에서 차이를 보인다. 물론 모든 인간이 똑같이 태어나는 것은 아니다. 그러나 출생이나 사회적 배경에서의 이러한 차이들이 정치적·도덕적 불평등의 근거로 간주되어서는 안 되는 것이다. 플라톤의 정의관에는 인도주의적 토대가 상실되었으며 법 앞의 평등과 같은 정의에 대해서는 결코 언급하지 않았다는 칼 포퍼의 비판[12]은 바로 이런 점에 대

---

9) Platon, *Politeia, 433b.*
10) Platon, *Politeia, 433a.*
11) 조요한, "그리이스 철학의 정의관", p.103.
12) Karl R. Popper, *The Open Society and Its Enemies, Vol. I. London,* 1962, 93. 『열린사회와 그

한 비판인 것이다. 포퍼가 플라톤을 "열린 사회의 적"으로 규정하는
것 역시 플라톤의 정의관에서는 평등으로 나아갈 수 있는 길이 원천
적으로 봉쇄되고 있기 때문이다.


## 2. 인간의 궁극적인 목적 : 행복

### 1) 최고선

아리스토텔레스의 윤리학은 인간과 자연, 만물이 각기 실현해야
할 목적을 가지고 있다는 목적론적 형이상학에 기초하고 있다. 아리
스토텔레스의 이러한 목적론적 형이상학에서 보자면, 이 세계의 다
양한 존재자들이 실현해야 할 고유한 목적이란 바로 선(善)이다.[13]
결국 인간과 사회는 각각의 선의 실현을 그 목표로 하고 있는 것이
다. 아리스토텔레스의 윤리학의 근간을 이루고 있는 『니코마코스 윤
리학』과 『정치학』은 공히 선에 대한 물음으로부터 출발하고 있다.
아리스토텔레스는 『니코마코스 윤리학』에서 다음과 같은 말로 시작
하고 있다.

"모든 기술과 탐구 또 모든 행동과 추구는 어떤 선의 실현을 목표로

---

적들』, 이한구 역 ( 민음사 : 1992), p.136.
13) EN 1094a. 국역, p.31.

삼는 것이라 생각된다. 그러므로 선이란 모든 것이 목표 삼는 것이라는 주장은 옳은 것이라 하겠다.[14)]

아리스토텔레스는 좋은 사회에 대한 물음 역시 선과 연관시킨다.

"모든 나라(Polis)는 일종의 공동 생활체(koinonia)이며, 모든 공동 생활체는 어떤 선한 목적을 위하여 구성된 것이므로 (모든 인간은 선한 것으로 보이는 것을 얻기 위하여 행동하기 때문이다.) 모든 공동 생활체가 어떤 선을 목표로 삼는가 하면, 또 한편 기타 모든 것들 중에서 가장 탁월하고 모든 공동 생활체를 포함하는 나라의 정치 공동체가 (어떤 다른 공동체보다도) 가장 열심히 선한 것을, 그것도 모든 선한 것 가운데서 가장 우월한 것을 목적으로 삼는다는 것은 명백하다. 이것이 소위 국가이며 정치 공동체이다."[15)]

아리스토텔레스는 다른 모든 것이 좋은 것을 얻기 위해, 즉 선을 목적으로 행하여진다고 말하였다. 일차적으로 의학에서는 건강이, 병법에서는 승리가, 건축에서는 집이 그 목적이다. 그러나 궁극적으로는 인간의 행위는 이런 일차적인 목적 뒤의 진정한 최종의 목적, 즉 선을 추구한다고 보았다.[16)]

---

14) 아마도 에우독소스의 주장인 것 같다. 에우독소스는 "만물에 대하여 좋은 것, 그리고 만물이 목적으로 삼는 것이 바로 선이라고 생각하였다"고 아리스토텔레스는 말하였다. EN 1172b. 참조
15) Aristoteles, Politica, 1252a. 1-6.『정치학』, 김완수, 천병희 역 (휘문출판사 : 1996), p.191.
16) EN 1097a, 41. 국역, p.41.

개개인의 일거수 일투족의 개별적인 행위가 궁극적으로 지향하는 것은 행위 그 자체가 직접적으로 지향하고 있는 어떤 구체적인 목표가 아니라 이런 목표를 넘어서 있는 어떤 것이다. 따라서 하나하나의 개별적 행위는 이런 궁극적 목적으로 나아가는 과정에서 수단으로 역할을 하게 된다. 가령 강의실에서 교수가 분필을 집는 것은 칠판에 쓰기 위함이요, 칠판에 판서하는 것은 학생들에게 교수 내용을 설명하기 위함이다. 이와 같이 개별적인 하나하나의 행위는 상대적인 계열로 수단과 목적의 관계로 되어 있다.

이렇게 수단과 목적의 관계를 계속 추적하면, 그 이상 더 올라 갈 수 없는 궁극적인 지점에 도달한다. 즉, 다른 것이 아닌 바로 그 자체를 위하여 원하는 그 무엇이다. 아리스토텔레스는 이것을 최고선(summum bonum)이라고 하였다.

## 2) 행복

아리스토텔레스는 모든 선 가운데 최고의 것이 되는 최고선을 행복(eudaimonia)이라고 하였다. 최고선은 인생의 궁극 목적이 되는 것이며, '모든 일의 목적으로서 그것 자체 때문에 우리가 원하는 것'이다.[17] 아리스토텔레스는 인생의 궁극 목적이 되는 최고선으로서 행복은 궁극성과 완전성의 특징을 지니는 것으로 설정한다. 이때 궁극성은 그것이 다른 무엇의 수단이 될 수 없다는 뜻으로서 자기 목적

---

17) EN, 1094a. 국역, pp.31-32

성을 의미한다. 또한 완전성은 그 이상 아무것도 보탤 필요가 없이 그것만으로 충분한 자족성이다.[18]

아리스토텔레스는 자신의 가능성을 충분히 발휘하고 참된 본성 내지는 인격을 가능한 한 최대한으로 실현시킴으로서 궁극적으로 완전한 하나의 인간이 되는 것이야말로 인간에게 고유한 인간의 목표라고 본 것이다. 이 목표를 행복이라고 하였다.

그렇다면 행복이란 구체적으로 무엇을 말하는가? 행복이 쾌락, 명예, 재산, 덕, 선의 이데아와 동일시 될 수는 없다. 쾌락 역시 행복과 동일시 될 수 없다. 쾌락이 짐승이나 노예의 목적은 될 수 있을 것이다. 또한 비속한 사람들은 행복과 쾌락을 동일시하기도 한다. 그러나 쾌락이 이성적 존재로서의 인간의 목적은 될 수 없다.

명예 역시 최고의 선, 즉 행복이 될 수는 없다. 교양 있는 사람들은 대체로 정치적 생활의 목적을 명예로 보기 때문에 명예를 선이요, 행복이라고 한다. 그러나 아리스토텔레스는 이러한 견해가 너무 피상적이라는 점에서 동의하지 않는다. 왜냐하면 명예란 그것을 받는 사람보다 오히려 그것을 주는 사람에게 달려 있다는 점에서 피동적일 뿐만 아니라 우연적인 것이다. 따라서 이런 것을 인생의 목표인 행복으로 생각할 수 없기 때문이다.

덕이 행복이라고 생각하는 견해에 대하여도 아리스토텔레스는 덕이 명예보다는 더 나은 것이기는 하지만 궁극적인 목적이 되기에는 부족하여 덕 그 자체가 행복일 수는 없다고 한다. 왜냐하면 덕을 소

---

18) EN 1097b. 김태길,『윤리학』개정판 ( 박영사 : 1983), p.37 참조.

유하고 있으면서도 미처 덕을 제대로 계발시키지 않아 잠재운 채 일생 동안 아무 일도 않고 지낼 수도 있기 때문이다. 또 경우에 따라서는 유덕한 행동을 하기 위해서는 아주 심한 고통과 불행을 당하는 수도 있기 때문이다.

돈 역시 다른 것을 위한 유용한 수단일 뿐 궁극적인 목적인 행복이 될 수 없다. 아리스토텔레스는 플라톤이 말한 선의 이데아도 인생의 궁극적인 목적은 될 수 없다고 말한다. 왜냐하면 모든 '선'에 공통되는 이데아란 아리스토텔레스의 입장에서 볼 때 아예 존재조차 하지 않을 뿐만 아니라 선이란 여러 가지 의미를 가지고 다양하게 사용되고 있기 때문이다. 아리스토텔레스의 입장은 현실적인 선한 것들을 떠나서 '선함' 그 자체라든가 선의 원형이 따로 없다는 것, 설사 선의 이데아가 있더라도 그것이 이 땅 위에서의 실천 생활에는 아무 소용이 없다는 것이다.

결국 행복이란 잘 사는 것, 잘 하는 것이라고 한다. 잘 사는 것은 잘하는 것이다. 잘하는 것은 자기의 능력을 잘 발휘함을 뜻한다. 인간의 기능에는 ① 영양을 섭취하는 생육적인 기능 ② 감성, 지각적인 기능 ③ 정신의 이성적인 기능이 있다. 영양을 섭취하는 생육적인 기능, 즉 식물과 영양을 취하여 생식하는 기능은 식물에게도 공통적인 기능이요, 감성적이거나 지각적 기능은 말이나 소 혹은 그밖에 모든 동물에게 공통되는 현상이다. 이에 비해 이성적 부분은 이치(혹은 이성적 원리)에 순종한다는 의미에서 이성적이요, 또 이성적 원리를

소유하여 이성적으로 사유한다는 의미에서 이성적이다.[19]

사람을 진정으로 사람답게 하는 것은 바로 정신의 이성적인 기능이다. 따라서 아리스토텔레스는 사유를 본질로 삼는 이성의 기능을 유감없이 잘 발휘함이 인간으로서 좋은 삶이요, 그것이 곧 인간의 행복이며 궁극 목적이라는 결론에 도달한다.[20] 그러나 만일 이성적 기능의 발휘가 순간적이거나 일시적이라든가 혹은 일회적이라면 행복에 도달할 수 없다고 한다. 여기서 아리스토텔레스는 저 유명한 비유를 든다. "한 마리의 제비가 날아온다고 하루아침에 여름이 되는 것도 아닌 것처럼 인간이 복을 받고 행복하게 되는 것도 하루나 짧은 시일에 되는 것이 아니다."[21]

행복은 일생을 통하여 지속적이고 습관적으로 한결같이 발휘될 때 실현되는 것이다. '이성을 항상 발휘하기 위해서는 그렇게 하는 습성이나 경향이 필요하다. 이 습성이 곧 덕이라고 불리는 것이며 덕은 그 자체가 행복이 되는 것이 아니나 행복을 위하여 불가결한 바탕이 된다'는 것이다.[22] 아리스토텔레스는 인생의 궁극적 목적인 최고선을 행복이라고 보았으며 행복을 덕과 연관시켜 다루었다. 이제 덕과 정의의 관계를 살펴보자.

---

19) NE 1098a. 국역, p.44.
20) 김태길, 『윤리학』, p.39.
21) EN 1098a. 국역, p.44.
22) 김태길, 『윤리학』, p.39.

## 3. 정의와 중용

### 1) 정의 : 완전한 덕

아리스토텔레스는 정의를 "완전한 덕(teleia arete)"으로 특징지웠다.[23] 이것은 무조건적인 것이 아니라 이웃에 대한 관계에 있어서 그렇다는 것이다. 정의는 덕 가운데 가장 큰 덕이다. 아리스토텔레스는 정의를 "완전한 덕"이며 "최고의 덕"이라고 하였다. 이 덕은 "이웃에 대한 관계"의 덕이다. 정의의 구체적인 유형에 대해서는 절을 바꾸어 상세히 살펴보도록 하자.

그런데 아리스토텔레스는 최고선인 행복은 덕에 따른 정신 활동이며,[24] 인간의 선이란 결국 덕에 일치하는 정신의 활동이라고 하였다.[25] '덕은 이성을 잘 발휘하게 하는 습성이며, 삶의 궁극 목적으로서의 행복을 위한 기본 조건이다.[26] 덕에는 지적인 덕과 도덕적인 덕이 있다. 지적인 덕은 교육을 통해 발생하기도 하고 성장하기도 한다. 그런 까닭에 경험과 시간을 필요로 한다. 도덕적인 덕은 습관의 결과로 생긴다.[27] 덕은 실천을 함으로써, 즉 실천을 통해 얻게 된다. 기술의 경우에도 마찬가지이다. 예를 들면 집을 지어 봄으로써 건축

---

23) EN 1296. Aristoteles의 덕에 관하여서는 다음 참고. Alasdair MacIntyre, *After Virtue, Notre Dame, 1981, pp.146-164.*

24) EN 1102a. 국역, p.56.

25) EN 1098a. 국역, p.44.

26) 김태길, 『윤리학』, p.49.

27) EN 1103b. 국역, p.62.

가가 되며, 거문고를 탐으로써 거문고 악사가 되는 것이다. 이와 마찬가지로 옳은 행위를 함으로써 그 인품이 옳게 되고, 절제있는 행위를 함으로써 그 사람됨이 절제있게 되며, 용감한 행위를 함으로써 용감하게 된다.

## 2) 중용 : 습관화된 덕

아리스토텔레스는 덕은 일종의 중용으로서 중용에서 성립하는 행위 선택의 성품이라고 하였다.[28] 중용이란, 아주 쉽게 이해하자면, 지나치지도 않고 부족하지도 않은 상태이다. 즉, 과부족 하지 않은 상태이다. 중용은 과도와 부족의 중간 상태이다. 그러나 여기에서 말하는 중간이 산술적 비례를 따른 중간이 아니다. 예컨대 10이면 많고 2이면 적다고 할 경우 대상 자체에 있어서는 6이 중간이지 중용은 아니다. 이 6은 산술적 중간이다. 따라서 중용은 동거리상의 중간인 산술적 중간을 의미하지 않는다. 즉, 여기서 중용은 양 극단적인 것과의 관계에서 바람직한 중도를 모색하는 것이다.

다른 한편 중용(mesotes)은 습관화된 덕이다. 즉, 중용은 이성적 원리에 의하여 그리고 실제적인 지혜를 가지고 있는 사람이 그것을 결정할 때나 기준으로 삼을 원리에 의하여 결정되는 것이다.[29] 이런 결정은 하루아침에 이루어지는 것이 아니라 오랫동안 훈련을 통해

---

28) EN 1107a. 국역, p.72.
29) EN 1107a. 국역, p.72.

내면화된 것이어야 한다. 가령 우리는 중용에 따라 비겁은 결핍의 악덕이고 무모는 과잉의 악덕이며, 여기서는 용기가 중용의 덕이라고 할 수 있다. 그러나 그것을 용기라고 할 수 있을 정확한 정도를 평가하는 것은 항상 구체적 상황과 연관되어 평가되는 것이며, 이런 판단을 위해서는 우리의 습관으로 굳어져 있어야 하는 것이다. 또한 비굴과 오만이 중용을 이룰 때 우리는 비로소 긍지라고 할 수 있을 것이다. 그러나 어떤 행위가 긍지에 따라 이루어진 행위이기 위해서는 장기간에 걸친 습관이 필수적인 것이다. 결국 아리스토텔레스의 입장에서 볼 때, 악덕은 과도나 부족으로 말미암아 생기는 것이다. 따라서 과도와 부족에는 중용이 없고, 중용에는 과도와 부족이 없다.

## 4. 정의개념의 구분

아리스토텔레스는 정의란 "저녁별이나 새벽별도 그만큼 찬란하게 빛나지 못할 정도로 놀랍도록 아름다운 것"이라고 하였다. 정의는 가끔 모든 덕 가운데 가장 큰 덕이라 생각되며 또 저녁의 별도 새벽별도 그만큼 놀라운 것은 못된다고 하였다.[30]

그렇다면 정의란 도대체 무엇인가? 아리스토텔레스는 "정의란 사람들로 하여금 옳은 일을 하게 하며, 옳은 태도로 행동하게 하며

---

30) EN 1129b. 국역, p.145.

또 옳은 것을 원하게 하는 성품이라고 하였다.[31] 또한 아리스토텔레스는 "옳음은 합법적인 것과 공정한 것으로 부정을 위법적인 것과 불공정한 것"으로 나누었다.[32] 그렇다면 정의개념은 구체적으로는 어떻게 구분되는가?

## 1) 일반적 정의 : 법적 정의

아리스토텔레스는 정의를 크게 두 가지로 구분한다. 즉, 넓은 의미에서 정의를 일반적인 정의(iustitia generalis, iustitia univeralis)라고 하며, 좁은 의미에서 정의를 특수적인 정의(iustitia particularis)라고 한다. 여기서 일반적 정의는 적법성(합법성 nomimos, lawfullness)에 근거하고 있는 법적 정의(iustitia legalis) 내지 준법적 정의이다. 이에 비해 특수적 정의는 균등성(평등성 isos, equality)에 근거하고 있으며 또한 평등 개념과 밀접한 관련을 맺고 있다. 이렇게 볼 때 어떤 이가 '부정의하다'는 것은 법을 지키지 않는다는 점에서 위법적인 사람이라는 의미일 수도 있고 혹은 자기 몫 이상의 것을 취하려 든다는 점에서 불평등을 지향하는 인물이라고 할 수도 있다.

법률적 정의를 의미하는 일반적 정의에서는 무엇보다도 적법성 내지 합법성이 중요하다. 이런 관점에서 볼 때, "정의란 법을 준수하는 것"이다. 올바른 것은 법적인 것이요, 올바른 사람이란 법을 따르

---

31) EN 1129a. 국역, p.143.
32) EN 1130b. 국역, p.147.

는 사람이다. 즉, 합법적인 것이 곧 도덕적인 것이요, 법을 준수하는 사람이 곧 덕이 높은 사람이다. 왜냐하면 법률적 정의로 이해되는 일반적 정의에서는, 법이 도덕률과 일치하기 때문이다. 이와는 달리 좁은 의미의 정의를 말하는 특수적 정의는 평등의 규칙을 준수하는 것으로 구성된다. 여기에서 옳은 것은 평등한 것이며 올바른 사람은 그 자신만을 고려하는 것이 아니라 온갖 사물들과 자신의 친구들에 대해서도 공평한 관심을 갖으며, 따라서 이기적인 태도를 취하지 않는다.[33]

이렇게 본다면 법을 무시하는 사람은 부정의한 사람이요, 법을 존중하는 사람이 옳은 사람임이 분명한 까닭에 법률에 따라 행하는 모든 일이 이런 의미에서는 옳은 일이다. 그런데 아리스토텔레스는 합법성과 평등성 사이 관계에 대하여, 합법성이 넓은 개념이고 평등성은 좁은 개념이므로 이 양자가 동일할 수 없는 개념이라고 하였다. 다시 말하면 모든 불공정한 것(불평등한 것)이 불법적이지만 불법적인 모든 것이 불평등한 것은 아니다. 즉, 이때 평등은 전체에 대한 부분으로서 합법성과 관계된다.

법이 항상 어떤 구체적이거나 개별적인 사안에 대해 규제하고자 하는 것은 사실이다. 그러나 이때 법은 권력을 가진 자, 고귀한 자, 훌륭한 자들을 서로 차별하지 않는다. 즉, 법은 그 법의 지배를 받는 모든 이들의 공동의 이익을 증진하는 것을 목표로 삼아 제정되는 것이다. 그렇기 때문에 우리는 법 앞에서의 평등을 말하는 것이다. 이렇게 볼 때, 법은 국가 공동체를 위한 것이라고 할 수 있을 것이다. 따

---

33) Ernest Barker, *The Political Thought of Plato and Aristotle*, p. 338.

라서 법을 준수하는 행위는 국가 공동체를 위하여 행복이나 행복의 조건들을 산출하고 보전하게 되는 행위이며 그렇기 때문에 준법적 행위를 옳은 행위라고 부르는 것이다.

또한 합법성이라는 의미에서 정의는 "덕의 부분이 아니라 덕의 전체"이다. 그것은 무조건적인 것이 아니고 타자와의 관계 내에서만 그렇다. 이 점에서 볼 때 합법성을 의미하는 일반적 정의는 타자와의 관계를 염두에 둔 것이며, 바로 그 이유 때문에 정의는 사회적인 덕인 것이다. 그런데 아리스토텔레스는 합법성을 실정법과 일치시킨다. 위법자는 불공정하고 준법적인 사람은 공정하다. 아리스토텔레스는 정의로서의 법을 합리화하기 위하여 실정법과 정의를 동일시하였다.

## 2) 특수적 정의 : 분배적 정의와 시정적 정의

### ① 분배적 정의

평등을 특징으로 하는 특수적 정의(iustitia particularis)는 분배적 정의(iustitia distributiva, dianemetikon dikaion)와 시정적 정의(iustitia correctiva, diorthotikon dikaion)로 나누어진다. 분배적 정의의 원리는 비례적 평등이다. 분배적 정의는 "명예나 금전이나 이밖에 국가의 공민 간에 분배될 수 있는 것들의 분배에 있어서의 정의이다."[34]

비례적 평등인 분배적 정의는 가치에 따라서 분배하는 것이다. 그러나 가치가 어떤 것이어야 하느냐에 대해서는 시대와 장소에 따라

---

34) EN 1130b. 국역, p.147.

다양한 입장들이 개진되었다. 가령 민주주의에서는 이런 가치는 당연히 자유민의 신분이어야 한다고 할 테지만, 과두정치에서는 부나 권력이 가치이어야 한다고 주장했던데 비해, 귀족정치에서는 혈통이나 타고난 선천적 덕이 가치라고 한다.

아리스토텔레스는 옳음이란 비례적인 것의 일종이라고 하였다. 비례와 비는 어떤 것인가? "비례는 비와 비의 균등성이요, 또 적어도 4항으로 성립한다. 예를 들면 "선분A가 선분B에 대하여 갖는 관계는 선분B가 선분C에 대하여 갖는 관계와 같다"고 하는 그것이다. 여기서 선분B는 2번 언급되고 있으며 따라서 선분B가 2번 나온 것을 다 합하면 결국 비례의 항은 넷이다. 옳음 역시 적어도 4항으로 성립하며 한쪽의 비는 다른 한쪽의 비와 같다. 그리하여 A항의 B항에 대한 관계는 C항의 D항에 대한 관계와 같다. 즉, 분배적 정의는 A : B = C : D 라는 비례균등을 의미한다.

분배적 정의는 인간의 가치에 부응한 응분의 공평한 대우를 의미한다. 즉, 능력 있는 사람은 자기 능력만큼 많게, 능력 없는 사람은 자기 몫만큼 적게 차지하는 것이 분배적 정의이다. 분배적 정의는 이익의 비례적 균등을 의미한다.

이 문제는 현대의 분배적 정의론과 관련해서도 매우 중요하다. 분배적 정의와 관련된 논쟁은 크게 둘로 구분해 볼 수 있다. 첫 번째 구분은 분배적 정의 그 자체에 대한 찬성론과 반대론이다. 전자의 입장에 속하는 정의론자들은 경제적 평등을 위해 소득을 재분배해야 할 필요성에 대해서 대부분 공감한다. 구체적으로 예를 들면 "능력에 따라 일하고 필요에 따라 분배 받는다"는 사회주의 노선의 분배 정의론, 모든 구성원들에게 최저 생활수준을 보장하고자 하는 공리주의에 근거하고 있는 다양한 복지국가 이론뿐만 아니라 존 롤즈(John Rawls)의 평등주의적 자유주의 등이 있다.

이에 비해 후자의 입장에 서는 자들은 소득에 대한 국가의 재분배는 개인의 재산권을 침해하는 것일 뿐만 아니라 국가 권력의 비대화를 낳게 되어 결국은 개인의 자유를 유린하고 만다고 주장한다. 그 대표적인 입장은 최소국가론을 펼쳤던 근대 초기의 고전적 자유주의자들뿐만 아니라 현대에 와서는 노직(R. Nozick)과 같은 자유지상주의자들을 들 수 있을 것이다.[35) 전자의 입장, 즉 분배적 정의 옹호론자들이 가장 일반적으로 제시되고 있는 기준은 대체로 필요(need), 자유 교환(free exchange), 응분의 몫(desert) 등이 있다.[36)

② 시정적 정의

시정적 정의(iustitia correctiva diorthotikon dikaion)는 교정적, 광정적 정의(匡正的 正義)라고 부르며 산술적, 기계적 균등인 A - B = C - D 라는 절대적 균등을 의미한다. 시정적 정의는 "사람과 사람의 상호 교섭에 있어서 시정적 역할을 하는 것"이다. 시정적 정의는 수의적(隨意的)인 것과 불수의적(不隨意的)인 것 둘로 나뉘어진다. 수의적인 것으로는 판매, 구매 대금, 전당, 대여, 위탁, 대가 같은 것이 있다. (이

---

35) 최근 논란의 초점이 되고 있는 하이에크 등의 신자유주의 역시 소득 재분배 정책에 대해 매우 부정적 입장을 취하고 있다.

36) 이 세 가지 기준에 대한 상론은 다음을 참고할 것 Michael Walzer, Spheres of Justice; A Defence of Pluralism and Equality (Basic Books, Inc., Publishers; 1983), pp.21-26. 국역 정원섭 외 공역,『정의와 다원적 평등』(철학과 현실사 : 1999), pp. 43-48

것들이 수의적이라고 하는 까닭은 이 상호 교섭들의 시초가 수의적이기 때문이다.) 불수의적인 것 가운데는 (a) 절도, 간음, 독살, 유괴, 노예유출, 암살, 위증처럼 은밀한 가운데 행해지는 것과 (b) 구타, 감금, 살인, 강탈, 치상, 학대, 모욕처럼 폭력적인 것이 있다.[37] 시정적 정의는 거래에 있어서 많이 받아야 할 것을 적게 받았기 때문에 이것을 시정하여 다시 더 받아야 할 몫을 차지하는 것을 말한다.[38] 이 시정적 정의는 평균적 정의라고도 한다.

## 3) 정치적 정의

아리스토텔레스는 일반적 정의(법적 정의), 특수적 정의(분배적 정의, 시정적 정의)를 논한 다음 정치적 정의(to politikon dikaion)에 대하여 논하였다. 정치적 정의는 사회적 정의라고 할 수 있을 것이다. 아리스토텔레스에게 있어서 정의는 인간의 사회적 관계에서 행해져야 하는 것이기 때문이다.

정치적 정의란 "자유를 가지고 있고 또 비례적으로나 산술적으로 균등한 사람들, 즉 자족을 목적으로 삼고 공동생활을 누리고 있는 사람들 사이에서 찾아볼 수 있다."[39] 그런데 아리스토텔레스에 따르면, 정치적 정의는 다시 자연적인 것과 법적인 것, 두 종류로 구분된다. 여기서 자연적인 것은 본성적이요, 법적인 것은 인위적인 것으로

---

37) EN 1131a. 국역, p.148.
38) 조요한, 『아리스토텔레스의 철학』(경문사 : 1988), p. 207.
39) EN 1134a. 국역, pp.158-159.

이해할 수 있다. 그렇다면 자연적 정의와 법적인 정의의 차이는 무엇인가? 자연적 (본성적) 정의는 "어디서든 같은 힘을 가지고 있는 것으로서 사람들이 이렇게 혹은 저렇게 생각하는 것과는 상관없이 존재하는 것"을 말한다.[40] 아리스토텔레스는 그 예를 들어서 말하기를 자연적으로 존재하는 것은 불변적이요 어디서나 동일한 힘을 가지고 있다고 한다. 마치 불은 여기서도 타고 페르시아에서도 타는 것과 같이 말이다.

이에 비해 법률적인 (인위적인) 것은 본래는 이렇게도 저렇게도 될 수 있었던 것이나 일단 정해진 다음에는 변경할 수 없는 것이다. 가령 죄수가 석방되려면 1므나를 내야 한다든가 희생 제물은 산양 1마리여야 되고, 양 2마리이어서는 안 된다던가 하는 것. 그리고 이밖에 특별한 경우를 위하여 통과된, 모든 법률 및 여러 가지 법령의 조항 같은 것이다. 이런 조항들의 경우 다른 방식으로 정해질 수 있는 길이 충분히 가능하다. 그러나 일단 정해지고 나면 그것을 개인이 마음대로 변경할 수 없는 것들인 것이다.

아리스토텔레스는 자연적인 (본성적인) 것은 불변적이지만 정의의 규칙들은 가변적인 것으로 본다. 옳다고 인정되는 것들에서는 무조건적이 아니라 조건적으로 변화를 볼 수 있다. "신들에게 있어서는 아마 절대로 그럴 수 없지만 우리들에게는 본성적으로 옳은 것이면서도 아주 변화하기 쉬운 것이 없지 않다. 그렇다고 해도 본성적인 것과 본성에 의거하지 않는 것과의 구별은 어디까지나 존재한다."

---

40) EN 1134b. 국역, p.160.

예컨대 "본성적으로 오른손이 더 세지만 누구나 두 손을 똑같이 잘 놀릴 수 있게 되는 것이 가능하다. 계약이나 효용으로 말미암는 옳음은, 마치 도량형과 같이 술이나 곡물의 도량이 어디서나 똑같지가 않아서 도매에서는 많이 나가고 소매에서는 적게 나가기 때문이다. 이와 마찬가지로 본성(자연)에 의해서가 아니라 인간이 시행함으로써 생긴 옳음은 어디서나 같은 것이 아니다. 국법도 다 똑같지 않으니 말이다. 그러나 물론 어디서나 본성적으로 최선인 국법은 오직 하나 있을 뿐이다.[41]

자연적 정의의 원천은 자연인 반면, 법률적 정의의 원천은 입법자의 의지이다. 자연적 정의는 원칙상 불변이지만 적용 시에는 가변적이다. 반면 법률적 정의는 원칙상으로나 적용할 때나 모두 가변적인 것이다. 자연적 정의는 그것이 옳기 때문에 법인 반면 법률적 정의는 그것을 법으로 정했기 때문에 옳다.[42] 자연적 정의와 법률적 정의에 대한 아리스토텔레스의 이러한 구분은 토마스 아퀴나스를 거쳐 현대에 이르기까지 자연법론자들과 실정법론자들 간의 심각한 논쟁의 초점이 되고 있다.

뿐만 아니라 아리스토텔레스는 공평이 정의에 대해서 어떤 관계에 있는지 그리고 공평한 것이 정의로운 것에 대해서 어떤 관계에 있는지 논한다. 공평은 정의 속에 포함되면서 법적 정의의 시정이며 정의보다 우선하는 것이다. 즉, 그것은 무조건적인 정의보다는 못한

---

41) EN 1134b-1135a. 국역, p.161.
42) 강성학,『소크라테스와 시이저, 정의, 평화 그리고 권력』(박영사 : 1997), p.114.

것이지만, 그 정의에 관한 무조건적인 규정에서 생기는 과오보다는 나은 것이다. 그리고 바로 이점, 즉 법이 그 보편성으로 말미암아 부족한 점을 바로잡는 것이 곧 공평한 것의 본성이다.[43]

다른 한편 공평은 자연적 정의 그 자체의 기능적 표현으로 여겨진다. 즉, 소극적 원칙으로서의 자연적 정의는 법에 의해 구체화되고 공평이란 이름하에 적극적 원칙으로 나타나서 그 자신에 비추어져서 법의 정의로운 내용의 척도가 되는 것이다. 이와 같이 공평은 성문법을 교정하는 것과 함께 성문법을 확장시키는 이중적 기능을 갖는다.[44]

법률이 보편적 규정을 세우고 또 그런 보편적 규정으로서는 다스릴 수 없는 경우가 생길 때 따라서 입법자가 미처 생각하지 못하여 간단하게 처리함으로서 과오를 범한 점에서 그 부족한 점을 바로잡는 것이 옳다.[45] 공평은 옳은 것이요, 어떤 종류의 정의보다 나은 것이다. 공평은 공평한 사람의 내적인 도덕적 선이 밖으로 드러난 것이다. 공평한 사람은 자연적 정의원리에 따라 살기 때문에 그의 삶은 공평의 덕에 의해 형성된다. 공평한 사람은 법이 자신에게 유리할 때에도 자신의 엄격한 내적 권리의 행사를 포기함으로써 공평한 성격을 보여 줄 수도 있다.

아리스토텔레스는 공평한 사람에 대하여 다음과 같이 규정하고 있다. 공평한 사람이란 '공평한 일을 선택하여 행하는 사람, 또 까닭

---

43) EN 1137b. 국역, p.169.
44) 강성학, 『소크라테스와 시이저』, p.120.
45) EN 1137b. 국역, p.169.

없이 자기의 권리를 너무 고집하지 않고 오히려 법률상 자기가 취할 수 있는 몫보다 덜 취하는 경향이 있는 사람이 공평한 사람이요, 이러한 상태가 공평이다. 그것은 곧 일종의 정의요, 이와 다른 어떤 상태는 아니다."[46]

## 5. 결 론

지금까지 아리스토텔레스의 정의론에 대하여 논하였다. 요약하면 다음과 같다. 아리스토텔레스는 덕에 대한 논의를 기반으로 정의론을 다루었다. 그는 인간의 삶의 목적은 행복에 있고 행복은 덕을 행함으로 이루어진다고 하였다. 덕 중에 완전한 덕이 정의이다. 다시 말해 아리스토텔레스는 인간의 삶이 선을 목표로 하며 이런 선 중에서 궁극성과 완전성을 지닌 최고선을 행복으로 보았다. 그런데 이런 행복은 중용적인 삶에서 가능하게 된다.

아리스토텔레스는 정의를 일반적인 것, 특수적인 것으로 나누고 일반적인 것은 법을 준수하는 것, 특수적인 것은 평등 규칙의 준수(균등성)를 말한다. 특수적인 것은 비례적인 (기하학적인) 분배적 정의, 산술적 평등인 시정적 정의를 말하였다. 다시 말하면 아리스토텔레스는 법적 정의(iustitia legalis), 분배적 정의(iustitia distributiva), 마지막

---

46) EN 1137b. 국역, p.170.

으로 시정적 정의(iustitia correctiva) 등 세 가지를 말하고 있는 것이다. 특별히 다시 한 번 확인해 둘 점은 여기서 평등을 통한 비례적 정의를 매우 강조하고 있다는 점이다.

아리스토텔레스는 정의의 본질에 관하여 가장 종합적으로 연구하고 체계화시킨 최초의 학자로서, 아리스토텔레스 이후에 정의론은 아리스토텔레스의 정의론을 능가하지 못하고 다만 아리스토텔레스의 정의개념을 변형, 수정하는 것에 지나지 않는다 해도 과언이 아니다. 부언하자면, 현대의 정의론은 그가 세운 정의론의 기본적인 규칙 속에 있다고 할 수 있다.

아리스토텔레스의 비례적 정의론은 로마, 중세 토마스 아퀴나스에게 영향을 주었다. 로마에서는 정의에 대해 논하면서 특히 평등과 현존 질서 유지라는 점이 강조되었다. 울피아누스(Ulpianus)는 "정의는 항상 각자에게 그의 것을 분배하여 주고자 하는 부단의 의지"라고 말하고 ① 정직하게 살 것, ② 아무도 침해하지 말 것, ③ 각자에게 그의 것을 줄 것을 권고하였다. 아리스토텔레스가 세운 세 가지 형태의 정의는 그후 토마스 아퀴나스에 의해 공동체 안에서도 여전히 세 가지의 모습으로 계승되었다.

토마스 아퀴나스는 일반적인 것을 법적 정의(iustitia legalis)로, 특수한 것을 분배적 정의(iustitia distributiva)와 교환적 정의(iustitia commutativa)로 새롭게 분류하였다. 공동체 내의 기본적인 관계 속에서 정의의 세 가지 형태는 공동생활의 기초적인 구조들을 질서지우는 것이다. '공동생활의 세 가지 기초들을 질서지우는 세 가지 기본적인 관계들이 올바르게 질서 잡혀 있을 때에는 공동체, 곧 국가에 정의가 실현된다. 이 세 가지의 기본적인 관계를 보면 첫째, 법률적 (보편적) 정의 (iustitia legalis, iustia generalis)는 사회 전체에 대한 개인들의 관계,(ordo partium ad totum) 즉 사회 전체에 대한 구성원들의 관계를 질서지우는 것이다. 둘째, 분배적 정의는 개인에 대한 사회 전체의 관계(ordo totius ad partes)로서 공동체의 구성원인 개인들에 대한 공동체의 관계를 질서지운다. 셋째, 교환적 정의는 개인들간의 관계(ordo partium ad partes)로서 개별적인 관계들에 대한 개인의 관계를 질서지운다.[47] 법적 정의, 분배적 정의, 교환적 정의는 현대의 정의론의 중요한 논제가 되었다.

아리스토텔레스는 정의론을 체계화시켰다는 점에서 큰 공헌을 하였지만 그의 비례적 정의론은 현대의 평등적 인권 사상의 관점에서 보면 큰 문제점을 지니고 있다. 아리스토텔레스의 정의론의 비례적 평등에 나타나 있는 「가치에 따라서」라는 사상은 만인이 태어날 때부터 평등하다는 근대 인권 사상과는 큰 차이점을 보여준다.

아리스토텔레스는 대부분의 고대 사상가들과 마찬가지로, 본성상 사람은 평등하지 않다고 보았다. 각 개인은 연령, 성별, 종족, 건강, 능력, 재산 등이 언제나 같지 않다는 것이다. 또한 아리스토텔레스는 그의 스승 플라톤과 같이 노예제도를 인정하였다. 이러한 것은 오늘날 민주주의 관념과는 상당히 차이가 나는 것이다.

평등으로 정의를 규정한다면 몇 가지 문제점이 제기된다. 무엇 속

---

47) Thomas von Aquin, *Summa Theologica II-II, qu 61, art 1. Vgl. Josef Pieper, Über die Gerechtigkeit, München,1960, S. 64. J.* 피이퍼,『정의에 관하여』, 강성위 옮김 (분도출판사: 1996), p.71f.

에서 정의가 성립하는가? 평등의 목적은 결과의 평등인가, 기회의 평등인가, 또는 법적 평등인가 하는 문제이다. 뿐만 아니라 물질적 평등이 일차적인지 사회적 평등이 일차적인지의 문제 역시 여전히 남는다. 또한 평등이 현실 상황에 대한 단순한 묘사인지 아니면 오직 사회적 이상이나 목적 개념 혹은 규제적 이념인가 하는 문제 역시 여전히 남는다.

오늘날 정의론을 대표하는 이론가로는 평등주의적 자유주의, 절차주의적 정의론을 주장한 존 롤즈[48]와 소유권적 정의론, 최소국가이론을 주장한 로버트 노직[49]이 있다. 아우구스티누스(Augustinus)가 "정의 없는 나라들은 큰 강도떼에 지나지 않는다"[50]고 말하였듯이 정의 없는 사회는 밀림의 법칙이 난무하는 약육강식의 결투장이 될 것이다.

아리스토텔레스는 자연의 소질에 따라 "그리스인은 야만인을 지배하는 것이 당연하다"(EN 1252b. 조요한, 그리스 철학의 정의관, p.114 참조)

성서는 "너희는 유대인이나 헬라인이나 종이나 자유인이나 남자나 여자나 다 그리스도 예수 안에서 하나이다"(갈3 : 28)

그리스적 정적(靜的) 정의는 분수대로 배분 받는다는 소극적인 자세를 취하지만, 기독교적인 동적(動的) 정의는 개인 인권의 동등성에 더 잡혀 기필코 법적 평등성의 정의를 실행하여 보겠다는 적극 자세가 거기에 있다"(조요한, p114)

---

48) John Rawls, *A Theory of Justice, Cambridge*, 1971. 『사회정의론』, 황경식 역 (서광사: 1990).
49) Robert Nozick, *Anarchy, State, and Utopia*, 1974. 『아나키에서 유토피아로』, 남경희 역 ( 문학과지성사: 1989)
50) Augustinus, *De civitate Dei IV, p. 4.*

# 제2장 존 롤즈의 정의론

## I. 서론

   존 롤즈(John Rawls, 1921-2002)는 미국 하버드대학교의 철학교수로 정의(正義)에 대해 주제적으로 다룬 현대의 대표적인 정의론의 학자였다. 롤즈는 1951년 「윤리학을 위한 결정절차의 개요」를 시작으로 1958년 「공정으로서의 정의」, 그후 「분배적 정의」, 「시민불복종」, 「정의감」 등의 논문을 발표하였다[1]. 이러한 논문들이 말해주듯 롤즈는 20년 동안 「정의」라는 단일 주제에 대한 연구 성과를 집대성하

---

1) "Outline of a Decision Procedure for Ethics", *The Philosophical Review, vol.50 (1951)*, *"Justice as fairness", The Philosophical Review, vol.67 (1958)*, *"Distributive Justice:"*, *Philosophy, Politics, and Society, Third Series, ed. P. Laslett & W.G. Runciman (Oxford: Basil Blackwell, 1967), "The Justification of Civil Disobedience", Civil Disobedience, ed. Bedeau(N.Y. Pegasus, 1969), "Sense of Justice", The Philosophical Review, vol.62 (1963)*

여 1971년 『정의론』(A Theory of Justice)을 출판하였다.[2] 『정의론』이 출간된 후 철학계뿐만 아니라 정치학, 경제학계에 큰 반향을 불러일으키며 세기적 대작으로 평가받고 있으며 철학계에 고전적 위치를 부여받으면서, 지금까지도 수많은 찬반논쟁의 중심을 차지하고 있다.[3]

롤즈는 자신의 정의론에 대한 이런 격렬한 찬반 논쟁의 와중에서 여러 학술 잡지들을 통해 자신의 이론을 부분적으로 수정·보완한다. 이렇게 수정·보완된 내용을 정리하여 1992년 『정치적 자유주의』[4]를 출간하기에 이른다. 이 책이 출판되자 많은 학자들은 이 책과 『정의론』과의 상관관계에 대해 상당한 관심을 기울였다. 이 두 권의 저서를 동일한 연장선 위에서 파악하고자 하는 입장 못지않게 양자의 차이점을 강조하고자 하는 입장 역시 강력하다. 여하튼 『정치적 자유주의』가 롤즈의 사상을 전기와 후기로 구분하는 중요한 분기점이

---

2) John Rawls, *A Theory of Justice(Harvard University Press: 1971)* (이하 TJ로 약칭) ; *dt. Eine Theorie der Gerechtigkeit, Frankfurt,* 1975; 황경식 역, 『사회정의론』(서광사: 1977). 독일어 번역을 위해 롤즈는 자신의 초판(1971년)을 상당한 정도로 수정했다(1975년). 그런데 롤즈는 1999년 병중에 있으면서도 개정판을 출간하였다. 따라서 개정판(1999년)이 출간되기 전까지 롤즈의 A Theory of Justice에 대한 번역이나 인용에서는 1975년 수정본이 기준이 되었으며, 굳이 이 점을 밝힐 필요도 없었다. 그러나 많은 수정과 보완이 이루어진 개정판이 출간된 지금으로서는 개정 전과 개정 후를 구분해 두는 것이 저자에게 공정한 처사로 판단된다. 본 논문에서는 1975년 수정본을 기준으로 삼되, 필요한 경우 개정판에 대해 언급한다.

3) 롤즈에 관한 저서 및 연구서 : N. Daniels, *Reading Rawls, Stanford University Press,* 1975. R. P. Wolff, *Understanding Rawls, Princeton University Press,* 1977. T. W. Pogge, *Realizing Rawls, Cornell University, Press,* 1989. O. Höffe, *"Kritische Einführung in Rawls, Theorie der Gerechtigkeit,"* O. Höffe(hg.), *Über John Rawls' Theorie der Gerechtigkeit, Frankfurt,* 1977 .ss.11-40. O. Höffe, *"Rawls 'Theorie der olitisch-sozialen Gerechtigkeit",* O. Höffe(hg.), *J. Rawls, Gerechtigkeit als Fairneß, Freiburg/München,* 1977. 황경식, 『사회정의의 철학적 기초』(문학과 지성사, 1985).

4) John Rawls, *Political Liberalism ( Columbia University Press: 1992)* 장동진 역, 『정치적 자유주의』(동명사 : 1998)

라는 점에 대해서 의견을 달리 하는 학자들은 없다.

롤즈의 전기 사상과 후기 사상이 근본적으로 동일한가 아니면 상이한가의 문제 역시 매우 흥미 있는 주제이기는 하지만 이 글에서 다루고자 하는 범위를 벗어나 있다는 점에서 다음 기회로 미루기로 하겠다. 다만 필자가 볼 때『정의론』에 비해 후기 저작인『정치적 자유주의』에서 정치철학적 성격이 두드러지게 나타나고 있다는 단순한 이유만으로 전기 저작과 후기 저작 간의 차이점을 부각시키려는 태도는 바람직하지 않은 것으로 보인다. 왜냐하면 이미『정의론』에서도 롤즈는 자신의 주요 관심사가 "민주주의 사회를 위한 가장 적합한 도덕적 기초를 마련하는 것"[5]이라는 점을 분명히 밝히고 있기 때문이다.

본론에 들어가기 전에 롤즈의『정의론』이 지니고 있는 몇 가지 특징에 대해 지적해 두는 것이 좋겠다. 첫 번째 특징은 이 저술이 그 당시 도덕철학계의 주된 흐름을 분석윤리학(meta-ethics)에서 규범윤리학(normative-ethics)으로 전환시켰다는 점이다. 롤즈는 전통적 규범윤리학의 방법을 받아들여, 도덕의 기본법칙 나아가 이러한 법칙을 정해줄 방법과 절차를 제시하고 있다. 둘째, 롤즈는 전통적 윤리학설 중에서도 목적론적 윤리학(teleological Ethics)보다는 의무론적 윤리학(deontological Ethics)을 따르고 있다는 점이다. 롤즈는 흄, 스미스, 벤담, 밀, 시즈위크 등의 고전적 공리주의를 비판하고 로크, 홉스, 루소,

---

5) Rawls, TJ, Preface, p.viii

칸트 등에 의하여 계승된 사회계약론적 전통을 따르고 있다.[6] 셋째, 롤즈의 정의론은 "공정으로서의 정의"(justice as fairness)이며, 이때 공정성을 확보하는 길로서 정의론을 정식화하는 절차에서 찾고자 한다는 점에서 절차주의적 정의관이다. 나아가 롤즈는 이런 절차주의적인 방법을 통해 정의의 두 가지 핵심 문제인 자유와 평등의 이념을 조화시키고자 한다. 이 과정에서 롤즈는 자유의 우선성을 관철하면서도 평등의 중요성을 적절히 담고자 한다는 점에서 그의 정의론은 평등주의적 자유주의라고 할 수 있다. 이글에서는 『정의론』을 중심으로 롤즈가 자신의 정의의 두 원칙을 통하여 자유와 평등을 어떻게 조화시키고 있는지에 대해 살펴보고자 한다.

## II. 기존의 윤리학에 대한 비판

### 1. 공리주의에 대한 비판

롤즈가 사회계약론의 전통을 받아들여 "공정으로서 정의(justice as fairness)"라는 자신의 독특한 정의관을 개진하게 된 가장 직접적인 동기는 고전적 공리주의의 결함에 있다고 할 수 있다. 사실 공리주의는 그 논의의 폭이나 심도에 비추어 볼 때 현대의 많은 도덕 철학 가운데서 가장 우세한 도덕 체계들 중의 하나로서 현재까지도 상당한

---

6) Rawls, TJ.

지지를 받고 있는 학설이다. 또한 공리주의를 주창했던 흄, 아담 스미스, 벤담, 밀 등은 일류 사회학자이자 경제학자들이라는 점에서 볼때, 이들이 제시한 도덕이론은 더욱 광범위한 관심사들에 대한 요구를 만족시키면서 더욱 포괄적인 체계로 종합하기 위해 구성된 것들이라고 할 수 있다. 그러나 롤즈 당시까지 대부분의 비판자들은 공리(utility) 원칙이 지닌 모호성을 지적하거나 혹은 공리 원칙과 우리의 상식적인 도덕감과의 표면적인 불일치를 지적하기에 급급했을 뿐 공리주의를 대신할 만한 유력하면서도 체계적인 대안을 제시하지는 못하고 있었다.

　민주적인 제도들을 해명하는데 있어서 가장 일차적이자 중요한 요구사항은, 한 사회를 구성하고 있는 시민들이 자유롭고 평등한 인격체로서 갖는 기본적 권리와 자유에 대해 만족스러운 해명을 제공하는 것이다. 그러나 롤즈가 볼 때 공리주의는 입헌 민주주의의 제반 제도의 이론적 기초로서는 부적절하다는 결정적인 문제를 안고 있다. 왜냐하면 공리주의는 원칙적으로 이에 대한 만족스러운 해명을 제시하지 못하고 있는 것으로 판단되기 때문이다.

　고전적 공리주의는 "한 사회의 중요 제도가 그에 속하는 모든 개인이 최대의 순수잔여 만족량(net balance of satisfaction)을 달성하도록 편성될 경우 그 사회는 정당한 질서를 갖춘 것이며 따라서 정의롭다"[7]고 판단한다. 즉, 공리주의는 "최대 다수의 최대 행복"이라는 공리의 원칙, 즉 결과주의적 척도를 통해 구체적인 상황에서 여러 규칙

---

7) Rawls, TJ ,p.22.

들이 상충할 경우 이들 규칙들 간의 우선순위를 깔끔하게 상호 조정할 수 있는 길을 제시한다. 이것은 공리주의의 참으로 매력적인 모습임에 분명하다.

문제는 공리주의적 정의관은 "만족의 총량이 개인들에게 분배되는 방식을 간접적으로밖에 문제 삼지 않으며, 또한 한 개인이 자신의 만족을 시간적으로 어떻게 분배할 것인가에 대해서도 간접적으로만 문제 삼을 수 있을 뿐이라는 점이다. 사회는 권리와 의무, 지위와 특전 그리고 여러 형태의 부(富) 등 어떠한 것이든 간에 그러한 만족의 제반 수단을 가능한 한 그런 최대치를 달성하도록 분배해야만 한다. 그렇지 않으면 동일한 총량을 산출하는 때에만 보다 평등한 분배가 선택된다는 경우를 제외하고는 어떠한 분배도 다른 분배방식보다도 낫다고 할 수 없다."[8]

공리주의는 상충되는 두 개의 원칙으로 이루어진다. 첫째, 행복의 전체 총량의 최대 증가를 명하는 것이고 둘째, 가능한 한 많은 사람들이 행복을 향유하게 하라는 원칙이다.[9] 롤즈가 볼 때 원칙적으로 공리주의는 사회 전체의 행복 총량의 증진에 우선적으로 주목한 결과 각 개인의 행복에 대해서는 상대적으로 무관심하며 따라서 개인의 존엄성 문제를 다루는 과정에서 치명적 문제점을 안고 있다는 것이다. 개인의 존엄성이란, 칸트가 강조한 바, "너 자신의 인격에서나 다른 모든 사람의 인격에서 인간(성)을 목적으로서(대하고), 결코

---

8) Rawls, TJ, *p. 26.*
9) 황경식, 『사회정의의 철학적 기초』, p. 347. 참조.

한 낱 수단으로서 사용치 않도록 행위하라"[10]는 것과 같은 것이다.

롤즈는 "모든 인간은 사회 전체의 복지라는 명목 아래서도 유린될 수 없는 정의에 입각한 불가침성을 소유하고 있으며 정의에 의해 보장되는 이러한 기본권을 더 이상 정치적 흥정이나 사회적 이득의 계산에 희생되어서는 안 된다"고 하였다.[11] 이런 점에서 볼 때 공리주의는 사회 전체의 복지 증진에는 기여할 수 있으나 개인의 기본권을 유린하는 최악의 제도인 노예제도에 대한 결정적인 봉쇄를 하지 못한다고 롤즈는 파악한다. 또한 공리주의는 욕망과 쾌락의 극대화를 가져오는 제도가 정의롭다고 주장하는데 이것은 잘못된 것이라고 롤즈는 비판한다. 공리주의의 기본적인 한계점은 사회의 총체적 선을 위해 개인의 개별성을 희생시킬 수 있다는 것이다.

## 2. 직관주의에 대한 비판

공리주의가 지닌 이러한 문제점에도 불구하고 이를 대체할 만한 유력하면서도 체계적인 도덕이론을 모색할 수 없을 경우 결국 우리는 공리주의와 직관주의(intuitionism) 가운데에서 선택할 수 밖에 없는 것처럼 생각하게 된다. 앞에서 밝힌 것과 같은 이유에서 공리주의를 선택할 수 없다면 직관주의에 대해 관심을 기울일 수밖에 없을 것이다. 그렇다면 직관주의는 선택할 만한 대안이 될 수 있는가?

---

10) I. Kant, *Grundlegung zur Metaphysik der Sitten. (Ph.B 41) Hamburg, p. 52.*
11) Rawls, TJ ,*p. 3.*

롤즈에 의하면 직관주의는 도덕현상의 복합성으로 인해 여러 가지 상이한 원칙들이 요구되지만 이러한 상이한 원칙들을 설명하고 그들 간의 비중을 가려줄 단일한 기준을 제시할 수 없다는 문제점을 안고 있다는 것이다. 일반적으로 직관주의 이론은 다음과 같은 두 가지 특징을 갖는다. 첫째, 직관주의 이론에서는 특정한 유형의 경우에 대해 상충하는 지침을 제시하는 제1원칙이 하나가 아니라 다수 일 수 있는 가능성을 원칙적으로 배제할 수 없다. 둘째, 이렇게 다수의 원칙이 제시되었을 때 이들 원칙들 간의 순위를 가려줄 수 있는 명확한 방법이나 우선성의 규칙을 직관주의 이론 틀 내에서는 발견할 수 없다는 점이다.[12] 따라서 서로 직관을 달리 하는 다양한 성원들로 이루어져 있는 현대 다원주의 사회에서는 직관주의적 방법을 통하여 그 사회의 모든 성원의 합의를 얻을 수 있는 정의의 원칙을 모색하는 일은 원칙적으로 불가능하게 된다. 또한 상이한 다수의 원칙들이 제시되었을 때 이 원칙들 간의 경중 역시 평가할 수 없으므로 이 원칙들 간의 상호 조정 역시 불가능하다.

그러나 롤즈가 볼 때 직관주의는 이보다 더욱 심각한 문제점을 안고 있다. 즉, 현대 사회는 다원성을 특징으로 한다. 사회구성원들이 삶의 준거로 삼고 있는 종교적 입장이나 형이상학적 입장뿐만 아니라 그들의 인생관과 세계관도 서로 다르며 심지어 상충하기조차 한다. 그런데 더욱 심각한 문제는 이런 가치관들 중 어떤 가치관이 참이며 어떤 가치관은 거짓이라고 명백하게 결정할 수조차도 없을 뿐

---

12)  Rawls, TJ, p.34.

만 아니라 각 가치관은 나름의 설득력과 합리성을 가지고 있다는 점을 인정할 수밖에 없다는 점이다. 롤즈는 현대의 이런 다원성을 두고 합당한 다원주의의 사실(the fact of reasonable pluralism)[13]이라고 말한다. 이처럼 합당한 가치관들이 상호 경쟁하는 상황에서는 자신의 가치관에 대한 강한 헌신성뿐만 아니라 타인의 가치관에 대한 관용이라는 덕목이 절실히 요청된다.

이러한 상황에서 우리가 정의의 원칙에 대한 합의를 모색하면서 특정한 가치관이나 종교적 입장 혹은 특정한 형이상학에 근거하고 있는 원칙을 직관주의적 방식으로 정당화하고자 한다면 다른 가치관이나 종교 혹은 형이상학을 고수하고 있는 이들의 동의를 얻기란 불가능하고 말 것이다. 뿐만 아니라 이런 상황에서 국가 기관의 강제력을 동원하여 특정 가치관을 조장한다면, 국가 기관의 그런 권력 행사는 정당성의 위기를 초래할 수밖에 없다. 이러한 이유에서 볼 때 서로 다른 가치관을 가진 다양한 개인들로 이루어진 현대 다원주의 사회에서 직관주의적 방법은 사회 성원 전체의 동의를 필요로 하는 정의의 원칙을 모색할 수 있는 올바른 방법론이라고 할 수 없다.

## III.정의론의 구조

### 1. 정의의 주제 : 사회의 기본 구조

---

13) John Rawls, *Political Liberalism* ( Columia University Press : 1992), *p.24nf*, 이하PL로 약칭

롤즈의 정의론은 사회정의론이며 그가 말하는 정의는 「공정으로
서의 정의」(justice as fairness)이다. 정의는 사회제도의 제일 덕목(the
first virtue of social institution)이며 정의의 일차적 주제는 사회의 기본 구
조(basic structure of society)이다. 롤즈는 "사상체계의 제일 덕목을 진
리라고 한다면 정의는 사회제도의 제일 덕목"[14]이라고 하였다. 즉,
그의 정의론은 개인들 간의 문제를 다루기 이전에 먼저 사회의 기본
구조를 대상으로 삼는다. 다시 말해 사회의 기본 구조가 정의의 일차
적 주제인 것이다.

이 말은 무엇을 의미하는가? 롤즈가 볼 때 사회란 다양한 가치관
을 가진 개인들이 각자의 이익을 목표로 서로 협력하는 체계(coopera-
tive venture)이다. 따라서 사회의 주요 제도란 각 개인들의 다양한 권
리와 의무를 할당하고 협력의 결과 발생한 이익의 분배를 결정하는
정치기구나 기본적인 경제적, 사회적 체제를 말한다. 주요한 사회
제도의 예를 들자면, 시장의 자유, 양심의 자유, 경쟁적 시장, 생산수
단에 대한 권리 등에 대한 법적인 보호 그리고 일부일처제 등이 있
다. 이 모두를 하나의 체계로 생각할 때 결국 사회의 주요 제도는 개
인의 권리와 의무를 규정하고 나아가 그들의 인생전망에까지 영향
을 미침으로써 장차 자신이 무엇이 될 것인가에 대한 그 사회구성원
들의 기대와 어떻게 살 것인가에 대한 그들의 소망까지 결정하게 된

---

14) Rawls, *TJ*, *p. 3*, *p. 7*.

다.[15)

　사회정의의 제반 원칙이 제일 먼저 적용되어야 할 것은 어떤 사회의 기본 구조 속에 있는 불가피한 불평등인 것이다. 사회정의의 원칙들은 정치조직을 선택하는 것뿐만 아니라 개인들 간의 불평등에 영향을 미칠 수 있는 경제적·사회적 중요 요인들을 규제하게 된다. 한 사회체제의 정의 여부는 본질적으로 그 사회가 기본 제도들을 통해 권리와 의무를 할당하는 방식에 달려 있으며, 결국 사회의 여러 방면에 있어서 경제적 기회와 사회적인 제반 조건에 달려있다 할 것이다.[16)

　롤즈는 사회를 "상호 이익을 위한 협력체계"라고 하였다.[17) 협력체계로서 사회는 이해관계의 일치와 상충이라는 특성을 지닌다. 다시 말해 사회적 협력체계는 각자 자기 혼자만의 노력으로는 얻을 수 없는 보다 나은 생활이 가능하게 하는 더 많은 이익을 주므로 누구나 협력을 통해 더 많은 이득을 얻고자 한다는 점에서 이해관계의 일치라는 특성을 가지고 있다. 그러나 협력에 의해 산출된 이득에 대해서는 서로가 더 많은 몫을 차지하고자 한다는 점에서 이해관계의 상충이라는 특성을 가진다.[18) 따라서 사회라는 협력체계는 상호 협력의 결과 각 개인에게 더욱 많은 이익을 제공하지만 그와 동시에 상충하는 이해관계를 조정해야만 한다는 부담 역시 주는 것이며, 그

---

15) Rawls, *TJ*, p.7.
16) Rawls, *TJ*, p.8.
17) Rawls, *TJ*, p.4.
18) Rawls, *TJ*, p.4.

러므로 정의의 원리가 요구된다.

이러한 이익의 분배를 결정해 줄 구체적인 사회체제를 선정해주고 적절한 배분의 몫에 합의하는데 필요한 어떤 원칙들의 체계가 요구된다. 이러한 정의원칙들은 바로 사회정의의 원칙이며 그것은 기본적인 사회제도 내에서 권리와 의무를 할당하는 방식을 제시하여 주며 사회협력체계의 이득과 부담의 적절한 분배를 결정해준다.[19] 따라서 정의의 원리는 사회의 기본적인 권리와 의무를 구체적으로 명시해주고 적절한 분배의 몫을 정하여 주는 분배의 원리이다.[20] 롤즈에 의하면 모든 다른 경우에 우선해야 할 사회의 기본 구조란 주요한 사회제도들이 결합되어 이루는 하나의 체제이며 그에 따라서 기본적인 권리와 의무가 할당되고 사회협력체계에서 생겨난 이득을 분배하여 주는 방식이라는 것이다.[21]

롤즈는 협력체계로서의 사회(society as a system of cooperation)가 공공적 정의관에 효율적으로 규제되는 경우, 그 사회를 질서정연한 사회(well-ordered society)라고 하였다. 질서정연한 사회란 첫째, 모든 사람이 다른 사람들도 동일한 정의원칙을 받아들인다는 것을 인정하고, 이 사실을 알고 있는 사회이며, 둘째, 사회의 기본 제도가 일반적으로 이러한 원칙을 충족시키고 있으며, 그 사실 또한 널리 주지되어 있는 사회이다.[22]

---

19) Rawls, *TJ*, p.4.
20) Rawls, *TJ*, p.6.
21) 황경식, 『사회정의의 철학적 기초』, p.37.
22) Rawls, *TJ*, p.19.

질서정연한 사회의 시민들의 모습은 자유롭고 평등한 도덕적 인간이며 시민들이 또한 자기 자신들에 대해 그렇게 생각하는 사회이다.[23] 질서정연한 사회 시민들은 "정의감에 관한 능력", "가치관에 관한 능력"이라는 두 가지 최고차적인 도덕적 능력을 지니고 있다. 정의감에 관한 능력은 정의의 원칙을 이해하고, 적용하고, 그로부터 행위하기 위한 능력이며, 가치관에 관한 능력은 가치관을 형성하고, 수정하고 그리고 합리적으로 추구하기 위한 능력을 말한다.[24]

## 2. 사회계약론적 접근

### 1) 최초의 계약 상황 : 원초적 입장

롤즈는 로크(Locke), 루소(Rousseau) 그리고 칸트(Kant)의 사회계약 이론을 고도로 추상화시켜 일반화된 정의관을 제시하고자 한다. 롤즈는 공리주의적인 전통에 비해 체계적으로 발전·전개되지 못한 사회계약론적 전통을 새로운 차원에서 재구성하고자 하였다. 사회계약론적 관점에서 볼 때 가장 중요한 것은 계약, 즉 합의이다. 전통적인 사회계약론 전반에서 그러하듯이, 롤즈의 경우 역시 바로 계약 또는 합의가 정의의 원리의 정당성의 원천이다.

---

23) John Rawls, "Reply to Alexander and Musgrave", *Quarterly Journal of Economics, Vol.88, 1974, p. 634.*

24) John Rawls, "Kantian Constructivism in Moral Theory", *The Journal of Philosophy vol.77,- no.9. 1980. p.9. p.525.*

롤즈가 구성하는 사회계약론의 합의 당사자들은 고전적 계약론자들이 상정하는 합의 당사자들과 마찬가지로 자유롭고 평등하면서 합리적이며, 자신의 이익을 도모하기 위하여 합의를 모색한다. 따라서 그들은 우선 평등한 계약의 조건에서 사회의 기본 구조에 적용되는 정의의 원리에 대해 합의하고자 한다.[25] 이점에서 볼 때 롤즈식의 사회계약 이론은, 고전적 계약론자들의 당사자들과는 달리 국가를 합의의 대상으로 삼는 것이 아니라 장차 사회의 기본 구조를 규제할 정의의 제원칙을 원초적 합의의 대상으로 삼는다. 그리고 이러한 정의의 제반 원칙은 자신의 이익증진에 관심을 가진 자유롭고 합리적인 사람들이 평등한 최초의 입장에서 그들 사회의 기본 조건을 규정하는 것으로 채택하게 된다. 뿐만 아니라 이러한 원칙들은 그후의 모든 합의를 규제하는 것이며, 각 개인들이 장차 참여하게 될 사회협력체계의 종류와 성립할 정부형태를 명시해 준다. 정의의 제반 원칙을 이렇게 보는 방식을 롤즈는 공정으로서의 정의(justice as fairness)라고 하였다.[26]

롤즈는 공정으로서 정의를 구체적으로 표현할 수 있는 정의의 원리를 도출하는 과정을 명백히 하기 위해 전통적인 계약론적 방법을 수정하여 사용하고 있는 것이다. 원초적 입장(original position)은 이처럼 계약당사자가 공정한 절차를 거쳐 합의를 모색하는 가상적인 상황이며 여기서 계약당사자들은 그들이 처한 특수한 여건에 의해 영

---

25) 이인탁, 「롤즈의 사회정의론」, p.323.
26) Rawls, *TJ*, p.11.

향받지 않도록 몇 가지 제약조건에 놓이게 된다. 더 자세히 말하자면 원초적 입장에 있는 계약당사자들은 아무도 자신의 사회적 지위나 계층상의 위치도 모르며 누구도 자기가 천부적으로 어떠한 소질이나 능력, 지능, 체력 등을 타고났는지에 대해서도 알지 못하는 것으로 가정된다. 즉, 개인이 타고난 천부적 재능, 사회적 지위, 역사적 우연에 대해 알지 못하도록 두터운 베일로 가려둔다는 것이다. 이렇게 볼 때 원초적 입장은 전통적인 사회계약론에서 자연상태(state of nature)에 해당하는 가정적인 상황(hypothetical situation)이라고 할 수 있다. 롤즈는 정의의 주제를 사회의 기본 구조로 설정하며 사회협력체계에 참여한 사람들이 하나의 공동결의를 통해서 기본적인 권리와 의무를 할당하고 사회적 이득의 분배를 정해줄 정의의 원칙을 세우고자 한다. 이 정의의 원칙은 원초적 입장이라는 가상적 상황에서 정당화된다.

"원초적 입장이란 거기에서 도달된 합의가 공정하도록 하기 위한 최초의 상황(status quo)이다. 그것은 당사자들이 도덕적 인격으로서 동등하게 대우받고 그 결과가 사회적 세력들 간의 상대적 균형이나 임의적인 우연성에 의해 제약받지 않는 상태이다. 따라서 공정으로서의 정의관은 처음부터 순수절차적 정의라는 관념을 이용할 수 있게 되는 것이다."[27] 이를 위해서는 원초적 입장에서 계약당사자들은 모종의 제약의 조건하에 있어야만 한다. 이런 제약조건이란 구체적으로 말하자면 바로 무지의 베일이라는 인지상의 조건과 상호 무관심적 합리성이라는 동기상의 조건을 말한다. 롤즈가 말하는 무지의

---

27) Rawls, *TJ, p.120.*

베일은 무엇인가.

## 2) 계약당사자에 대한 제약조건

### ① 인지적 제약조건 : 무지의 베일

무지의 베일(veil of ignorance)은 순수한 절차적 정의를 수립하기 위한 공정한 절차를 설정하기 위한 것이다. 무지의 베일은 희랍신화에 나오는 정의의 여신 디케(Diké)를 연상케 한다. 디케는 두 눈을 모두 가린 채 한 손에는 각자의 행적을 평가하는 저울을 쥐고 다른 한 손에는 평가에 따라 단죄를 하기 위한 검(sword)을 들고 있다. 이것은 정의로운 자는 공평무사(公平無私), 불편부당(不偏不黨)한 자로서 공무(公務)를 위해 사리(私利)에 눈감을 수 있는 자를 말한다. 디케의 신화가 상식적인 진리에 대한 우화적인 표현이라면 롤즈의 무지의 베일은 상식에 있어서의 직감적인 관념을 심화하여 정식화한 것으로 볼 수 있을 것이다.

공정성으로서의 정의관에서는 이론의 기초로서 순수절차적 정의라는 개념을 채용하고 있는데 합의된 원칙이 정의로울 것을 보장해줄 공정한 절차를 세우기 위해서는 적합한 관점을 필요로 하며 이것이 원초적 입장이다.[28] 원초적 입장이라는 관념은 거기에서 합의된 어떤 원칙도 정의로운 것이 되도록 공정한 절차를 설정하기 위한 것이다. 공정한 절차를 세우기 위해서는 사람들을 불화하게 하고 그들

---

28) 황경식, "정의의 이념", in : Rawls, TJ, 황경식 역, 『사회정의론』 1권, p.276.

의 사회적, 자연적 여건을 자신에게 유리하게 하도록 유혹하는 특수한 우연성의 결과들을 무효화시켜야 하며 그러기 위해서는 당사자들이 무지의 베일 속에 있다고 가정해야만 한다.[29] 무지의 베일에 의해 배제되는 지식은 특정한 사실에 관한 것으로서 각자는 사회에 있어서 자기의 지위나 계층을 모르며 천부적 재능이나 체력을 어떻게 타고날지 자신의 운수를 모른다고 가정된다. 이러한 우연적 요소들은 아무런 도덕적 가치를 갖지 못하는 것으로서 정의의 원칙을 선택하는 과정에 영향을 주어서는 안 된다. 나아가서 당사자들은 자신의 가치관이나 구체적인 인생계획조차도 알지 못하며 나아가 자신의 특수한 심리적 경향뿐만 아니라 자신이 속한 사회의 특수한 사정조차도 알지 못한다. 그뿐만 아니라 자신의 세대가 역사적으로 어떤 시기에 속하는지에 대한 지식 역시 특수한 사정에 대한 지식이라는 이유에서 무지의 베일에 의해 차단되어 있다. 다만 당사자들에게 알도록 허용되어 있는 유일한 특수한 사정은 그들의 사회가 정의의 여건 하에 있다는 점뿐이다. 이처럼 무지의 베일은 특수한 사정에 대한 지식에 대해서는 이처럼 철저하게 차단하지만, 사회 전반에 대한 일반적 사실까지 차단할 정도로 두터운 것은 아니다. 무지의 베일에 갇혀 있는 당사자들은 정치문제나 경제이론의 제 원칙을 이해하며 사회조직의 기초와 인간심리의 일반적인 법칙들도 알고 있으며 또한 당사자들은 정의의 제 원칙을 선택하는데 영향을 줄 모든 일반적 사실들을 안다고 가정된다. 오히려 그들은 이러한 사실들을 앎으로써

---

29) 황경식, 『사회정의의 철학적 기초』, p.354-356. 참조 Rawls, *TJ, p.120*.

보다 현실성 있는 정의관을 선택하게 된다. 결국 이러한 무지의 베일
은 우선 합의의 문제를 단순화시키고 정의의 실질적 내용으로부터
우연성을 배제하기 위한 인지상의 제약조건을 구체화하는 개념적
장치인 것이다.[30]

②동기상의 제약조건 : 상호무관심적 합리성

원초적 입장은 전통적인 계약론에서 자연상태라고 부른 것인데
이것은 계약이 문제되는 최초의 상황에 대한 철학적으로 합당한 해
석을 말한다. 원초적 입장은 두 가지 조건으로 규정되는데 하나는 당
사자들의 인지상의 조건으로서 무지의 베일이고, 다른 하나는 동기
상의 조건으로서 상호무관심적 합리성이다.[31] 상호무관심성이란 계
약당사자들의 특성을 규정짓는 한 가지 조건으로서 그들의 모든 의
사결정 과정에서의 동기유발에 관한 가정이라고 할 수 있다. 다시 말
하면 그들은 상대방의 보다 나은 처지를 시기하지도 않으며 그렇다
고 해서 타인들의 보다 못한 처지에 대해 동정을 하지도 않는다. 그
러나 동정하지 않는다고 해서 이기주의자(egoist)라는 말도 아니며
시기하지 않는다고 해서 이타주의자(altruist)라는 의미도 아니다. 그
들은 타인의 이해득실에 관해서 관심을 기울이지 않는다는 점에서
무관심하며(disinterested), 그로 인해서 심리적으로 동요하지도 않는
것으로 가정되는 합리적 인간이다.

---

30) Rawls, TJ, pp.137-138, p.355.
31) Rawls, TJ, pp.136-142, p.354.

롤즈는 정의의 원리를 선택하는 상황과 관련하여 정의의 원리를 선택하려는 계약당사자들은 특수한 여건에 의해 영향을 받지 않도록 무지의 베일을 쓰고 정의의 원리를 선택하도록 하여야 한다고 한다. 위에서 살펴본 대로 이 선택의 상황이 원초적 입장이다. 이러한 원초적 입장에서 계약당사자들이 정의의 원칙에 대한 합의를 모색할 때 이들은 나름대로 여러 가지 전략을 구사할 수 있을 것이다. 그런데 이들 계약당사자들은 사회적 협력에 참여하기로 합의한 사회 구성원으로서, 이들은 협력의 결과를 공정하게 분배할 기준으로 결국은 최소극대화의 원칙(maximin)을 채택하게 된다. 최소극대화의 원칙(maximin)은 각 대안들의 최저 이익을 조사하고 이 최저 이익 중 최대의 것을 선택하는 것이다. 이것은 보수적 내지는 비관적인 결정의원칙이라 할 수 있다. 최소극대화(maximin)라는 말은 최소치 중에서 최대치(maximum minimorum)를 의미하는 것인데 그 규칙이 주는 지침은 제시된 행동과정을 취할 때 일어날 수 있는 최악의 경우에 주목하고 그에 비추어 결정하라는 것이다.[32] 계약당사자들이 이처럼 최소극대화의 원칙을 채택하는 것은 자신들이 사회 내의 가장 불리한 집단의 일원이 될 수도 있다는 점을 진지하게 고려한다는 것을 의미한다. 즉, 자신이 해당 사회에서 가장 불리한 집단의 일원으로 판명되었을 때 자신의 집단에 대해 최대의 이익을 보장받을 수 있는 선택지를 택하게 된다는 것이다. 이런 보수적인 선택지를 택하게 되는 데에는 원초적 입장에서 합의가 단 일회의 합의라고 하는 점뿐만

---

32) Rawls, *TJ, p. 152.* 국역 *p. 186.*

아니라 그 구속력이 끝까지 지속된다는 최종성을 갖는다는 점 때문이다. 합의 자체가 지니는 이러한 일회성과 최종성으로 말미암아 택하게 되는 최소극대화 전략은 차등의 원칙을 분배 원칙으로 선택하는 것으로 구체화된다.[33]

### 3) 형식적 제한조건

사회의 기본 구조는 원초적 입장의 당사자들이 선택하는 정의의 원칙에 의해서 확인된다. 왜냐하면 정의의 원칙은 가능한 기본 구조를 명시해 줄 것이기 때문이다. 그런데 롤즈에 의하면 정의의 원칙이 가능한 기본 구조를 명시해주려면 우선적으로 정당성의 개념과 관련된 어떤 일반적인 제한조건을 만족시켜야 한다고 한다. 이러한 조건을 정당성 개념의 형식적 제한조건이라고 한다. 롤즈는 다섯 개의 형식적 제한 조건을 제시한다. 첫째, 모든 원칙은 고유명사나 특정한 설명이 감추어진 것임을 직감적으로 알게 되는 말을 사용하지 않고서 정식화될 수 있어야 한다. 둘째, 원칙은 그 적용에 있어서 보편적(universal)이어야 한다. 그것은 모든 사람에게 그들이 도덕적인 존재임으로 해서 적용되어야 한다. 셋째, 공지성(publicity)이라는 조건이다. 이 조건은 계약론적인 입장으로부터 자연히 생겨난다. 공지성이라는 조건의 요점은 당사자들로 하여금 어떤 정의관을 공공적으로 인정되고 충분히 효과적으로 사회생활의 도덕적 헌장으로서 평가하

---

33) 남경희, 『이성과 정치존재론』 (문학과지성사 : 1997) p.374. 참조.

게 한다는 점이다. 넷째, 정당성의 개념은 상충하는 제반 요구의 서열(ordering)을 정해줘야 한다. 이러한 요구조건은 정당성 원칙의 역할이 대립적인 제반 요구를 조정하는 것이기 때문이다. 다섯째, 최종성(finality)의 조건이다. 이 조건은 일단 합의가 이루어진 내용에 대해서는 그 합의된 바를 쉽게 번복할 수 없다는 것을 의미한다. 즉, 원초적 입장의 당사자들은 무지의 베일로 인해 자신들의 특수한 사정에 대한 지식이 배제된 가운데 합의를 한다. 그런데 무지의 베일이 사라지면서 그들의 특수한 사정이 드러났을 경우, 당사자들 중에는 원초적 입장에서의 합의를 통해 이익을 보는 이도 있지만 손실을 보는 이 역시 있을 수밖에 없다. 이때 손실을 보는 이들은 원초적 입장에서의 합의를 번복하고자 할 것이며 이렇게 될 경우 원초적 입장에서의 합의된 바의 구속력은 현저히 저하되고 말 것이다. 이런 상황을 막으면서 원초적 입장에서의 합의의 구속력을 무지의 베일이 걷힌 후에도 유지시키기 위해서는 원초적 입장에서의 합의에 대해 최종성을 부여하게 되는 것이다. 이렇게 볼 때, 최종성이라는 조건은 계약론적인 접근 방식 전반에서 볼 수 있는 일반적인 제약조건이다. 이상의 다섯 가지 형식적 조건은 표현에 있어서 일반적이며 적용에 있어 보편적이고, 또한 도덕적 인간들의 상충하는 요구들 간의 서열을 정해주는 최종적인 기준이 된다는 것이다.

## 4) 정의론의 적용 한계 : 정의의 여건

정의가 실현되기 위해서는 정의의 원칙이 필요하고 정의의 원칙은 그것이 적용될 수 있는 구체적인 여건이 충족되어야 한다. 즉 사회제도의 제일 덕목으로서 정의가 구체적인 사회 현실에서 실현되기 위해서는 그 사회의 여건이 정의의 원칙을 구현할 수 있는 조건을 갖추고 있어야 한다. 따라서 정의의 여건(circumstance of justice)이란 정의의 원칙을 구현하기 위해 요구하는 사회의 배경적 조건이며 정의가 덕(virtue)이 되는 조건이다.

롤즈는 자신이 밝힌 정의의 여건은 정의를 요구하는 인간 사회의 일반적 여건이며 인간의 협력을 가능하게 하고 필요하게 만드는 조건으로 간주한다. 사회가 상호 이익을 위한 협력체계로서 이해관계의 일치뿐 아니라 상충의 특성을 지니는 것으로 파악하고 있다. 사회는 혼자만의 노력에 의해 사는 것보다 사회적인 협력을 통해 보다 나은 생활이 가능하다는 점에서 이해의 일치가 있으며 각자가 자신의 목적을 추구하기 위해서는 적은 몫보다는 보다 큰 몫을 선택할 것이기에 협력에 의해 산출된 보다 큰 이익의 분배방식을 놓고 이해의 상충이 있게 된다. 이러한 이해의 상충을 조정하고 이익의 분배를 규제할 사회체제의 규제원칙과 적절한 배분적 몫에 대한 합의를 도모하기 위한 원칙이 필요하게 된다. 이 원칙이 정의의 원칙이며 이 원칙의 필요성을 생기게 하는 배경적 조건들이 바로 정의의 여건이 된다는 것이다.[34]

정의의 여건은 객관적 여건과 주관적 여건의 두 가지로 나눈다. 정의의 객관적 여건은 천연자원이나 기타 자원이 너무 풍족하여 협력

---

34) Rawls, *TJ*, pp.126-127.

이 불필요해서도 안 되며 또한 협력을 불가능하게 할 정도로 지나치게 궁핍하지도 않는 적절하게 부족한 상태(moderate scarcity)이어야 한다는 점을 말한다. 주관적 여건은 협력의 주체들, 즉 협력하는 사람들에 관련된 측면이다. 협력의 주체들이 서로 상대방의 이해관계에 관심을 갖지 않는다는 점에서 상호무관심성(mutually disinterested)이라는 조건이다. 요컨대 정의의 여건은 타인의 이해관계에 대해서는 상호무관심한 자들이 사회적 이익에 대해 적절한 부족상태 하에서 사회적 이익에 대해 상충하는 요구를 제시할 경우 정의의 여건은 성립한다고 할 수 있다. 생명과 신체 상해의 위협만 없다면 신체적 용기를 가져야 할 필요가 없듯이 이러한 여건이 성립하지 않는 경우에는 정의라는 덕은 필요성이 없어진다.[35] 정의의 여건은 정의의 덕을 필요로 하는 여건이며 인간 사회의 일반적 특성은 바로 이러한 정의의 여건에 있고 따라서 정의의 덕은 인간 일반의 덕으로서 언제나 요구된다.[36] 롤즈는 원초적 입장에 있는 자들은 정의의 여건이 이루어졌음을 알고 있다고 가정한다.[37]

## IV. 정의의 두 원칙

### 1. 정의의 두 원칙의 도출과정

---

35) Rawls, *TJ*, p.128.
36) 황경식, 『사회정의의 철학적 기초』, p.224.
37) Rawls, *TJ*, p.128.

롤즈는 자신의 『정의론』에서 일반적 정의관(general conception of justice)과 특수한 정의관(special conception of justice)을 구분한 후, 특수한 정의관을 논의하면서 정의의 두 원칙을 정식화(定式化)하고 있다. 『정의론』에서 자신의 두 원칙을 정식화하기 전에 이미 롤즈는 기존에 발표된 「공정으로서의 정의」("Justice as Fairness", 1958), 「정의감」("The sense of Justice", 1963), 「분배적 정의」("Distributive Justice", 1967), 「호혜성으로서의 정의」("Justice as Reciprocity", 1971)라는 논문들에서 정의의 원칙들을 제시하고 있다. 이 논문들에서 몇 차례의 수정 과정을 거쳐 『정의론』에서 그의 독특한 두 원칙을 정식화하고 있다.

롤즈는 「공정으로서의 정의」(1958)에서 정의의 두 원칙의 원형이 되는 두 원칙을 다음과 같이 말하였다. 첫째, 하나의 규율 체계에 참여하거나 그에 영향을 받는 각 사람(각 개체, person)은 모든 이의 유사한 자유와 양립할 수 있는 가장 광범위한 자유에 대해 동등한 권리를 갖는다. 둘째, 불평등은 모든 이의 이익을 위해 작용하리라고 합당하게 기대되지 않는 한 자의적인 것이며, 불평등과 결부되거나 그 근거가 되는 일체의 직위와 직책은 모두에게 공개되어야 한다. 롤즈는 이 정의의 원칙들을 자유, 평등, 공동선에 기여하는 업적에 대한 보답이라는 세 가지 관념의 복합체로서 표현하고 있다.[38]

그러나 「분배적 정의」(1967)에서는 이미 발표한 「공정으로서의 정

---

38) Rawls, J. "Justice as Fairness", *Philosophy, Politics and Society, 2nd Series, eds. by Laslett, P. and Runciman, W. G. (Oxford : Basil Blackwell, 1972), pp.133-134.* 황경식 외 역, 『공정으로서의 정의』(서광사: 1988), p.13.

의」(1958)에서 밝힌 원칙을 일부 수정하여 다음과 같이 표현한다. 첫째, 한 제도에 참여하고 있거나 그 영향을 받는 각 사람은 모든 사람의 유사한 자유와 양립할 수 있는 가장 광범위한 자유에 대한 평등한 권리를 갖는다. 둘째, 제도적 구조에 의해 규정되거나 혹은 그에 의해 조장되는 불평등은 그것이 모든 사람의 이익을 위해 작용하리라고 합당하게 기대되지 않는 한 그리고 불평등과 결부되거나 불평등을 유발하는 일체의 직책과 직위는 모든 사람에게 개방되어 있는 조건이 아니라면 부당한 것이다. 롤즈는 이러한 정의의 두 원칙은 정치체제를 선택하는 기준이 되며 또한 이런 체제를 구체적인 현실에 실현시키기 위한 실천적인 입법 과정을 통해 더욱 구체화되어야 한다는 점을 분명히 하고 있다. 즉, 정의의 두 원칙은 사회 기본 구조를 결정하는 정치체제의 채택에서 시작하여 사회구조 전반을 통해 권리와 의무의 할당을 통제함으로써 제도의 분배적 측면을 규제해 준다는 것이다.[39] 이로써 이 두 원칙은 기본 구조, 즉 사회체제의 주요 제도들과 그들이 서로 결합하는 편성체계에 적용된다는 것이다.

롤즈는 이상의 논의를 거쳐 1971년 발간된 『정의론』에서 정의의 원칙을 정식화하고 있다.[40] 롤즈는 일반적 정의의 원칙, 즉 일반적 정의관을 다음과 같이 정식화한다. 즉 "모든 사회적인 기본 가치(social primary goods, 자유, 기회, 소득, 부 및 자존감의 사회적 기반)는 이러한

---

39) Rawls, "Distributive Justice." *Philosophical Review*, 1958, 황경식 외 역, 『공정으로서의 정의』, *p.152.*

40) 참고로 밝혀 둔다면, 롤즈가 "정의감"(1963)이나 "호혜성으로서의 정의"(1971)에서 제시한 정의의 두 원칙은 "공정으로서의 정의"(1958)에서 밝힌 원칙과 같다.

제 가치의 일부 혹은 전부의 불평등한 분배가 최소 수혜자의 이득이 되지 않는 한 평등하게 분배되어야 한다."[41]

　뿐만 아니라 롤즈는 특수하게 규정되는 특수한 정의관의 정의의 두 원칙을 제시한다. 롤즈가 특수한 정의의 원칙을 제시하는 이유는 일반적 정의관에 있어서 허용될 수도 있는 불평등의 종류에 대한 아무런 제한도 가해지지 않고 있기 때문에 기본 가치들 간의 상호교환에 대한 어떤 제약도 없게 된다. 이 결과보다 적은 자유가 보다 큰 경제적 가치에 의해 보상될 수도 있게 되며, 이것은 결국 노예제도와 같은 부정의한 제도가 배제되지 못하고 있음을 뜻하게 된다. 롤즈는 이러한 문제의 극복을 위하여 사회적 기본 가치들 간의 우선성(priority) 문제를 처리할 수 있는 제도상의 정의의 두 원칙을 제시한다. 여기서 정의의 두 원칙은 다음과 같이 "평등한 자유의 원칙"(principle of equal liberty)과 "차등의 원칙"(difference principle)으로 구체적으로 표현된다.

　제1원칙 : 평등한 자유의 원칙
　각 사람은 모든 사람의 유사한 자유의 체계와 양립가능한 평등한 기본적 자유의 가장 광범위한 총체 체계에 대한 평등한 권리를 가져야 한다.

　제2원칙 : 차등의 원칙
　사회적, 경제적 불평등은 다음과 같은 두 조건을 만족시키도록 편

---

41) Rawls, *TJ, p.303.*

성되어야 한다.

　(a) 최소 수혜자에게 최대 이익이 되고

　(b) 공정한 기회균등의 조건하에 모든 개방된 직책과 직위에 결
　　부되야 한다.

　이상과 같이 정의의 두 원칙은 첫째, 경제 이득에 대한 자유 우선
의 원칙(평등한 자유의 원칙) 둘째, 차등의 원칙 셋째, 공정한 기회균등
의 원칙의 세 가지 부분으로 구성된다.

## 2. 자유 우선성의 원칙 : 평등한 자유의 원칙

　이 원칙들 상호 간에는 축차적(逐次的, lexicographical)인 우선의 서열
이 있다. 제1원칙은 제2원칙에 우선하고, 제2원칙은 그 후반부가 전
반부에 우선하며 또한 제2원칙은 효율성(efficiency)이나 공리(utility)
의 원칙보다 우선적으로 적용되어야 한다는 것이다.[42]

　롤즈는 다음과 같이 주장하고 있다.

　제1우선성 규칙 (자유의 우선성). 정의의 제원칙의 순위는 축차적 서
열로 되어야 하며, 따라서 자유는 오직 자유를 위해서만 제한될 수
있다. 여기에도 두 가지 경우가 있는데, 즉 (a) 덜 광범위한 자유는 모
든 이가 공유하는 자유의 체계 전체를 강화할 경우 (b) 덜 평등한 자
유를 작게 가진 자들에게 용납될 수 있을 경우 허용될 수 있다.

　제2우선성 규칙 (효율성과 복지에 대한 정의의 우선성). 정의의 제2원칙

---

42) Rawls, *TJ, p.302.*

은 서열상으로 효율성의 원칙이나 이득총량의 극대화 원칙에 우선하며 공정한 기회는 차등의 원칙에 우선해야 한다. 이에는 두 가지 경우가 있는데, 즉 (a) 기회의 불균등은 적은 기회를 가진 자들의 기회를 증대해 줄 경우 (b) 과도한 저축률은 결국 이러한 노고를 치르는 자들의 부담을 경감시키는 경우에 허용될 수 있다.[43]

일반적 정의관의 결점은 축차적 서열로 된 두 원칙이 갖는 분명한 구조를 보여 주지 못한다는 점이다. 결국 롤즈의 정의의 원리는 세 가지 원칙으로 구성된다. 평등한 자유에 대한 권리를 말한 평등한 자유의 원칙, 공정한 기회 균등의 원칙, 최소 수혜자에게 이익이 될 경우에만 사회경제적 불평등을 허용하는 차등의 원칙 등 세 가지이다. 뿐만 아니라 이 세 가지 원칙들은 반드시 축차적으로, 즉 순서대로 실현되어야 한다는 것이다.

평등한 자유의 원칙, 자유 우선성의 원칙은 자유는 오직 자유를 위해서만 제한될 뿐 "어떠한 정치적 거래나 사회적 이득의 계산에도 좌우되지 않는 것"이라고 롤즈는 말하고 있다.[44] 정의는 전체 사회의 복지라는 명목으로도 유린할 수 없는 불가침성(inviolability)을 갖는 것으로 보고 정의는 타인들이 갖게 될 더욱 큰 선(善)을 위하여 소수의 자유를 뺏는 것이 정당화됨을 거부한다. 다수가 누릴 더욱 큰 이득을 위해서 소수에게 희생을 강요하는 것조차 정의는 용납하지 않으며, 정의로운 사회에서는 동등한 시민적 자유관이 보장되어야

---

43) Rawls, *TJ*, p.303.
44) Rawls, *TJ*, p.4.

만 하는 것으로 간주한다. 이렇게 인권이 유린되는 최악의 사례를 롤즈는 노예제도라고 간주한다. 롤즈가 볼 때 불행히도 공리주의는 이런 최악의 사태인 노예제도를 허용할 수 있는 가능성을 원칙적으로 막지 못한다고 비판한다.[45)

## 3. 공정한 기회균등의 원칙

롤즈는 정의의 두 원칙 중 제2원칙 전반부에서, 불평등을 유발할 수 있는 일체의 직책과 직위는 공정한 기회균등의 조건하에서 모든 사람에게 개방되어야 한다고 하였다. 이것이 바로 공정한 기회균등의 원칙이다. 따라서 공정한 기회균등의 원칙은 직책과 직위는 단지 형식적인 의미에서만 공개되어 있어서는 안되고 모든 사람이 그것을 획득할 수 있는 공정한 기회를 가져야 한다는 것이다. 그렇다면 공정한 기회란 무엇인가. 그것은 "유사한 능력과 재능을 가진 사람들은 유사한 인생의 기회를 가져야 한다"는 것을 의미한다.

더욱 분명하게 말하자면 천부적 자질이 다양하게 분배되어 있는 상황에서 동일한 수준의 재능이나 능력을 가진 사람들이 그것을 사용할 동일한 의향을 가지고 있다면, 그들은 사회체제 내에서 자신들의 최초의 지위, 다시 말하면 그들이 태어난 소득계층에 관계없이 동일한 성공의 전망을 가져야 한다는 것이다. 사회의 모든 계층에 있어서 유사한 동기와 능력을 가진 사람들은 대체로 교양이나 기능

---

45) Rawls, *TJ, p.248.*

에 대한 동등한 전망을 가져야 한다. 동일한 능력과 포부를 가진 사람들의 기대치가 그들이 처한 사회적 계급에 의해 영향을 받아서는 안 된다.[46] 롤즈는 공정한 기회균등을 자유주의적 원칙으로 이해하고 있다. 그러나 롤즈는 "재능이 있으면 출세할 수 있다(careers open to talents)"는 관념이나 공적주의적 사회(meritocratic society)가 아니라 순수절차적 정의(pure procedural justice)라는 관념으로 공정한 기회균등을 다루고 있다.

순수절차적 정의를 통해 공정한 분할이 되게 하는 예로 롤즈는 케이크를 나누어 분배하는 것을 들고 있다. 몇 사람이 케이크를 가른다고 할 때, 공정한 분할이 동등한 분할이라고 한다면 도대체 어떤 절차에 의해 이런 결과가 나타날 수 있는가? 그것은 케이크를 자르는 사람이 제일 나중에 조각을 가져가게 하는 방법이다. 이 경우에 그는 케이크를 꼭 같이 자를 것인데, 왜냐하면 그렇게 해야 자신에게도 가능한 최대의 몫이 보장되기 때문이다.

완전한 절차적 정의가 되기 위하여서는 두 가지 특징을 갖추고 있어야 한다. 첫째, 공정한 분할이 무엇인가에 대한 독립적인 규준(規準)이 있는데, 그 규준은 여타의 절차와는 상관없이 그에 선행해서 정해진다는 것이다. 둘째, 분명히 그러한 바람직한 결과를 가져오게 될 절차를 안출할 수 있다는 것이다. 어떤 결과가 정의로운지를 결정하는 독립적인 기준과 그러한 결과를 보장하는 절차가 있다는 점이다.

롤즈는 공정으로서의 정의관에서 사회를 상호 이익을 위한 협력

---

46) Rawls, *TJ*, p.73.

체계로서 해석하면서 사회의 기본 구조를 사람들로 하여금 협력을 통해서 보다 큰 이익 총량을 산출하도록 한다. 그러한 과정 중 어떤 합당한 요구에 대한 몫을 각자에게 할당하는 행위의 체계를 규정하는 공공적인 규칙의 체계로 이해한다. 이때 결과 되는 분배는 공공적 규칙 체계에 대한 그 구성원들의 합당한 기대치에 비추어서 사람들이 행하기로 약속한 바에 따라 정해지는 제 요구를 존중함으로써 달성되어진다. 따라서 분배가 공정한 결과에 도달하기 위해서는 공정한 절차가 반드시 수행되어야 한다. 순수절차적 정의라는 개념이 배분적 몫에 적용되기 위해서는 정의로운 제도체계가 설립되고 공평하게 운영될 필요가 있다. 정의로운 정치적 조직이나 경제적, 사회적 제도의 정의로운 체제를 포함하는 정의로운 기본 구조를 배경으로 할 때에만 정의로운 절차가 존재한다.[47)]

롤즈는 이와 같이 공정한 기회균등의 원칙을 모든 사람에게 기회를 개방할 것을 요구되는 평등주의적인 것으로 해석한다. 그러나 이것은 형식적 평등주의가 아니다. 롤즈는 천부적 재능과 같은 타고날 때부터 지니고 있는 천부적 재능과 같은 자연적 우연이나 좋은 가정에서 태어나는 것과 같은 사회적 우연에 따라서 소득과 부(富)의 분배가 이루어지는 것을 처음부터 배제하고자 한다. 즉, 공정한 기회균등의 원칙에 대해 '재능을 가진 사람이 출세할 수 있다'는 식으로 해석하는 것은 올바른 경쟁의 원칙일 수는 없다. 이러한 자유경쟁은 사실상 도덕적 관점에서 볼 때 천부적인 재능과 사회적 지위의 오

---

47) Rawls, *TJ, pp.85-87.*

랜 누적적 결과를 바탕으로 하고 있으며 이는 원천적 부정의가 아닐
수 없기 때문이다. 롤즈에 의하면 소득과 부의 분배가 역사적, 사회
적 행운에 의하여 이루어지는 것을 허용할 이유가 없는 것과 마찬가
지로 천부적 재능의 배분에 의하여 소득과 부의 분배가 이루어지는
것 역시 허용해야 할 도덕적 이유는 전혀 없다는 것이다.[48] 롤즈는
자연적 재능은 그 자체로써 아무런 도덕적 가치를 갖지 못하며 공동
의 자산으로 간주됨으로써 그러한 자연적 불평등은 사회정의의 원
칙에 의해 수정되어야 한다는 주장이다.

## 4. 차등의 원칙

"최소 수혜자(the least advantaged)에게 최대 이익이 되게 하는" 차등
의 원칙은 사회의 최소 수혜자의 이익이 되는 경우에 사회경제적 불
평등을 허용한다는 것이다. 차등의 원칙을 적용할 경우 사회적으로
유리한 위치에 있는 자들은 자유경쟁체제에서 보다도 적은 몫을 받
게 될 것이다. 그러나 유리한 조건의 사람들은 차등의 원칙을 근거
로 하는 사회체제에 기꺼이 호응할 근거가 있다는 것이다. 롤즈는 각
자의 행복은 사회협력체계에 달려 있으며 그것 없이는 아무도 만족
스러운 생을 영위할 수 없다는 것이다. 차등의 원칙 같은 공정한 근
거를 바탕으로 해서만 타인들의 자발적인 협력을 요구할 수 있고 그

---

48) Rawls, *TJ, p. 74*

들의 협력을 기대할 수 있다는 것이다.[49] 롤즈는 자연적 능력의 배분이 공동의 자산(common asset)으로서 간주되어야 하며 이렇게 될 때 협력체로서 사회 내에서 발생하는 모든 이득은 모든 성원이 그에 대해서 어떤 권리를 갖게되는 공동의 산물로 간주된다고 역설한다.

그렇다면 최소 수혜자 집단을 어떻게 규정할 수 있을까? 롤즈는 몇 가지 유형으로 그 가능성을 말하고 있다. 미숙련 노동자와 같은 특정한 사회적 지위를 선택하여 이 집단의 평균소득이나 부(富) 혹은 그들과 유사한 이해관계를 갖는 모든 자들을 최소 수혜자로 간주하는 방식과 사회적 지위에 상관없이 상대적인 소득이나 부를 통해서만 규정하는 방식이다. 이 방식에 의하면 중간소득이나 부의 절반 이하를 갖는 모든 사람들은 최소 수혜자 층으로 간주될 수 있다.[50] 롤즈는 차등의 원칙은 평등주의적(equalitarian) 정의관을 표현하고 있다고 말하고 공정한 기회의 원칙이란 냉담한 공적주의적 사회(meritocratic society)를 반대하는 입장이라고 하였다.[51]

차등의 원칙은 세 가지 원칙과 연관되어 있다. 첫째, 차등의 원칙이란 보상(報償, redress)의 원칙이 선정하는 고려사항들에 중점을 둔다는 사실이다. 보상의 원칙이란 부당한 불평등은 보상을 요구한다는 원칙이며, 출생이나 천부적 재능의 불평등은 부당한 것으로 이러한 불평등은 어떤 식으로든 보상되어야 한다는 것이다. 따라서 이 원칙은 모든 사람을 동등하게 취급하기 위해서, 즉 진정한 기회균등을

49) Rawls, TJ, p. 173.
50) Rawls, TJ, p. 98.
51) Rawls, TJ, p. 100.

제공하기 위해서 사회는 마땅히 보다 적은 천부적 자질을 가진 자와 보다 불리한 사회적 지위에 태어난 자에게 더 많은 관심을 가져야 한다는 것이다. 보상의 원칙의 기본 사상은 평등에로의 방향을 향해서 우연적 요인의 편파성을 보상해 주자는 것이다. 예를 들면 교육의 경우 저학년 동안 또는 지능이 높은 자보다 낮은 자의 교육에 더 큰 재원이 소비되는 것이다.[52] 롤즈는 교육의 역할은 인간으로 하여금 자기 사회의 문화를 향유하도록 해주며 그 과업에 참여하게 함으로써 각자에게 자신의 가치에 대한 확고한 신념을 갖도록 해주는 것이라고 하였다.[53] 차등의 원칙은 천부적 재능의 분배를 공동의 자산(common asset)으로 생각하고 무엇이 되던 간에 이러한 분배가 주는 이익을 함께 나누어 가지는데 합의함을 나타내는 것이다. 그러나 차등의 원칙은 기본 구조의 목표를 변형시킴으로써 총체적 제도체제가 더 이상 사회적 효율성이나 기능주의적 가치를 강조하지 못하도록 한다. 차등의 원칙은 보상의 원칙과 동일한 것은 아니지만 그 원칙을 어느 정도 실현해주고 있다고 볼 수 있다.

둘째, 차등의 원칙은 호혜성(reciprocity)을 표현하고 있다. 호혜성의 원칙이란 상호 이익의 원칙이며 연쇄관계가 적용되는 경우이다. 연쇄관계가 적용되는 경우 각 대표인이 자기 이익을 증진하도록 만들어진 기본 구조를 받아들일 수 있고, 그러한 사회질서는 모든 사람, 특히 최소 수혜자에게 정당화될 수 있으며 이런 의미에서 그것은 평

---

52) Rawls, *TJ, pp. 100-101.*
53) Rawls, *TJ. p. 101.*

등주의적이라 할 수 있다.

셋째, 차등의 원칙은 박애(fraternity)의 원칙에 대한 해석을 제시한다. 박애의 이상은 때때로 보다 넓은 사회의 성원 간에는 현실적으로 기대하기 힘든 정감이나 감정의 유대를 포함하기 때문에 민주주의적 이론에서 상대적으로 무시되어 왔다. 정의롭다고 생각하는 제도와 정책은 적어도 그것이 허용하는 불평등을 보다 불리한 자의 복지에 기여한다는 의미에서 박애의 요구를 만족시키는 것으로 생각된다. 이렇게 해석할 때 박애의 원칙은 현실성 있는 기준이 된다.[54]

## 5. 건전한 상식과의 조화 : 반성적 평형

롤즈는 정의의 원리가 반성적 평형상태 속의 숙고된 판단(considered judgement in reflective equilibrium)에 부합할 때 정당화될 수 있다고 하였다. 라이언즈는 이 방법을 정합논증(整合論證 coherence argument)이라고 하였다.[55] 숙고된 판단(considered judgement)이란 우리의 도덕능력이 가장 왜곡됨 없이 나타나게 되는 판단과 정의감이 작용하기에 좋은 여건 하에서 이루어진 판단만을 말한다. 따라서 잘못을 저지른 데 대한 아주 평범한 핑계나 변명이 있을 수 없는 상황에서 이루어진 판단이다. 숙고된 판단에서는 주저하면서 내린 판단이나 별로 확

---

54) Rawls, *TJ. pp. 105-106*

55) David Lyons, "Nature and Soundness of the Contract and Coherence Arguments," *Reading Rawls, pp. 141-168*. 참조.

신이 없는 판단, 당황하거나 놀랐을 때 혹은 어떻든 고집 부리기 위해 내린 판단은 제외된다. 왜냐하면 이런 식의 판단은 우리 자신의 이해관계에 대한 지나친 집착으로 인해 영향을 받기 때문이다.[56) 롤즈는 정의감을 사고작용을 포함하는 어떤 정신능력이라고 간주한다면, 적합한 판단이란 숙고와 판단 일반을 위해 유리한 조건하에서 이루어진 판단이라고 하였다.[57)

반성적 평형상태는 협의의 평형상태와 광의의 평형상태가 있다. 반성적 평형상태란 원초적 입장에서 선택될 제 원칙과 우리의 숙고된 판단에 부합되는 제 원칙이 일치하는 것이다. 이렇게 볼 때 반성적 평형상태는 정의감을 설명해 주는 가설이다.[58) 반성적 평형상태는 추상적 원리와 구체적 판단을 반성적으로 상호 수정함으로써 도달된다. 이러한 상태의 판단에서는 정의감 자체가 왜곡된 형태로 남아있을 확률은 현격히 줄어든다. 반성적 평형상태의 숙고된 판단은 구체적인 정의감과 추상적인 정의개념이 상호작용의 과정을 거쳐 얻어진 여러 사항 등이 고려된 균형적인 판단이므로 신뢰할 수 있는 정당화의 최종적인 원천으로 간주될 수 있다.

롤즈는 공정으로서의 정의란 반성적 평형상태에 있어서 우리의 숙고된 판단들이 보여주는 도덕감에 관한 이론이라고 하였다.[59) 도덕감이나 정의감이란 옳고 그름, 정의와 부정의를 느끼고 판단할 수

56) Rawls, *T.J.* *pp. 47-48*
57) Rawls, *T.J.* *p. 48*
58) Rawls, *T.J.* *p. 48*
59) Rawls, *T.J.* *p. 120*

있는 능력이다. 도덕감이나 정의감이 바르게 왜곡됨 없이 판단에 반영되었다 하더라도 정의감 자체가 비일관적이고 왜곡된 것일 수 있으므로 정당화의 최종 근거로 삼을 수 없고 반성적 평형상태에서 숙고된 판단만이 정당화의 근거가 될 수 있다.

## V. 자유와 평등의 조정

현대 사회에서 사회정의의 핵심적 문제는 자유와 평등 사이의 갈등과 조화의 문제이다. 롤즈가 정식화한 정의의 두 원칙의 초점 역시 자유와 평등 간의 갈등을 이론적으로 조정하고 조화시키는데 있다. 롤즈는 개인의 자유에 대한 자유주의적(liberal) 이상과 부와 권력 등 사회적 가치들의 평등한 분배에 대한 평등주의적(egalitarian) 이상간의 조화를 추구하고 있다. 이를 위해 그는 자본주의적 경제제도에 기초하고 있는 서구의 자유주의적 민주주의를 그 철학적 토대에서부터 재검토한 후, 자본주의적 자유들에 대해 설득력있는 사회주의적 비판을 받아들여 자유의 우선성을 확보한 위에서 제반 사회적 재화에 대한 공정한 분배를 보장하기 위해서 개인들에게 부과되어야 할 제약사항을 제시한다.[60] 롤즈의 정의의 두 원칙은 이러한 제약사항

---

60) A. H. Goldman, "Responses to Rawls from the Political Rights", in John Rawls, *Theory of Social Justice*, p. 431.

들을 구체적으로 정식화한 것이라고 할 수 있다.

그러나 롤즈의 이러한 조정작업은 평등한 자유를 요구하는 평등한 자유의 원칙과 사회적, 경제적 가치의 분배에 있어서 불평등이 정당화될 수 있는 차등의 원칙 사이의 양립불가능성이 존재할 수 있다는 우려를 피할 수 없다. 이 때문에 롤즈는 자유(liberty)와 자유의 가치(the worth of liberty)를 구분한다.

> "자유는 평등한 시민이 갖는 제 자유의 완전한 체계에 의해 표현되는 반면에 개인과 단체에 있어서의 자유의 가치는 그 체계가 정해주는 형태 내에서 자신의 목적을 증진시킬 수 있는 그들의 역량에 비례하는 것이다. 평등한 자유로서의 자유는 모든 이에게 동일하나 … 자유의 가치는 모든 이에게 동일하지 않다."[61]

다시 말하자면 자유의 가치는 체제 내에서 그들의 목적을 실현할 수 있는 각자의 능력에 비례한다. 자유의 가치는 큰 권력과 부를 갖는 자에게는 그들의 목적을 달성할 수 있는 보다 큰 수단을 갖는다. 자유의 가치는 자유실현의 수단과 관련되며 차등의 원칙에 따라서 분배된다.

그러나 롤즈의 이러한 정의론은 자유주의자들과 평등주의자들 양진영으로부터 동시에 비판을 받고 있다. 자유주의자들, 특히 자유지상주의자들은 경제적 재화의 평등한 분배를 주장하는 차등 원칙에

---

61) Rawls, *TJ. p. 204.*

대해 평등의 가치를 지나치게 강조한 나머지 다른 가치들과 권리, 특히 경제적 자유의 가치와 재산권을 희생시키고 있다고 비판한다. 그러나 평등주의자들은 롤즈의 자유의 우선성에 관한 주장은 차등의 원칙의 결과를 침해하고 있으며 그리하여 착취계급이 존립할 수 있는 여지를 남겨두고 있다고 비난한다. 특히 도펠트(G. Doppelt)는 사회주의적 입장에서 볼 때 롤즈의 차등 원칙은 지나치게 큰 불평등조차 허용하게 된다고 비판하고 있다. 경제적 불평등을 인간의 자존감을 훼손시키는 근본 요인으로 간주하고 있는 도펠트의 입장에서 볼 때, 롤즈는 자존감의 기반을 단지 부르주아적, 형식적 자유에만 한정시킨 채 경제 영역에까지 적극적으로 확산시키지 못했다는 것이다.

도펠트가 볼 때 롤즈의 이론은 형식적 자유의 측면에서 본다면 평등한 시민으로서의 존엄성을 보장해 주지만 경제영역에서는 물질적 이득과 효율성의 극대화를 지향하는 자본주의적 합리성을 벗어나지 못하고 있을 뿐만 아니라 경제 영역에서 허용된 불평등이 인간 존엄성의 평등성을 해치는 결정적 요인이 된다는 것이다. 롤즈의 자존감 개념은 시민으로서의 평등한 인간이라는 자유주의 이데올로기를 무비판적으로 받아들인 데서 나온 것이며 자본주의적 민주주의라는 시야의 구조적 한계를 벗어나지 못하고 있다고 주장한다. 요컨대 그는 롤즈의 정의관이 암암리에 자본주의적인 불평등한 시장경제체제를 함축하고 있으며 현존 자본주의 경제체제의 문제들을 그대로 안고 있을 수밖에 없다고 말한다.[62]

---

62) G. Doppelt, *Rawls System on Justice : A Critique from the Left, Nous,* 1981.

이처럼 롤즈의 입장은 전통적으로 고전적 자유주의의 지배적 가치인 자유와 19세기 이래 사회주의의 지배적 가치인 평등 간의 이념적 갈등을 조정하고자 하는 자유주의적 평등주의 입장이다. 롤즈의 이러한 조정 작업에 대한 또 다른 중요한 비판으로는 맥퍼슨(C. B. Macpherson)의 비판과 노직(Robert Nozick)의 비판을 들 수 있다. 맥퍼슨은 좌파의 비판을 대변하며 이에 비해 노직은 우파의 비판을 대변한다.

맥퍼슨은 롤즈의 정의의 두 원칙은 동시에 만족될 수 없다고 비판한다. 맥퍼슨은 롤즈의 제1원칙인 평등한 자유의 원칙은, 부의 집중이 궁극적으로는 평등한 자유를 위협하기 때문에 부유층으로부터 빈곤층으로 경제적 양도가 없는 한 충족될 수 없다고 하였다. 또 제2원칙인 차등의 원칙에 대해서도 경제적 불평등이 최소 수혜자에게 최대이득이 되는 한에서만 허용되는 것을 말하지만 이것은 자본주의적 복지국가에 내재한 자본주의적 계급적 불평등 구조의 불가피성을 전제하고 있기 때문에 그러한 본질적 불평등은 결코 없어지지 않는다는 것이다. 롤즈가 말하는 차등의 원칙의 분배적 정의의 원리는 부유층으로부터 빈곤층으로 경제적 양도에 심각한 한계를 요구한다는 것이다.[63]

그러나 필자가 볼 때 이러한 맥퍼슨의 비판은 롤즈 정의론의 구조적 특성을 무시하고 있는 것 같다. 물론 일정 정도 이상의 부의 집중이 동등한 자유를 위협할 수 있는 가능성을 인정한다 할지라도 모든

---

63) C. B. *Macpherson, Democratic Theory( Clarendon Press: 1973), p.93.*

형태의 부의 축적이 억압이나 착취 등으로 이해되어야 하는 것이 아닌 한, 부의 축적 그 자체가 실제로 자유를 제약한다고 주장하기는 어려운 것이다. 따라서 이 문제는 자유와 평등에 대한 철학적인 논변으로 해결될 수 있는 문제라고 보기는 힘들다고 해야 할 것이다. 다시 말해 이 문제는 어느 정도의 경제적 불평등이 평등한 자유에 대한 실질적 침해가 될 수 있는가에 대한 사회적, 경제적 고려가 절실히 필요하다는 점을 역설적으로 보여 준다.

특히 그의 정의론이 어떤 사회체제와 잘 부합할 수 있는가의 문제는 철학자들뿐만 아니라 정치학자들, 사회학자들 나아가 경제학자들까지 이 논쟁에 가세하면서 현재까지도 격렬한 논쟁의 대상이 되고 있다. 많은 학자들은 롤즈의『정의론』을 "평등주의라는 상표를 단 복지국가 자본주의에 대한 철학적 옹호론"(a philosophical apologia for an egalitarian brand of welfare state capitalism.)[64]으로 이해했다. 그러나 다른 일군의 학자들은 롤즈의 정의론과 부합할 수 있는 정치경제체제는 고전적인 마르크스주의에서 말하는 자본주의와는 전혀 다른 체제라는 주장을 펴고 있다.[65] 그러나 롤즈는 1989년 한 논문에서 자신의 정의론과 부합할 수 있는 체제들의 목록에서 복지국가 자본

---

64) Robert Paul Wolff, *Understanding Rawls: A Reconstruction and Critique of "A Theory of Justice", ( Princeton University Press: 1977), p. 195.* 이외에도 다수의 학자들이 롤즈의 정의론이 복지 국가 자본주의를 옹호하고 있는 것으로 이해하고 있다. 예를 들자면, *Allan Ryan, Allen Buchanan, Amy Gutmann, Brian Barry, Barry Clark and Herbert Gintis, Carole Pateman, Norman Daniels, etc.* 또한 국내 학자로는 김태길 교수 역시 조심스러운 태도를 취하기는 하지만 이런 입장을 개진하고 있다. 김태길,『변혁시대의 사회철학』(철학과 현실사: 1990),*pp. 202-203.*

65) 예를 들면, Arthur Diquattro, and Richard Krouse and Michael Macpherson

주의를 분명히 배척한 후, 양립 가능한 체제로 재산소유 민주주의 (a property-owning democracy)와 민주주의적 사회주의(a liberal democratic socialism)를 제시하지만 이 두 체제 중 어느 체제가 자신의 정의론과 더욱 잘 부합하는가에 대해서는 해당 사회의 정치 사회학에 따라 결정되어야 한다고만 한 채 직접적인 대답은 유보하고 있다.[66)]

## VI. 결 론

결국 롤즈의 정의론은 "사회의 기본 구조가 갖는 분배적 측면의 정의 여부를 판단하고 평가하는 기준(standards for assessing)을 제시할 뿐만 아니라 부정의한 현행 사회제도를 개조하고, 사회변화의 지침이 될 기준(standards for guiding)을 제시하는 것이다."[67)] 요약하자면 사회정의론은 사회의 기본 구조에 연관시켜 자유와 평등을 조화시키려 한다. 정의의 본질은 자유와 평등의 문제이다. 자유주의적 정의관에서는 개인의 자유와 권리의 보장의 실현을 정의의 최우선 가치로 둔다. 평등주의 정의관은 자유의 중요성을 인정하면서도 평등의 적극적인 실현을 모색한다.

---

66) J.Rawls, *Justice as Fairness : A Guided Tour (Harvard University:1989)*, 롤즈 정의론과 경제체제간의 비교문제에 대해서는 정원섭(1998)의 "롤즈의 정의론과 경제체제", 한국철학자 연합대회 발표논문 참고.

67) 황경식, 『사회정의의 철학적 기초』, p.271.

이미 본 것처럼 자유주의자인 롤즈는 자유주의를 근간으로 하여 평등주의를 결합시킨 평등주의적 자유주의이다. 롤즈는 현대 사회의 분배적 정의에서 불평등이 존재할 수밖에 없다고 보고 정당한 불평등의 근거를 합리적으로 도출하여 어떻게 제도화할 것인가에 그의 정의론의 초점을 맞추고 있다. 롤즈는 정의의 원리를 도출하기 위하여 계약론적 방법을 사용한다. 이것은 계약당사자가 공정한 절차를 거쳐 합의하는 것이며 여기에 특수한 여건에 의해 영향 받지 않는 가상적인 상황인 원초적 입장이 설정된다. 여기에 무지의 베일과 상호무관심적 방법을 사용하여 롤즈는 정의의 두 가지 원칙을 도출한다. 그것은 자유우선성의 원칙과 차등의 원칙이다. 자유우선성의 원칙은 자유는 오직 자유를 위해서만 제한될 뿐 어떠한 정치적 거래나 사회적 이득의 계산에도 좌우되지 않는 것이다. 차등의 원칙은 분배문제에서 불평등인 바 모든 이에게 이득이 되는 사회의 기본 구조로부터 생겨나는 불평등을 용납한다. 최소 수혜자에게 최대의 이익이 되게 하는 최소극대화(maximin)의 전략을 쓴다. 차등의 원리는 공정한 기회균등의 원리이다. 이 원리는 축차적 서열, 자유의 우선성, 공정한 기회균등, 차등의 원리의 순서로 된다. 이런 것을 통하여 자유와 평등, 자유주의, 평등주의를 조정하고 조화시키려 한다.

　롤즈의 사회정의론은 자유, 평등, 사회경제적 복지증진이라는 사회정의의 세 가지 기본 요청 간의 조정점을 추구한 점에서 이론적 탁월성을 인정받았다. 그뿐 아니라 롤즈의 사회정의론은 결과적으로 윤리학의 방법론에 대해 공헌하였다. 특히 개인윤리와 사회윤리의 경계선 및 양자 간의 관계를 명확하게 하는데 크게 기여한 것으

로 평가받고 있다.[68]

롤즈의 사회정의론에 대한 비판으로 여러 측면에서 제기된다. 원초적 입장에 대하여 롤즈가 가정하고 있는 선택 동기와 사회적 기본 가치가 공정하고 중립적인 것이 아니라 근대 서구의 자유주의적, 개인주의적 인간들을 편파적으로 반영하고 있다는 것이다.[69] 피스크 역시 원초적 입장은 가치중립적 가정으로 볼 수 없다고 하였다. 롤즈는 개인 각자에게 자신의 삶을 자유롭게 설계할 수 있는 권한이 있다는 것을 전제로 삼고, 여러 조건들을 규정하고 있지만 여기서 전제가 된 자유의 개념은 인간이 현실적으로 집단적 존재임을 경시하는 개인주의 이데올로기의 산물이라는 것이다.[70] 롤즈의 정의론은 서구 유럽이나 미국 같은 자본주의 국가의 사회적 이념을 반영하고 있으며 기본적 질서가 이미 정의로운 것으로 받아들일 수 있는 사회협력체계 안에서만 적용될 수 있다는 문제점이 있다.

68) 김태길, "John Rawls의 사회정의론: 윤리학의 방법에 대한 함축을 중심으로", 「철학」제17집 1982 봄. p.22.

69) Steven Lukes, *Essays in Social Theory (New Columbia University Press: 1977), p.189.*

70) Milton Fisk, "History and Reason in Rawls Moral Theory", Norman Daniels (ed.), *Reading Rawls, Critical Studies on Rawls' 'A Theory of Justice', 1989. p.59.*

# 제3장 공자의 사회정의론

## - 직(直)과 정명사상(正名思想) -

## 서론

공자의 사상은 인(仁)으로 대표되고 의(義)에 관한 것은 맹자의 사상이라 흔히 이야기하지만 공자에게 의(義)역시 중요한 개념이다. 인(仁)은 의(義)를 통하여 구체화되고 의(義)는 인(仁)을 실행하는 준칙이 된다. 인(仁)과 의(義)는 분리할 수 없는 불가분의 관계이다. 의(義)를 가장 중요한 개념으로 보기도 한다. 공자사상의 핵심 개념은 예(禮), 의(義), 인(仁)이다.

공자는 유교의 창시자로서 후세에 사상가, 교육자, 역사가로서의 면모를 찾아볼 수 있다. 공자의 사상은 그와 제자들의 언행을 훗날 의논하여 편찬한 『논어』(論語)에 잘 나타나 있다. 공자는 그의 사상인 인(仁)의 정신을 바탕으로 하고 의를 기준으로 예(禮)와 덕(德)으로 다스려지는 도덕적인 이상 사회를 건설하고자 하였다.

공자의 당시 정치와 사회적으로 무질서한 사회였다. 공자는 무질서한 천하 무도(天下 無道)의 사회를, 질서를 바로 잡아 천하 유도(天下 有道)의 사회를 만들고자 하였으며, 이 인간적이며 질서 있는 사회를 만들기 위해서는 각자가 자신의 위치에서 자기의 명분에 알맞은 직분과 역할을 다하면 된다는 방안을 제시하였다. 이것을 정명사상(正名思想)이라 한다. 이 글에서는 공자가 무질서를 바로 잡고자 한 생각의 근거가 되는 의(義)사상과 정명사상(正名思想)을 다루고자 한다.

## 1. 중국 철학에서의 정의 (正義)

### (1) '정(正)'의 의미

정의(正義)라는 개념은 서구적인 개념이다. 정의(正義)는 중국철학에서 의(義)라는 말로 사용되었다. '의(義)자와 함께 '정(正)'자가 도덕적 의미로 사용된 예는 순자(荀子)에서 처음 찾아볼 수 있다.[1] 순자가 사용하고 있는 정의(正義)는 "의를 바르게 실천하는 것을 행이라 한다." "정당한 주장이 없음"으로 해석할 수 있기 때문에 지금 이 글에서 사용하고 있는 정의(正義 justice, Gerechtigkeit)라는 의미로 사용되었다고 단정하기는 어렵다. 중국의 문헌에서는 의(義), 예(禮), 균(均),

---

1) 「荀子」, 正名, "正利而爲 謂之事 正義而爲 謂之行". 「儒敎」 "不學文 無正義 以富爲隆 是俗人者也.

평(平), 분(分), 공(公), 명(名) 등의 개념으로 여기서 사용하고 있는 정의(justice)의 의미로 사용하고 있다.[2]

『논어』(論語), 『맹자』(孟子)를 위시한 공자, 맹자의 말속에는 정의(正義)라는 단어를 찾아 볼 수 없다. 정의(正義)라는 말은 찾아볼 수 없지만 정의에 대해서 논의 안한 것은 아니다. 공자는 부정의(不正義)한 상황을 질타하고 그 시정 방법을 제시하였다.

'정(正)'자는 일(一)과 지(止)자의 결합된 글자이다. "정(正)은 그 자신의 최선 최량의 성취라는 뜻과 함께 다른 미완성의 것들을 바르게 되도록 하는 이른바 격정(格正)의 기능을 갖는 것이다.[3] 격정(格正)이란 말은 의(義) 못된 것을 의(義) 되게 한다는 말이다.[4]

정(正)은 모든 것의 대본(大本)이며 중용(中庸)과 중화(中和)의 상태이며 또 균형과 조화를 이룬, 즉 가장 최선 최량의 상태에 놓인 것으로 모든 것의 가장 이상적인 추구 대상이 되고 가장 이상적 성취내용이 되는 궁극적 목표요 최고의 본보기인 것이다.[5]

(2) '의(義)'의 의미

허신(許愼)의 『설문해자』(說文解字)에 보면 義는 羊과 我의 합성어

---

2) 이승환, 「유가사상의 사회철학적 재조명」(고려대학교 출판부: 1998), p.7.
3) 金忠烈, 「中國哲學散稿 I」, 제3판 (온누리: 1994), p.191.
4) 儒家에서는 정치를 正한 것이 不正한 것을 正하게 하는 것으로 보았다. 공자는 '政者正也'라고 하여 格正의 뜻이 있다.
5) 金忠烈, 「中國哲學散稿 I」, p.191.

로서, 自己의 위의(威儀)를 말한다.[6] 이에 대한 설명으로 단옥재(段玉裁)는 "위의(威儀)가 자기에서 나왔으므로 아(我)를 쫓은 것이고, 양(羊)을 쫓은 것은 선(善)이나 미(美) 등과 같은 뜻이다"[7]라고 해석하였다. 계속하여 단옥재는 설문해자의 주를 다음과 같이 해석하였다. "義의 본래 뜻은 예용(禮容)이 각각 마땅함(宜)을 얻은 것이며, 禮容이 마땅함을 얻으면 곧 善이다."[8]

유학에서 義자는 행위규범(行爲規範)과 일을 행(行)함에 마땅함(宜)을 의미한다. 주역에도 "군자는 경(敬)으로써 마음을 곧게 하고 의로써 행동을 방정하게 한다."[9] 논어에도 "의를 행하여 그 도에 통달한다."[10] 『중용(中庸)』에도 "義는 의(宜)이다"[11]라고 하였고, 순자에서도 "義는 각각 그 마땅함을 얻는 것을 말한다"[12]고 하였다.

義字의 의미는 의(宜), 선(善), 의(儀), 도리(道理), 의형제(義兄弟), 義字의 문구(文句)의 뜻은 의미가 있다. 즉, 현실에 마땅하게 행동함(宜), 현실의 올바르게 행동함(善), 마땅하고 올바름의 구체적인 모습(儀), 마땅함과 올바름의 원리(道理), 남과 골육(骨肉)과 같은 관계를 맺음

---

6) 許愼, 「說文解字」: 義 己之威儀也 从我从羊.
7) 段玉裁, 「段氏說文解字注」, 義字條: 威儀出於己 故从我...从羊者 與善美同義. (从자는 從자의 옛글자임.)
8) 段玉裁, 「段氏說文解字注」, 義之本訓 謂禮容各得其宜 禮容得宜則善矣.
9) 「周易」, 坤卦, 「文言」: 君子 敬以直內 義以方外.
10) 「論語」, 季氏11, 行義以達其道.
11) 「中庸」20章, 義宜也.
12) 「荀子」, 强國, "義謂各得其宜".

(義兄弟) 등의 의미(意味)가 있다. [13]

달리 말하여 義의 의미는 '마땅함'을 추구하는 상황성의 문제와 '올바름'을 구현하는 도덕성의 문제이다. 판단에는 사실판단과 가치판단이 있는 바 상황성에서는 사실판단의 의미가 도덕성에서는 가치판단의 의미가 강조된다.[14]

義의 자의는 "인가의 내재된 도덕성(善)이 구체적 현실의 마땅함(宜)을 취하여 예용으로 나타난 모습(儀)이라고 하겠다. 즉, 내가 선을 예로서 드러내며 행동하는 것이 의행(義行)이고 이러한 의는 선이나 미와 서로 통하는 것이다."[15]

'義'자는 본래 사람의 용모와 행동거지를 가리키는 것으로 쓰이다가 그 용모와 행동거지의 가장 마땅한 것으로서의 당위규범으로 발전하였고, 행동거지와 당위규범이 받아들였을 때를 평가한 선(善)개념이 되었으며, 나아가서 不善, 즉 당위 규범에 어긋나는 행위를 바르게 하는 규제의 힘을 갖게 되었다. 義자의 일반적인 의미는 옳고 그른 것을 판가름하고 마땅히 해야 할 행동과 해서는 안 될 일을 구분해 주는 기준이 되어, 특히 인간의 인위적 측면을 조절하고 규제하는 뜻을 많이 지니고 있다.[16]

---

13) 吳錫源, "儒家義理思想의 本質과 特性", 『東洋哲學의 思想研究. 道原 柳承國博士 古稀紀念論文集』(東方文化研究院: 1992), p.383.

14) 吳錫源, "儒家義理思想의 本質과 特性". 참조.

15) 吳錫源, "儒家義理思想의 本質과 特性", p.384.

16) 金忠烈, 「中國哲學散稿 I」, p.192. 「禮記」, 表記編에 "義者, 天下之制也"라는 뜻은 이를 포괄한 것으로 볼 수 있을 것이다.

義는 義가 행해지는 시간과 공간과 장소와 상황이 있다. 時, 所, 位 속에서 가장 알맞게  가장 마땅히 행동해야 할 바를 합당하게 행동해야 하는 의미가 있다.[17]

의에는 주관적 도덕 판단으로서 원리적 義와 객관적 사실 판단으로서 상황적 義가 있다. 이것을 의리사상(義理思想)의 특징이라고 할 수 있다. 원리적 의에만 집착한다면 보수화되고 관념화되기 쉽고, 상황적 의(狀況的 義)만을 강조한다면 보편적 원리를 외면하고 독단과 자기합리화로 전락하기 쉽다.[18]

正과 義의 관계는 正자는 자연적, 내재적 의미라면, 義자는 인위적, 외재적 의미를 가졌다. 義는 正을 바탕으로 세워져야 하고, 義는 正에 대하여 부차적인 성격을 지닌다. 정(正), 부정(不正)의 가치판단은 영원불변일 수 있으나 의(義)와 불의(不義)의 기준은 인간의 계약 여하에 따라서 차이와 변이가 있는 것이다.[19] 그럼에도 불구하고 義는 보편타당성을 지닌 것이어야 한다.

## 2. 孔子의 義의 개념

공자의 義는 仁, 禮 다음으로 논어에 많이 나온다.

공자는 義의 문제를 논어에서 16장에 걸쳐 18번 사용하였다. 물

---

17) 吳錫源, "儒吳錫源, "儒家義理思想의 本質과 特性", p. 385.
18) 吳錫源, 吳錫源, "儒家義理思想의 本質과 特性", p. 400, 참조.
19) 金忠烈, 中國哲學散稿 I, p. 193.

론 논어에서 100여 번 사용하는 仁보다는 적지만 義의 문제는 논어에서 중요한 개념이다. 공자의 仁을 이해하기 위해서도 義의 문제를 바르게 이해하여야 한다.[20]

공자의 義의 의미는 마땅함, 옳음, 공정(公正), 정당(正當), 도리(道理), 당연히 맡아야 할 책임(責任)의 뜻이 있다.

첫째, 義는 정당함과 합리적임을 뜻한다. 공자께서 말씀하였다. "군자는 의에 밝고 소인은 이(利)에 밝다."[21] 공자께서 말씀하셨다 … "義를 보고 하지 않음은 용기가 없기 때문이다."[22] 군자는 의에 밝다 (喩)는 것은 재물보다는 정당하고 합리적인 것만을 추구한다는 뜻이며, "의를 보고 행하지 않음"의 義도 정당함을 가리킨다.

둘째, 義는 정당함에서 파생되어 온 공정함의 뜻을 가지고 있다. 공자께서 자산을 평해 말씀하셨다. "군자의 도 네 가지가 있었으니, 몸가짐이 공손히 하였고, 윗사람을 섬김이 공경스러웠고, 백성들에게는 은혜를 베풀었고, 백성을 부리는데 義로웠다."[23] 여기에서 義로웠다는 것은 정당함에서 파생되어 온 공정(公正)함을 뜻한다. 자산 (子産)은 백성에게 공정하게 일을 시켰다. 백성들은 공정하고 도리에 맞게 일을 시켜야 기쁜 마음으로 복종하고 명령에 따른다.[24]

---

20) 陳大齊,「孔子의 學說」, 안종수 역(이론과 실천:1996), p.236 참조.
21) 論語, 里仁, "子曰君子喩於義 小人喩於利."
22) 論語, 爲政24, "子曰, … 義不爲 無勇也"
23) 「論語」, 公冶長16, "子謂子産, 有君子之道四焉, 其行己也恭, 其事上也敬, 其養民也惠, 其使民也義"
24) 蔡仁厚,「孔子의 哲學」, p.175. 參照.

셋째. 義는 당연히 맡아야 할 책임이다. 번지가 知에 대하여 묻자, 공자께서 대답하셨다. "사람이 마땅히 해야할 일(義)에 힘쓰고, 귀신을 공손히 다루되 이를 멀리하면 지혜롭다고 할 수 있다."[25]

여기에서 사용된 義자도 정당(正當)이란 뜻에서 파생된 책임의 의미이다. 귀신에게 미혹되지 않고 사람이 마땅히 해야 할 도리와 정당한 책임을 다하는 것이 지혜 있는 사람이라고 공자는 생각한 것이다.

넷째, 義는 군자의 본질이다. 공자가 말씀하셨다. "군자는 의로써 바탕을 삼고, 예로써 행하며, 겸손함으로써 그것을 나타내고, 신의로써 이루니 참으로 군자이다"[26]

군자는 禮에 맞게 행동하며, 말은 공손히 하며 신의(信義)로써 인격의 완성을 추구한다. 이것이 군자가 본질로 삼는 義이다. 군자가 군자인 까닭은 義를 본질로 갖추고 잇기 때문이다.

다섯째, 義는 사람이 마땅히 지켜야 할 도리(道理)를 가리킨다. 공자는 자로가 완성된 사람(成人)에 대하여 묻자, "이득을 보면 義를 생각하며, 위태로움을 보면 목숨을 바친다"[27]고 하였다. 자장이 물었다. "선비는 어떻게 하면 통달했다고 할 수 있습니까?" 공자께서 말씀하셨다. "통달한 사람은 질박하고, 정직하고, 義를 좋아하는 것이다."[28] 사사로운 이익을 보면 먼저 義를 생각하고 나라가 백척간두(百尺竿頭)의 위기에 처해 있을 때 목숨을 버릴 수 있는 것이 義이며

---

25) 論語, 雍也20, "樊遲問知, 子曰 務民之義, 敬鬼神而遠之, 可謂之矣."
26) 論語, 衛靈公17, "子曰, 君子義以爲質, 禮以行之, 孫以出之, 信以成之, 君子哉"
27) 論語, 憲問13, "子路問成人, 子曰, … 見利思義, 見危授命."
28) 論語, 顏淵20, "子張問, 士何如斯可謂之達矣, 子曰 … 夫達也者, 質直而好義."

道理이다

이상에서 논의한 대로 공자가 말하는 義는 사람이 마땅히(宜) 행하여야 할 책임적인 道理이다. 이 義는 '마땅히 해야 할 것'에 대하여 '어떻게 해야 할 것인지'를 알아야 마땅히 해야 할 책임을 완성할 수 있다.[29]

## 3. 공자의 직(直)의 개념

공자의 義의 사상과 연관하여 중요한 사상이 直에 관한 것이다. 공자의 의에 관념으로부터 정직과 가치판단이 나온다. 공자가 강조한 仁의 삶은 정직(直)한 심정과 통해 있다. 공자는 삶에서 정직을 강조하고 直을 인생의 道요 삶의 원칙으로 보았다. "사람이 살아가는 이치는 정직이니, 정직하지 않으면서도 살아 있는 것은 요행으로 죽음을 면한 것이다."[30] 공자는 인간은 정직(直)함으로 살아가는 것이지 거짓으로 살아가는 것이 아니며, 거짓(罔)으로 살아간다면 그것은 요행으로 살아가는 것이다.

直의 내용으로 사용하는 표현은 솔직(率直), 충직(忠直), 강직(剛直), 소박(素樸), 질실(質實), 순진(純眞) 등으로 『대학』(大學), 『중용』(中庸), 『맹자』(孟子) 같은 데서는 성(誠)으로 발전되었다. 誠은 '자기를 속이지 않는 것(毋自欺)'이다. 자기(自欺)는 자기의 본성대로 하지 않는 의

---

29) 蔡仁厚, 「孔子의 哲學」, p.176.
30) 論語, 雍也17, "子曰, 人之生也直, 罔之生也, 幸而免."

미가 담겨 있다. 자기를 속이지 않아야 다른 사람에 대해서도 直할 수 있기 때문이다. 곧은 直의 반대는 구부러진 곡(曲)이다. 인간의 본성은 순수한 것이기 때문에 구부러지지 않고 곧게 흐르는 것이다.[31]

直은 본성을 따르는(率性) 의미를 가지고 있다. 중용(中庸)에서 천명지위성(天命之謂性), 솔성지위도(率性之謂道), 수도지위교(修道之謂教)라고 할 때 '솔성(率性)'(본성을 따름) 두 자의 의미가 直의 의미이며 자기를 속이지 않는 '무자기(毋自欺)'의 의미이다.

이러한 예를 섭공과 공자의 대화에서 찾아 볼 수 있다.

섭공이 공자에게 말하였다. "우리 마을에 몸을 정직하게 행동하는 사람이 있으니, 그의 아버지가 양을 훔치자, 아들이 그것을 증명(고발)하였습니다." 공자께서 말씀하셨다. "우리 마을의 정직한 사람은 이와 다르다. 아버지가 자식을 위하여 숨겨주고, 자식이 아버지를 위하여 숨겨주니, 정직함은 그 가운데 있는 것이다."[32]

위의 이야기는 공자의 直은 본성과 自然의 의미를 가지고 있다. 공자는 부자간이란 천륜관계(天倫關係)이고, 천륜관계는 아버지가 자식을 숨겨주고(父爲子隱) 자식이 아버지를 숨겨주는(子爲父隱) 가운데 直이 있다. 부자간에 서로 허물을 숨겨주는 것이 인간의 본성의 요구이

---

31) 李相殷, "휴머니즘에서 본 儒教思想", p.526.
32) 論語, 子路 18, "葉公語孔子曰: 吾黨有直躬者. 其父攘羊, 而子證之. 孔子曰: 吾黨之直者, 父爲子隱, 子爲父隱. 直在其中矣." 攘은 무엇을 직접 훔치는 것이 아니라, 남의 집 닭이나 개가 자기 집에 들어온 것을 계기로 훔치는 따위를 말한다.

며 자연스런 인간성의 발로이다. 섭공이 말한 사람은 법의 요구와 정직하다는 명예를 위해서 양을 도둑질한 아버지의 일을 고발하였는지 모르지만 이것은 공자의 기준에서 보면 부성애와 효도의 기준에서 보면 정직한 것이 아니다. 이것은 비인간적이며 부자연스러운 것이다.[33]

가치판단과 가치실현에 대한 공자의 생각은 "가치는 반드시 구체적인 본분과 의를 통해서 완성되어야 한다"는 것이다. 서로 다른 사람이 같은 일을 할 때는 각기 다른 책임과 의무가 있다. 그러므로 양을 훔친 것을 증명하는 것은 정직이라고 할 수 없다. 왜냐하면 자기의 책임과 의무에 따라 그것을 증명하든지 혹은 숨기든지 함으로써 정직을 행하게 되는 것이다. 친자 불고지죄의 권리와 자유를 인정하고 존중하고 있듯이 공자도 이렇게 생각하고 있는 것이다. 때와 장소와 사람과 일에 따라 올바름을 분별하는 것을 중시하고 있다. 공자가 정직(直)을 논한 그 본의는 가치, 구체적인 합리적 직분의 완성을 말한 것이다. 섭공은 부자의 관계를 돌보지 않고도 정직하고도 합리적임을 나타낼 수도 있다고 생각하였는데, 공자는 정직과 합리는 부자(父子)를 길가는 사람의 관계로 보지 않고 그 부자의 합리적 직분을 극진히 발휘하는데 있다고 여겼다. 이것이 바로 고발(證)과 숨겨줌(隱) 두 가지 태도의 다른 점이다.[34]

공자는" 강하고, 굳세고, 질박하고, 어눌함이 仁에 가깝다"고 하였

---

33) 李相殷, "휴머니즘에서 본 儒教思想", p.527 參照.
34) 勞思光, 「中國哲學史」, p. 83.

다.[35] 그러나 강의목눌(剛毅木訥)은 인에 가까운 것이지 仁이 아니다. 仁이 되려면 禮와 조화를 이루어야 한다. 仁이란 直과 禮의 조화를 이루어야 한다. 直은 개인의 성정(性情)을 의미하고 禮는 사회적 규범의 제약을 의미한다. 直에 치중하면 방종에 흐를 수 있고 禮에 치중하면 허례허식이나 허위에 빠지기 쉽다. 공자는 실질적 내용과 겉모양이 조화를 이루는 문질빈빈(文質彬彬)을 말하였다.[36] 이 문질빈빈은 禮와 直의 균형이며 제재와 자유의 균형이다.

공자가 말한 義는 같은 종류의 사물도 시간과 장소 및 처한 환경에 따라서 義가 되기도 하고 불의가 되기도 한다는 것이다. 동일한 사건이라도 행위자의 책임과 입장, 환경 등의 차이에 따라 대응하는 태도와 처리하는 방식이 다르다. 반대로 사건을 대하고 처리하는 방식이 다르다 해도, 사리의 당연함에 따라 실행한다면 모두 의에 부합하는 행위라고 할 수 있다. 공자가 "나는 이와 달라서 可한 것도 없고 不可한 것도 없다"고 한 말에서 찾아 볼 수 있다.[37] 맹자도 "그때는 그때이고 지금은 지금이다"[38]고 하였다. 이것은 기회주의적인 것을 의미하는 것이 아니라 理와 義에 따르는 것은 심(心 본심. 양심)에 따라 가치 판단을 하는 것이다.

가치판단을 할 때에 같은 종류의 사물, 동일한 사건이라고 하여도

---

35) 『論語』, 子路27, "子曰剛毅木訥近仁".
36) 『論語』, 雍也 16, 子曰 質勝文卽野 文勝質卽史 文質彬彬然後君子.(質(본바탕)이 文(아름다운외관)을 이기면 촌스럽고, 文이 質을 이기면 史(겉치레만 잘함)하니, 문과 질이 적당히 배합된 뒤에야 君子이다).
37) 「論語」, 微子8, "我卽異於是 無可無不可".
38) 「孟子」, 公孫丑下13, "日彼一時, 此一時也".

시간과 장소 및 처한 환경에 따라서 '義'가 되기도 하고 '불의(不義)'가 되기도 한다. 공자나 맹자의 입장은 행위하거나, 가치판단 할 때 시간, 장소, 사람, 사건에 따라 처리하고 판단하는 방법이 다를 수 있다는 것이다. 이것은 기회주의자들의 합리화시키는 논리를 제공하는 것이 아니다. 이때에 일을 처리하거나 판단하는 방식은 양심을 기준으로 義에 따라서 하여야 한다.[39] 그러므로 이 義로부터 시비정사(是非正邪)를 바르게 판단하는 가치판단이 나온다. 義에는 정연성과 불변성과 시의성과 적응성이 있다.

공자의 義의 문제를 생각할때 시간과 장소와 상황에 따라, 즉 時·所·位에 따라서 그 가치판단을 달리할 수 있다.

이것은 기독교에서 디트리히 본회퍼(Dietrich Bonhoeffer)나 상황윤리에서도 이와 같은 견해를 가지고 있다. 본회퍼는 「진실을 말한다는 것은 무엇을 의미하는가」라는 글에서 진실을 말한다는 것은 사람이 처해 있는 장소와 상황과 그가 처한 현실에 따라 다르다는 것을 말하고 있다.[40] 이 이론은 후일 상황 윤리이론 형성에 단초가 되었다.

## 4. 孔子의 義와 정명사상(正名思想)

공자(551-479)는 춘추전국시대 (770-221 BC)의 춘추 말기에 살았다. 춘추전국시대는 양분되어 전기를 춘추시대 (770- 453 BC) 후기를

---

39) 蔡仁厚, 「孔子의 哲學」, p.178 參照.
40) Dietrich Bonhoeffer, Ethik, 9 Aufl.(München: Chr. Kaiser Verlag, 1981), p.385f.

전국시대(453-221)라고 일컫는다. 춘추시대의 명칭은 공자가 찬술했다고 하는 '춘추(春秋)'에서 유래하였고, 전국시대의 명칭은 전국시대의 사실을 기록한 '전국책(戰國策)'에서 유래하였다.

기원전 1122년에 주(周)나라 무왕(武王)은 은왕조(殷王朝)를 멸망시킨 뒤 새로운 나라를 세웠다. 주나라는 혈연으로 맺어진 종법제도(宗法制度)와 봉건제도의 사회였다. 종법제도에 의해 주 왕실과 제후 간의 혈연적 신분질서와 지배질서를 확립하였다. 이 제도를 확립하여 준 것이 禮였다. 예는 周天子와 제후, 제후와 제후 그리고 제후와 경대부 등 귀족들이 그들의 지위에 따라 지켜야 할 규범이었다. 서민들은 예(禮)보다 형(刑)에 의하여 다스려졌다. 이러한 예(禮)와 문물제도(文物制度)를 확립한 사람이 주공(周公)이었다. 예와 문물제도가 확립되어 정치적, 사회적으로 안정되었고, 찬란한 문화를 꽃피웠다. 이러한 안정된 시대가 약 300년간 지속되었다. 공자는 이 주례(周禮)를 찬미하고 그것을 따르겠다고 하였다.[41]

禮에 의하여 뒷받침된 정치적, 사회적 안정은 동주(東周) 시대인 춘추시대에 붕괴되었다. 주왕실의 제후들과의 군주관계는 겨우 명맥만 유지하고 있었다. 왕실은 부패하였고 제후들을 통제할 힘을 잃었다. 제후들은 왕실보다 우월한 경제력과 군사력을 확보했고, 왕실의 권위를 무시하였고, 제후들 간의 패권 쟁탈전이 일어났다. 이 혼란한 시대에 살자(殺子), 시부(弑父), 시형(弑兄), 패륜이 자행되는 시대였다.

맹자는 이러한 상황을 "세상이 쇠하고 도가 미약해져서 사설(邪說)

---

41) 論語, 八佾 14, 子曰 周監於二代 郁郁乎文哉 吾從周.

과 폭행(暴行)이 일어나 신하로서 군주를 시해하는 자가 있으며, 자식으로서 아버지를 시해하는 자가 있었다"고 하였다.[42] 공자는 이러한 시대를 옳지 않다고 보고 바로 잡고자 하였다. 공자의 정의론은 不義한 상황을 바로 잡고자 하였고, 이것이 공자(孔子)의 사회정의론(社會正義論)이라 할 수 있다.

공자는 당시의 천자와 제후, 제후와 제후, 제후와 일반 백성 간에 부정의(injustice)한 상황이 일어나고 있었다. 당시 춘추시기에 제후들은 예를 무시하고 참월된 행위를 하였다. 천자의 고유 권한인 전쟁수행(征伐)이나 팔일무(八佾舞), 여제(旅祭) 등을 행하였다. 공자는 신분의 한계를 넘는 월권행위를 부정의(不正義)하다고 보았다.

제후와 제후 간에는 주나라 왕실의 영을 무시하고 패권을 잡으려는 세력쟁탈전이 일어났고, 약소국의 주권을 유린하였다. 점유권만 인정된 천자의 소유물인 토지를 제후들이 탈취하여 정전제도의 변화가 일어났다. 이것을 공자는 부정의(不正義)하게 보았다. 그 다음 제후들은 일반 백성에게 징병과 부역 그리고 공납을 통하여 혹사시키고 가렴주구(苛斂誅求)하였다.

공자는 이 不正義한 사회를 바로 잡기 위하여 천자와 제후 사이에 정명사상, 제후와 제후 사이에는 인(仁)의 정신, 제후와 백성 사이에 인정(仁政)으로 다스리면 불의(不義)가 해소될 것으로 보았다.[43]

여기서 무엇보다도 중요한 것이 정명사상(正名思想)이다.

---

42) 孟子, 滕文公章下. 世衰道微 邪說暴行 有(又)作 臣弑其君者有之 子弑其父者有之.
43) 이승환, 『유가사상의 사회철학적 재조명』, pp.51-56.

공자가 살았던 시대에 주나라는 명목상 유지만 하고 여러 열강이 각축하였고 정치적 사회적으로 혼란한 시기였다. 주초에 종법 질서가 붕괴되어 가고, 주공 시대에 확립한 질서가 제대로 지켜지지 않았기 때문에 명분이 지켜지지 않는 천하무도한 사회였다. 공자는 이 예악이 붕괴된 사회의 예를 회복하여 정치적, 사회적 질서를 바로 잡는 일은 정명(正名)으로 해야 한다고 보았다.

주나라 초기 주공은 예제를 만들었고, 문물제도를 정비하였다. 이 예제 제정과 문물제도 정비는 당시 천자를 중심으로 한 봉건제도를 유지하고 사회적 질서를 유지하게 되었다.

공자는 당시 상황을 예악(禮樂)이 붕괴된 천하무도(天下無道) 한 사회로 규정하였다. 논어에 이러한 정황이 잘 나타나 있다. 공자는 天子만이 출 수 있는 팔일무를 추는 대부(大夫) 계씨를 비판하였다. "공자께서 계씨(季氏)를 평하여 말씀하였다. 천자의 악무인 팔일무(八佾舞)를 자기집 뜰에서 추게 하다니, 이것을 차마 할 수 있다면 무엇인들 차마하지 못 하겠는가"[44] 또 태산에서 산신제는 제후만 할 수 있는데 대부인 계씨가 지내고자 하자 이를 비판하였다.[45]

계씨가 태산에서 산신제를 지내려 할 때 공자께서 염유에게 말씀하셨다. "네가 바로 잡을 수 없겠느냐?" 염유가 대답하였다. "할 수

---

44) 「論語」, 八佾 1, "孔子謂季氏 八佾 舞於庭 是可忍也 孰不可忍也"
45) 「論語」, 八佾 6, "季氏旅於泰山 子謂冉有曰 女弗能救與 對曰 不能 子曰 嗚呼 曾謂泰山不女林 放乎"

없습니다." 공자께서 말씀하셨다. "아! 일찍이 태산의 신령이 (禮의 근본을 물은) 임방(林放)만도 못하다고 생각하느냐?

공자는 無道의 상황을 고(觚)가 고하지 않다.(觚不觚) 즉, 모난 술잔이 모나지 않다고 비유하였다.[46] 고(觚)는 배 부분과 다리 부분에 네 개의 모서리가 있는 제례용 술잔으로서 예기(禮器)의 일종인데 나중에 원형으로 만들어 사용하며 모가 나 있다는 의미의 고라는 표현을 사용하는 것은 잘못되었다고 비판한 것이다. 이 뜻은 공자가 기물을 빌려 시대를 풍자한 것이다. 형체를 갖추지 못하면 본질을 잃게 된다. 국가의 문물제도, 禮樂의 道가 없으면 나라 구실을 하지 못한다. 당시의 임금이 임금답지 못하고 신하가 신하답지 못하고 아비가 아비답지 못한 세태를 말한 것이다.

공자는 천하가 유도(有道)하면 예악(禮樂)과 정벌(征伐)이 천자로부터 나오고, 천하(天下)가 무도(無道)하면 禮樂과 정벌이 제후로부터 나온다고 하였다. 주공에 의해 왕실의 확립된 권한이 서주시대에는 유지되었으나, 동주 시대에는 점차로 쇠약해져 예(禮)·악(樂)·정벌(征伐)의 권한이 천자로부터 제후나 대부에게로 옮겨졌다. 그후 대부의 가신들이 국가의 모든 권한을 장악하게 되었다. 예악과 정벌이 천자로부터 나온다는 것은 정치질서의 확립을 나타내며 이것이 붕괴는 체제붕괴나 권한 침해를 의미한다.[47]

---

46) 「論語」, 雍也 23, "子曰 觚不觚 觚哉 觚哉"
47) 蔡仁厚, 「孔子의 哲學」, p.89. 勞思光, 「中國哲學史」, 古代編, p.77. 참조.

공자께서 말씀하셨다. "천하에 도(道)가 있으면 예악(禮樂)과 정벌(征伐)이 천자로부터 나오고, 천하에 도가 없으면 예악과 정벌이 제후로부터 나온다.[48]

공자는 예악과 정벌의 권한이 천자에게 있으나 이 질서가 붕괴된 것은 예악질서의 붕괴로 정치질서가 파괴되는 권력의 찬탈이 일어난다고 본 것이다. 정치질서를 바로 잡기 위해서는 예악질서가 확립되어야 하고 그것은 '지위와 그에 해당하는 책임을 바르게 하여야 하며 권한을 침범하지 않는 것'이라고 하였다. 이것이 공자의 정명사상(正名思想)이다.[49] "제나라의 경공이 공자에게 정치에 대하여 묻자 공자께서 대답하셨다. "임금은 임금답고 신하는 신하다우며 아버지는 아버지답고 아들은 아들답게 되는 것입니다."[50] (君君, 臣臣, 父父, 子子) 정치는 이름을 바로잡는 正名이 근본이며 이름(名)과 지위에 맞는 각자의 본분과 직분이 있다. 君, 臣, 父, 子는 각각 이름과 지위에 맞는 본분이 있다. 그 명칭에 맞는 직분에 충실히 하여 그 임무와 책임을 다 하는 것이 공자의 정명사상이다. 그 이름(名)에 맞는 실질적인 모습(實)이 부합되도록 하는 명실상부(名實相符)한 것을 구하는 것이 정명사상이다. 공자는 정명(正名)에 대하여 분명하게 말하고 있다.

자로가 공자에게 "위나라의 임금이 선생님을 모셔다가 정치를 부

48) 論語, 季氏2, "孔子曰天下有道則禮樂征伐 自天子出天下無道則禮樂征伐 自諸侯出."

49) 蔡仁厚, 「孔子의 哲學」, p.90 參照.

50) 論語, 顔淵11, "齊景公 問政於孔子孔子對曰 君君, 臣臣, 父父, 子子."

탁드리면, 선생님께서는 무엇부터 먼저 하시겠습니까?" 여쭈었다. 이에 공자께서 "반드시 명분을 바로잡겠다"고 하셨다. 자로가 "그렇습니까? 선생님의 생각은 지나치게 현실과는 거리가 먼 우원(迂遠)한 말씀이십니다. 왜 명분을 먼저 바로 잡으시고자 하십니까?" 반문하자, 공자께서 말씀하셨다. "유야, 너는 참 무식하고 무례하구나! 군자는 자기가 모르는 일에는 입을 다물고 있는 법이다. 명분이 바로 서지 않으면, 말이 순조롭게 전달되지 못하고, 말이 순조롭게 전달되지 못하면 모든 일이 성취되지 못하고, 모든 일이 성취되지 못하면 예악이 흥성하지 못하고, 예악이 흥성하지 못하면 형벌이 적중하지 못하고, 형벌이 적중하게 시행되지 못하면 백성들은 손발 둘 곳이 없게 된다. [51]

위의 자로와의 대화는 공자의 정명(正名)에 대한 뜻을 잘 알 수 있다. 공자는 "명분이 바르지 못하면 백성들이 생활의 정도를 잃어버리고 백성들이 손발 둘 곳을 찾지 못하는 혼란한 사회가 된다"고 본 것이다. 정치는 정명(正名)을 근본으로 삼아야 하고 정명(正名)의 목적은 생활의 질서를 확립하여 모든 사람들이 각자의 위치에서 자신의 본분을 다하게 하는데 있다. 모든 사람이 자신의 본분을 다 하려면 통일된 질서가 있어야 하고 통일된 질서가 있어야 통일된 규범이 있게 되고 그렇게 되어야 시비곡직(是非曲直)을 바르게 가리게 된다. 이렇게 하여야 주나라의 예악제도(禮樂制度)와 문물제도(文物制度)와

---

51) 論語, 子路3. "子路曰 衛君 待子而爲政 子將奚先 子曰 必也正名乎 子路曰 有是哉 子之迂也 奚其正 子曰 野哉 由也 君子於其所不知 蓋闕如也 名不正 則言不順 言不順 則事不成 事不成 則禮樂不興 禮樂不興 則刑罰不中 刑罰不中 則民無所措手足."

같은 질서를 회복할 수 있다고 본 것이다.[52]

공자는 정치를 올바름(正)으로 해석하였다.

계강자가 공자에게 정치에 대하여 묻자, 공자께서 대답하셨다. "정치란 바로잡는 것입니다.(政者正也) 선생이 바름으로써 솔선수범 (率先垂範) 한다면 누가 감히 바르지 않겠습니까?"[53]

공자는 정치는 바로잡는 것이며 지도적 위치에 있는 사람의 솔선 수범(率先垂範)을 하여 바르게(正) 하면 아래 사람도 바르게 한다고 하였다. 통치자와 백성의 관계를 바람과 풀의 관계나 북극성과 뭇 별의 관계로 설명하기도 하였다. "군자(君子)의 덕(德)은 바람이요, 소인(小人)의 德은 풀이다. 풀에 바람이 가해지면 풀은 반드시 쓰러진다."[54] "정치하기를 德으로써 하는 것은 비유하면, 북극성이 제자리에 머물러 있으면 모든 별들이 그에게로 향하는 것과 같다."[55]

공자는 예치(禮治)와 덕치(德治)를 강조하였다. 법(法)과 형(刑)과 같은 강제수단이 아니라 덕으로 다스려야 한다는 덕치를 주장한 것이다. 공자는 말씀하기를 "인도하기를 법으로 하고, 가지런히 하기를 형벌로 하면, 백성들이 형벌을 면할 수 있으나, 부끄러워 함은 없을 것이다. 인도하기를 덕으로 하고, 가지런히 하기를 禮로써 하면 (백성

---

52) 채인후, p.91.노사광 p.79 참조.
53) 論語, 顏淵, "季康子問政於孔子孔子對曰政者, 正也, 子帥以正, 孰敢不正."
54) 論語, 顏淵19, "君子之德風, 小人之德草, 草上之風必偃."
55) 「論語」, 爲政1, "子曰爲政以德譬如北辰居其所 而衆星共之"

들이) 부끄러워함이 있고, 또 선에 이르게 될 것이다."[56]

공자는 말하기를 "사람이 仁하지 않다면 禮는 해서 무엇하며 사람이 어질지 않다면 음악은 해서 무엇하랴?[57] 이 말은 예악은 인을 바탕으로 하기 때문에 어질지 않은 사람은 예악(禮樂)을 행해도 무의미하다는 뜻이다.

공자는 덕으로 정치하기를 주장하면서 자기를 닦아 남들을 편안하게 하여 주고(修己安人), 자기를 닦아 백성들을 편안하게 해줄 것(修己以安百姓)을 주장하였다. .

공자의 정명론(正名論)은 맹자에 이르러 혁명론(革命論)으로 발전하였다. 맹자는 임금이 임금답지 못한 경우 혁명을 해도 좋다고 하였다. 임금이 임금답지 못 할 때 이미 임금이 아니므로 필부에 지나지 않고, 이를 죽여도 임금을 시해하는 것이 아니라 필부를 벌주는 것으로써 죽인 것이라고 한다. "仁을 해치는 자를 적(賊)이라 이르고, 義를 해치는 자를 잔(殘)이라 이르고, 잔적(殘賊)한 사람을 一夫라 이르니, 일부(一夫)는 주(紂)를 베었다는 말을 들었고, 군주(君主)를 시해(弑害)하였다는 말을 듣지 못하였습니다."[58]

이 말은 맹자의 혁명 사상을 합리화시켜 주는 글이다. 仁, 즉 인간애(人間愛)를 해치는 자는 역적이며 의, 즉 정의를 해치는 자는 잔학

---

56) 論語, 爲政3, "子曰道之以政 齊之以刑 民免而無恥, 道之以德 齊之以禮 有恥且格."
57) 論語, 八佾3, " 子曰, 仁而不仁, 如禮何? 仁而不仁 如樂何?"
58) 孟子, 梁惠王下8, "曰賊仁者를 謂之賊이요 賊義者를 謂之殘이요 殘賊之人을 謂之一夫니 聞誅一夫紂矣요 未聞弑君也니이다."

한 파괴자이므로, 인류사회를 파괴하는 잔인무도한 자인 잔적지인(殘賊之人)은 죽여도 된다는 뜻이다. 원래 하늘은 덕 있는 자에게 천명을 내려 만인을 사랑하고 천하를 다스리게 하지만 천자가 덕을 잃고 하늘의 뜻을 따르지 않고 폭군이 되어 백성들을 괴롭히면 하늘은 천명을 거두어 들여 다른 덕이 있는 자에게 주어 혁명을 하게 돕는다. 하(夏) 나라의 걸(桀)은 탕(湯)에게 은(殷)나라의 주(紂)는 무(武)에게 쫓겨 쓰러졌다. 왕일지라도 덕을 잃고 폭군이 되면 하늘이 그에게 내린 천명을 거두어 들여 하나의 평범한 사람, 악덕한(惡德漢)으로 전락하게 된다. 맹자는 이런 악덕한을 치는 것은 당연하다고 하였다.

공자의 정명론은 名의 옳고 그름의 기준을 名 자체보다는 그에 상응하는 도덕(道德)과의 일치 여부에 두었다. 이점은 공자 이전의 名과는 다른 것이다. 그러나 공자는 주나라의 주례(周禮)의 절대적인 가치 기준을 따름으로써 현실 변혁에 능동적으로 대처하지 못하였다는 비판도 받는다.[59)]

# 결론

공자의 사회정의론은 공자가 공자 당시, 사회가 정치적·사회적

---

59) 尹武學, 「中國哲學方法論」,(서울:한울.1999),p.27. 참조.

혼란한 사회를 仁, 義, 禮의 정신과 정명사상으로 바로잡고자 하는 사상 속에서 찾아 볼 수 있다.

당시 불의한 일은 천자와 제후 간에, 제후와 제후 간에, 제후와 일반 백성 간에 일어났고 이것은 예를 회복하여 천하무도한 사회를 질서를 바로 잡아 질서 있는 사회를 만들기 위해 각자의 이름에 알맞은 직분과 역할을 하는 정명사상과 인정(仁政)의 방법으로 해결하고자 하였다. 사회적 불의는 각자의 역할을 하지 못하기 때문에 발생하므로 자기의 역할을 다하는데서 불의한 사회가 바로잡힌다. 군주는 군주다운 덕성을 지녀야 하며 사회 안정의 토대인 부모에 대한 효도와 형제간의 우애도 덕으로 환원되어야 하는 것이다.

공자는 형과 법보다는 덕과 예로서 다스리는 덕치와 예치를 주장하였다. 이는 무엇보다는 도덕적인 사회를 건설하고자 하였다. 지도자에게 높은 도덕성을 요구하고 사회도 도덕적인 사회를 건설하고자 하였다. 수기치인(修己 治人), 수기이안백성(修己以安百姓)을 그 목표로 하였다.

공자가 무질서하고 부정의(不正義)한 사회가 질서 있고 안정되고 의로운 사회가 되기 위하여 명분이 바로서야 하며, 각 이름에 부합하는 책임과 의무를 다해야 한다는 정명사상(正名思想)은 오늘의 불의(不義)한 사회에 사는 우리에게 큰 정치적·사회적 의미를 주고 있다.

# 제4장 라인홀드 니버의 정의론

## 서 론

라인홀드 니버(Reinhold Niebuhr, 1892. 6. 21~1971. 6. 1)는 20세기 미국의 대표적 신학자로서 1930년대부터 1960년대 전반까지 종교와 정치에 폭넓은 영향을 끼치고 공헌을 한 기독교사회윤리학자였다.[1] 니버는 현대신학자 중에서 사회정의 문제를 신학의 주제로 삼은 대

---

1) 라인홀드 니버의 전기에 관해서는 다음 책을 참조할 것.
Richard Wightman Fox, Reinhold Niebuhr A Biography (San Francisco : Harper & Row),1987.
니버의 지적 자서전에 관련해서 "Intellectual Autobiography of Reinhold Niebuhr", Charles W.
Kegley and Robert W. Bretall, ed., Reinhold Niebuhr, His Religious, Social, and Political Thought
(New York : The Macmillan Company,1967), pp.3-23. 니버가 교회내외에 정치사상 에 끼친 큰 영향에 대하여 정치학자 한스 모겐소(Hans J. Morgenthau)는"현대미국의가장위대한정치철학자"라고평하였다.죠지 케난(George F. Kennan)은 지식인들을 격려하여 국가정책을 형성하게 하는데 니버의 역할을 인정하여 "그는 우리 모두의 아버지"라고 말하기도 하였다.

표적 신학자였다.[2] 니버는 예수 그리스도가 제시한 기독교의 궁극적인 윤리적 규범인 사랑을, 정의를 통하여 어떻게 사회와 역사적 현실 속에 구체화시킬 것인가를 추구하였다. 니버는 사회정의 실현을 정치적 방법(Political Method)에 의하여 가능하며, 이 정치적 방법은 정치적 권력이라는 강제력에 의하여 뒷받침되어야 한다고 하였다.

니버가 사회정의론에 관하여 정의와 사랑과의 관계, 정의의 법칙과 원리, 정의의 구조 그리고 정의 실현의 방안으로 제시한 권력정치론에 대하여 논하고자 한다.

## 1. 사회윤리와 사회정의

니버의 사회정의 문제를 이해하기 위하여 개인윤리와 사회윤리의 특성과 차이점을 명확하게 구별할 필요가 있다. 이 특성과 차이점을 바르게 구별하여야 니버의 사회정의론을 이해할 수 있기 때문이다. 니버는 사회정의 문제는 사회윤리 차원에서 다루어야 한다는 것이다. 니버는 1932년 『도덕적 인간과 비도덕적 사회』(Moral Man and Immoral Society)를 출간했다. 이 책은 니버가 1915년부터 1928년까지 13년간 포드자동차 공장이 있는 디트로이트시(市) 벧엘교회에서

---

2) 니버와 함께 정의의 문제를 신학적으로 다룬 학자는 에밀 브루너, 폴 틸리히가 있다. 이들 신학자들의 정의를 주제로 다룬 대표적인 저서는 다음 책들을 참조. Emil Brunner, Gerechitigkeit, Zürich, 1943. 영역, Justice and the Social Order (New York : Harper & Brothers, 1945). 전택부 역,「정의와 사회질서」,(서울 : 세계대학봉사회출판국, 1954) Paul Tillich, Love, Power, and Justice. Ontological Analyses and Ethical Applications (London, : Oxford University Press, 1954), 독일어판, Liebe, Macht, Gerechtigkeit, Tübingen, 1955, 남정길 역,「사랑, 힘, 정의」, (서울 : 형설출판사, 1972)

목회하면서 미국의 산업사회, 특히 자동차산업이 안고 있는 문제들을 통하여 국가와 계급들의 이기주의와 자만심 그리고 위선을 비판한 것이다. 니버는 개인윤리와 사회윤리를 구별할 것을 주장하였다. 개인은 어느 정도 도덕적일 수 있으나 집단은 집단이기주의(collective egoism)때문에 개인보다 비도덕적이라고 하였다. 니버는『도덕적인 인간과 비도덕적 사회』의 주제에 대하여 다음과 같이 말하였다. "이 책에서 고심하여 다루게 될 주제는 개인들의 도덕적 사회적 행동과 국가적, 인종적, 경제적 사회집단들의 도덕적, 사회적 행동 사이에 명확한 구별이 있어야 한다는 사실이다. 그리고 이 구별을 순수하게 개인윤리가 언제나 당혹스럽게 생각하는 정치적 정책들(political policies)을 정당화하고 필요로 한다는 것이다."[3]

사회의 집단 이기주의는 개인의 이기주의보다 더 강하기 때문에 개인의 이성이나 도덕적 능력, 도덕적 호소와 설득을 가지고는 집단적 이기주의를 극복할 수 없기 때문에 사회윤리적 방법, 사회구조의 변화를 가져오는 정치적 방법에 의하여 극복이 가능하다고 말하고 있다. "개인들은 행위의 문제를 결정함에 있어서 그들 자신의 이익이 아닌 다른 사람의 이익을 고려할 수 있고, 또 때로는 그들 자신의 이익보다 타인의 이익을 먼저 택할 수 있다는 의미에서 도덕적일 수 있다. 사람들은 날 때부터 그들의 동료를 위한 어느 정도의 동정심과 고려하는 마음을 가졌다. 그러한 동정과 고려의 범위는 빈틈없는 사

---

3) Reinhold Niebuhr, *Moral Man and Immoral Society* (New York: Charles Scribner's Sons, 1932), p.xi.
라인홀드 니버『도덕적 인간과 비도덕적 사회』이병섭 역 (서울 : 현대사상사, 1972), p. 7.

회교육에 의해 확대될 수 있을 것이다. 사람들의 이성적인 능력은 그들에게 정의감에 민감하게 하며, 정의감은 교육적 훈련을 통하여 세련되며, 그들은 그들의 이해관계가 개입된 사회상황을 공정하게 객관적인 척도를 가지고 볼 수 있는 데까지 이기적 요소를 제거할 수 있을 것이다. 그러나 인간사회와 사회집단에 있어서는 이 모든 것이 불가능하지는 않지만 성취하기가 더욱 어렵다. 모든 인간집단에는 집단을 형성하는 개인이 그들의 개인관계에서 나타나는 것에 비해서 충동을 견제하고 지도할 만한 이성이 보다 적고, 자기 초월능력이 보다 적고, 다른 사람의 필요를 헤아릴 능력이 보다 적어서 더 많은 무제한의 이기심을 나타낸다."[4]

니버는 인간의 사회적 행동이 자기 이해관계에 근거하여 있으며 그것이 집단적으로는 비윤리성을 지닌 집단적 이기심의 형태로 나타난다는 것이다. 그렇기 때문에 집단적 관계에 있어서는 양심이나 도덕적 호소 또는 설득을 가지고는 도저히 대립하는 이해관계를 해결할 수 없고 권력이나 강제성의 작용은 불가피하다는 것이다. 그러므로 니버는 "인간사회에 있어서 정의를 위한 투쟁에 정치적 필요성"[5]을 강조하게 된 것이다.

니버가 사회정의 실현방안으로 정치적 방법을 주장하게 된 이유는 정치적 방법, 즉 정치적 정책은 정치적 권력이라는 강제력에 의해서 뒷받침되어야 하기 때문이라는 것이다. 그러므로 니버는 "역사의

---

4) Ibid.
5) Ibid., p.xii.

끝날까지 정치는 양심과 힘이 만나는 지대이며 인간생활의 윤리적이고 강제적인 요소가 상호 침투되어서 잠정적이고 불안정한 타협을 이루는 지대이다"[6]라고 말하고 있다. 이렇게 정치현실은 힘과 힘의 대결의 장소요, 힘은 힘으로써만 해결할 수 있다. 니버는 개인윤리와 사회윤리의 차이점을 구별할 것을 처음으로 역설하여 사회윤리학의 새로운 지평을 열었다.[7]

개인윤리와 사회윤리의 차이점은 무엇인가? 개인윤리는 개인의 도덕적 행위와 윤리적 규범을 다루는 윤리로서 개인의 자기완성과 개인안녕을 중요한 과제로 다룬다. 개인윤리는 도덕문제의 원인을 개인의 양심 및 도덕적 행위와 연관되어 있다고 보고 문제해결을 개인의 도덕성에서 찾는 것이다. 따라서 개인의 도덕성의 사회적 영역에의 연장에 의해서 도덕적인 사회적 문제해결을 추구한다. "개인윤리는 사회문제 해결을 도덕적 행위자의 심정의 정화, 의지의 합리화 혹은 의식과 행동방식의 변화를 통한 도덕화에서 찾는다. 이런 생각의 밑바닥에는 사회운영의 주체는 인간이니까 그 인간을 도덕적으로 만들면 자동적으로 사회도 도덕적으로 되고, 따라서 사회문제도

---

6) Ibid., p.4. 역서, p.24.

7) 현대사회윤리학에 관하여: H. D. Wendland, Einführung in die Sozialethik, Berlin, 1971. Ernst Wolf, Sozialethik Theologische Grundfragen, Göttingen, 1975. Martin Honecker, Das Recht des Menschen Einführung in die evangelische Sozialethik, Gütersloh, 1978. Joseph Höffner, Christliche Gesellschaftslehre. Kevelaer, 1983. Hans Schulze, Theologische Sozialethik, Grundlegung Methodik Programmatik, Gerd Mohn, 1979. Gibson Winter, Elements for a Social Ethic (New York : The Macmillan Company, 1966). Yorick Spiegel, Hinwegzunehmen die Lasten der Beladenen, München, 1979. Franz Furger, Christliche Sozialethik. Grund und Zielsetzung, Stuttgart, 1991.

저절로 해결될 수 있다"는 것이다.[8] 사회윤리는 사회구조를 다루는 사회구조윤리(Sozialstrukturenethik)이며 사회비판(Gesellschaftskritik)적 인 기능을 하며 공동선과 사회정의를 구현하는 것을 과제로 한다. 유의할 것은 사회문제를 다룬다고 해서 그것이 곧 사회윤리가 아니라는 점이다. 개인윤리 차원에서도 사회문제를 다룰 수 있기 때문이다. 사회윤리는 사회문제 해결을 사회의 제도, 정책, 구조와 관련시켜 그것들의 개선, 합리화 및 개혁을 추구한다.[9] 사회윤리는 또하나 윤리적 문제를 정치적 방법을 사용하여 다루는 것이다.[10]

정치적 방법의 특색은 위에서도 말한 바와 같이 첫째, 도덕적 문제의 해결이나 가치의 실현을 정책이나 제도 또는 체제에 의해서 추구한다. 둘째 정치적 권력이나 법적 권력같은 강제력을 사용하는 방법이다. 셋째 기득권자의 강력한 저항을 물리치고 정책이나 제도 또는 체제를 개혁하기 위하여 대응력(counter power) 또는 대항력(counter-vailing power)을 사용하여 다루는 것이다.[11] 여기에서 주목할 것은 니버의 신학적 기본 입장이 기독교 현실주의(christian realrism)이며 그의 방법은 역설적 긴장 속에 나타나는 역설적 변증법이라는 것이다.[12]

---

8) 고범서, 『개인윤리와 사회윤리』(서울 : 한국 신학 연구소, 1978) , p. 271.

9) 고범서, 『사회윤리학』(서울 : 나남, 1993), p. 33f. 진교훈, "사회. 문화윤리." 한국국민윤리학회 편, 『국민윤리학개론』(서울 :형설출판사, 1991), p 267f. Martin Honecker, Einführung in die Theologisch Ethik, Berlin, 1990. 9f. Christofer Frey, Theologische Ethik, Neukirchen-Vluyn, 1990, p.6. 고범서, 『사회윤리학』, p. 43f. .

10) 고범서, 『사회윤리학』, p. 48.

11) 고범서, 『사회윤리학』, pp. 48-51.

12) 니버의 변증법적 사고를 이해하기 위해서는 W.A. 스코트의 말을 참고할 필요가 있다." 니버는 애매성과 더불어 살고 있음을, 인간의 상황에서 흑백이란 매우 드문 색깔임을 알았다. 이같은 애매성을 지닌 문제를 다루기 위한 그의 기술은 변증법적 사고, 곧 모든 '긍정'은 그곳에 대응하는 '부정'을 요청한다는 점을 이해하는 능력이었다. 그는 역설적 진

기독교 현실주의는 기독교 신앙이 추구하는 바 초월적인 하나님의 나라와 역사적 현실 사이의 변증법적 통일을 추구하는 신학적 입장이다. 다시 말해서 한편으로는 영원한 것을 역사적 현실속에서 상대적이기는 하지만 최선을 다하여 실현하려고 하는 것이 그의 입장이다.[13] 현실주의라는 의미는 현실에 순응 또는 적응한다는 뜻이 아니라 현실의 구체적인 상황과 문제들을 중요시한다는 말이다. 현실주의는 어떤 고상한 이상이나 추상적인 이론에 치우치지 않고 현실에서 출발하고 그 현실 안에서 가능한 해결책을 모색한다는 의미이다.[14]

## 2. 정의의 법칙과 원리

### 1) 최상의 윤리적 규범으로서 사랑의 법

기독교윤리는 예수의 가르침에 근거하여 있다. 그 출발점은 사랑이다. 예수의 윤리의 총화는 사랑이다. 예수는 하나님을 사랑하는 것이 첫째 계명이요, 네 이웃을 네 몸같이 사랑하는 것이 둘째 계명이

---

술을 사용하며, '한 진리와 맞세워 균형을 잡게 하는데 전문가'였다. 그는 잠정적 대답들과 더불어 현대를 사는 법을 알았다." William A. Scott, Historical Protestatism: An Historical Introduction to Protestant Theology, Newjersey,1971. W.A. 스코트,『개신교 신학 사상사』, 김쾌상 역 (서울: 대한 기독교 출판사, 1988), p. 263. 니버의 다음 말에 주목하라 "삶이란 그 속에 악이 있음에도 불구하고 선하며, 선이 있음에도 불구하고 악하다는 확신이다." ( Reinhold Niebuhr, An Interpretation of Christian Ethics, p.116.

13) Ibid., 224.

14) 현영학, "니버의 윤리사상",『제3일』, 1971. 7. p.18.

라고 하였다.[15] 사랑은 예수가 가르쳐 준 최상의 윤리적 명령이다. 예수의 윤리적 이상은 하나님의 뜻에 대한 완전한 복종에 있다.[16] 예수가 명령하였고 구현한 것은 완전한 사랑이다. 사랑은 인간 본성의 근본적인 법이며 기독교윤리의 최고의 원리이다.[17] 니버는 사랑을 상호적 사랑(mutual love)과 자기희생적 사랑(self sacrificial love)을 구별하였다.[18] 상호적 사랑은 단지 계산적인 상호의존의 관계만을 의미하는 것이 아니라 타자에 대한 관심으로부터 생겨나는 것이다. 그렇다고 해서 이것은 결코 자기자 신에 대한 관심으로부터 자유하다는 것을 의미하지는 않는다. 따라서 상호적 사랑은 결코 사랑의 순수한 형태가 되지 못한다. 이와는 달리 자기희생적 사랑은 타자의 필요에 이기심이 없이 동일시하는 요구를 말한다. 자기희생적 사랑의 특징은 완전한 무사성(complete disinterestedness)이며, 따라서 자기이기심 없이 타인의 복지와 삶에만 관심을 갖는 것이다. 한마디로 표현하면 자기희생(self-sacrifice)이다.[19] 희생적 사랑은 예수가 십자가상에서 나타내는 사랑을 의미한다. 따라서 기독교인들에게 십자가는 궁극적인 완전을 상징한다.[20] 십자가의 희생적 사랑은 역사속에서 인간

---

15) 마가복음 12:28-31. 마태복음 22:35-40. 누가복음10:25-27. 첫째 계명은 구약성서 신명기 6:5에서 인용된 것이고, 둘째 계명은 레위기 19:8에서 인용된 것임.

16) Reinhold Niebuhr, *The Nature and Destiny of Man* II, p. 73.

17) D. B. Robertson, ed., *Love and Justice*, p.25. Nature and Destiny II, p. 244.

18) Reinhold Niebuhr, *The Nature and Destiny of Man* II, p .68.

19) D. B. Robertson, ed., Love and Justice, p. 31. Reinhold Niebuhr, The Nature and Destiny of Man II, p.69,72. Karen Lebaqz, Six Theories of Justice, Perspectives from Philosophical and Theological Ethics, 1986, p. 84.

20) Reinhold Niebuhr, *The Nature and Destiny of Man*, II. p.72f.

이 실현할 수 없는 초월적 규범이며, 역사속에서 실현될 수 있는 것은 상호적 사랑의 규범이다. 상호적 사랑은 거칠은 정의의 균형과 합리적 계산을 초월하는 사회생활의 최고의 가능성이다. 그러나 상호적 사랑이 단순한 상호의 이익의 차디찬 계산으로 끝나고 결국 현실적 관계에서 원한의 관계가 되지 않기 위해서는 상호적 사랑에 의해서 뒷받침되어야 한다.[21]

니버는 십자가의 희생적 사랑은 역사에서 받아들여진 상호관계의 규범에 초월의 삼중관계를 가지고 있다고 한다.[22] 첫째, 희생적 사랑은 상호적 사랑의 불완전성을 완성한다. 상호적 사랑은 자기 자신의 행복을 위하여 자기의 입장에서 삶과 삶을 관계시키고 있기 때문이다. 둘째, 십자가의 희생적 사랑은 역사의 모호한 점을 명료하게 하고 역사발전에 가능한 것의 한계를 규정한다. 셋째, 십자가의 희생적 사랑은 역사상의 덕의 허구성을 반박하고 인간의 죄된 자기주장과 신적인 사랑 사이의 대조를 나타낸다.

## 2 ) 정의와 정의의 원칙

니버에게 정의(Justice)는 관계적인 용어이다. 니버는 정의를 정의(定義)하지 않아 정의 그 자체만으로 독립적인 토대가 없다.[23] 정의

---

21) Reinhold Niebuhr, *Faith and History*, 185.

22) Reinhold Niebuhr, *The Nature and Destiny of Man*, II. p ,82.

23) 에밀 브루너(Emil Brunner)는 니버에게 분명한 정의의 개념이 결핍되어 있다고 비판한 바 있다. Emil Brunner, "Reinhold Niebuhr's Work as a Christian Thinker," Reinhold Niebuhr, His Religious, Social, and Political Thgought, ed. Charles W. Kegley and Robert W. Bretall, p.30.

는 사회의 구조속에서 사랑의 상대적 구체화이다. 정의는 사랑과의 관계 속에서만 바르게 이해할 수 있다. 정의와 사랑과의 관계는 어떤 것인가. 정의와 사랑과의 관계는 단순히 동일시할 수 없다. 사랑은 초월적이고 무분별하고 희생적이다. 정의는 역사적, 차별적이며 균형잡힌 이해관계와 요구에 관계되어 있다. 사랑과 정의는 결코 동일한 것이 아니다.[24] 정의는 사랑의 사회적 구체화이다. 사랑 없는 정의는 정의 이하이다.[25] 사랑과 정의는 변증법적 관계이다. 사랑은 정의를 요구하며 부정하며 완성한다. 정의는 복잡한 인간관계에서 사랑을 구체화한다. "사랑은 정의뿐만 아니라 다른 모든 율법의 궁극적인 완전한 실현인 동시에 현실의 모든 상대적 정의들을 불완전한 것으로, 다시 말해서 사랑의 상대적 실현으로 부정한다. 이 경우 부정이란 현실의 모든 상대적 정의 속에 있는 개인들이나 집단들의 부당한 자기이익의 요구, 즉 이기주의라는 죄의 요소를 드러내고 비판하는 것을 말한다. 말하자면 아가페의 사랑은 현실의 상대적 정의들을 아가페의 사랑이라는 이상을 향해서 끌어 올리는 구원과 그것들을 아가페의 사랑에는 미치지 못한 것으로 비판하는 심판의 이중적 기능을 한다고 할 수 있다."[26]

### 3) 정의의 법칙과 원리

---

24) G. Harland, *Thought of Reinhold Niebuhr*, p .23.

25) Reinhold Niebuhr, *Moral Man and Immoral Society*, p. 258.

26) 고범서, 『사회윤리학』, p. 285.

니버에 의하면 정의는 두 개 차원의 모습을 가지고 있다. 첫째, 정의의 법칙과 원리, 둘째, 사회적이며 정치적 조직의 차원의 정의의 구조이다. 정의의 법칙과 원리는 추상적으로 표현되고 정의의 구조와 조직은 역사의 활력을 구체화한다. 정의의 원리는 사랑과의 적극적 관계를 가지고 있다. 정의의 원리는 타인에 대한 의무감을 확장시키는 한에서 사랑의 봉사자이며 도구이다. 즉, ① 명백한 필요에 의해 즉흥적으로 느껴진 의무감으로부터 상호부조의 확고한 원칙속에 표현된, 계속된 의무감으로 확장 ② 단순한 자아와 타인의 관계로부터 자아와 타인들의 복잡한 관계로 확장 ③ 마지막으로 개인적 자아에 의해 인식된 의무감으로부터 공동체가 더욱 공평한 견지에서 규정하는 더 넓은 의무로의 확장을 말한다.[27] 소극적 관계는, 정의는 현실속에서 상대적 실현밖에 할 수 없다는 것이다.

니버는 정의의 원리로서 자유와 평등(Liberty and Equality)를 제시하였다. 자유는 인간본성의 본질(essence)이다. 따라서 언제나 결정적인 가치로서 존재한다. 자유는 사회원리로서 독립적으로 존재할 수 없고 언제나 정의와 공동체와 평등에게 귀속되어진다.[28] 평등은 정의의 가장 높은 표준이다. "사랑을 삶의 최종적인 법이라고 주장하는 종교가 만일 사랑의 이상에 대한 정치 경제적 접근으로서 평등한 정의를 지지하지 않는다면 그 종교는 자기당착에 빠지게 된다."[29] 평

---

27) Reinhold Niebuhr, Human Destiny, p.247-248. The Nature and Destiny of Man,II. p.247-248.

28) Robertson, *Love and Justice*, p.87.

29) Reinhold Niebuhr, *An Interpretation of Christian Ethics*, p. 131.

등은 정의의 규정적 원리(regulative principle)이다.[30] 평등은 정의의 모든 체계를 세우는 것 하에서 비판의 원리이며 모든 도덕적 판단 안에서 사랑의 원리의 상징이 내포되어 있는 것으로 남아있다.[31] 정의의 이상의 정점으로서 평등은 암암리에 정의의 최종적 규범인 사랑을 향하여 있다. 왜냐하면 평등한 정의는 죄의 조건하에서 형제애의 근사치이기 때문이며 보다 더 높은 정의는 언제나 더 많은 평등한 정의를 의미하기 때문이다.[32] 평등한 정의는 죄의 조건하에서 형제애의 가장 최선의 근사치이다.[33] 그러므로 평등한 정의는 "가장 합리적으로 가능한 사회적 목표이다."[34] 공평함의 의미와 필요와 권리의 결정에서 평등은 정의의 본질적인 측면이다.[35] 평등은 인간의 필요에 따른 공평함을 추구하는 경제적 과정에 대한 관심이나 평등한 시민의 권리같은 실질적인 목표로서의 평등에 대한 관심을 포함하고 있다. 니버는 평등한 정의가 사회를 구조적으로 변화시킬 수 있는 합리적이고 궁극적인 목적이라고 하였다. "보다 큰 평등을 목적으로 하는 사회분쟁은 특권의 영구화를 목적으로 하는 노력에는 거부되어야 할 도덕적 정당성을 가졌다. … 억압당한 사람들은 ... 그들의 압제자들이 폭력으로 그들의 통치를 유지해야 하는 것보다 그들이 그

---

30) Reinhold Niebuhr, *An Interpretation of Christian Ethics*, p. 108.

31) Ibid., p.109.

32) Reinhold Niebuhr, *The Nature and Destiny of Man*, II, p. 254.

33) Reinhold Niebuhr, *The Nature and Destiny of Man*, II, p .254.

34) Reinhold Niebuhr, *Moral Man and Immoral Society*, p. 171.

35) John C. Bennett, op.cit., p.58.

들의 압제자들에게 도전할 높은 도덕적 권리를 가졌다.[36) 평등한 정의 그 자체는 오늘날 해방신학에서 억압받고 착취당하는 자들을 해방시키는 방법으로 제시된 일종의 "가난한 자의 우선적 선택"(option for the poor)과 같은 논쟁점이 될 수 있을 것이다.

## 3. 정의의 구조와 조직 - 권력정치론

현대는 정치화의 시대이며, 정치는 인간의 현존재를 근본적으로 규정한다. 이것은 인간생활의 일체가 정치와 깊이 결부되어짐으로써, 인간생활의 행복과 불행이 곧 정치의 선악에 의해서 결정적으로 크게 좌우되고 있다는 것을 의미한다.[37)

정치는 지배와 복종의 관계로써 이루어지며 지배자가 권력이라는 수단을 통하여 피지배자를 다스리는 권력현상이라고 말할 수 있다.

그러나 이러한 권력은 악용될 경우 인간을 억압하고 박해하는 잔인하고 포악한 압제의 수단이 될 수 있으며 반면에 선용될 경우 인간의 복지향상과 정의로운 사회를 구현하는 도구가 되기도 한다. 기독교인은 이와 같은 정치권력이 행사되는 정치적 현장의 한복판에서 그의 삶을 살아가고 있다. 기독교인의 삶과 행동의 문제를 다루는 기독교윤리의 중심과제는 예수 그리스도가 제시한 초월적이고 완전한 사랑의 규범을 구조적 모순과 부조리가 횡행하는 사회현실 속에

---

36) Reinhold Niebuhr, *Moral Man and Immoral Society*, p.234.
37) 이극찬, 「정치학」, (서울 : 법문사, 1993), p.34.

어떻게 적용 실천할 것인가 하는데 있다.

위에서 상술한대로 이 문제에 대하여 라인홀드 니버(Reinhold Nie-buhr)는 예수의 사랑의 규범과 윤리적 실천사이의 갈등의 문제를 정의실현을 목표로 하는 정치적 방법에 의해서 해결하여야 한다고 제창하였다. 니버는 인간의 사회적 행동의 자기 이해관계에 근거하여 있으며 그것이 집단적으로는 비윤리성을 지닌 집단적 이기심의 형태로 나타난다는 것이다. 그렇기 때문에 집단적 관계에 있어서는 양심이나 도덕적 호소 또는 설득을 가지고는 도저히 대립하는 이해관계를 해결할 수 없고 권력이나 강제성의 작용은 불가피하다는 것이다.

이런 정치적 현실을 앞에 놓고 기독교윤리는 무엇을 말할 수 있는가. 여기서 바로 니버의 권력정치(Power Politics)에 관한 이론이 제시된다. 즉, 사회정의를 실현하기 위해서는 정치적인 현실을 바로 파악하고 같은 이해관계에 있는 사람들이 권력을 조직하여야 하며, 그 조직된 권력은 분배됨으로써 권력의 균형과 견제가 결과될 때에 사회정의가 실현될 수 있다는 것이다. 그러나 한 권력이 다른 권력을 파괴하기 위해 요청되는 끝없는 악순환을 해결하기 위해 권력정치에는 도덕적 가치가 끝까지 뒷받침되어야 하는데 그것은 기독교의 사랑이다.

여기에서 니버가 인간과 사회와 정치적 현실속에서 권력을 어떻게 이해하였으며 정의실현을 위하여 주장한 권력정치론은 어떤 것인가를 밝히고자 한다. 니버의 권력정치론을 알기 위하여 우선 인간의 본성과 권력욕에 대하여 살펴볼 필요가 있다.

## 1) 인간의 본성과 권력욕

라인홀드 니버에게 있어서 인간의 본성 분석은 그의 신학의 근간을 이루며 그의 윤리사상 특히 사회적 현실, 그의 정의론과 권력정치를 이해하는데 기초가 되며 관건이 된다. 니버는 인간의 본성을 어떻게 이해하였는가. 니버는 성서적 관점에서 인간을 이해한다. 인간은 ① 하나님의 형상(imago dei/ image of God)대로 창조되었다는 것과[38] ② 인간은 피조물이며[39] ③ 인간은 죄인이라는 것이다.[40] 인간이 하나님의 형상대로 창조되었다는 것은 "자기초월(self-transcendence)을 위한 자아의 능력"을 지녔다는 것을 의미한다.[41] 이것은 하나님이 자유한 형상을 지닌 것처럼 그의 형상대로 창조된 인간은 자유한 존재임을 뜻한다. 인간이 피조물이라는 것은 인간의 연약성과 의존성과 유한성을 지닌 존재를 나타낸다.[42]

인간은 이렇게 상반되는 두 개의 특성, 즉 '야누스'적인 양면적 특성이 인간존재의 역설적인 상황을 만들어 긴장관계를 조성한다. 인간은 이런 긴장관계의 역설적 상황에서 불안(anxiety)을 느끼게 된다. 인간은 자유하며 동시에 속박된 존재이며 무제한하며 동시에 제한된 존재이기 때문에 불안하다. 불안은 죄의 내적인 전제조건이다.

---

38) Reinhold Niebuhr, *The Nature and Destiny of Man*,Vol.I.,p.13.  pp.150ff.

39) Ibid., p.167ff.

40) Ibid., P.178ff.

41) Ibid., p.150. William John Wolf, "Reinhold Niebuhr's Doctrine of Man" : Charles W. Kegley and Robert W. Bretall(ed.), Reinhold Niebuhr, His Religious, Social, and Political Thought, p.236.

42) Reinhold Niebuhr, *The Nature and Destiny of Man*, Vol.I., p.150.

따라서 인간은 불안 때문에 죄를 범하게 되어 죄인이 된다.

죄란 무엇인가. 죄는 "인간이 자기의 '피조물임'을 인정하기를 거부하며 또한 전체 생명의 통일체 속의 하나의 일원에 지나지 못한다는 사실을 인정하지 않으려는 사실에서 야기된다."[43] 니버는 말하기를 "성서에서는 죄를 종교적이며 도덕적 용어로 규정한다고 한다. 죄의 종교적인 차원에서는 하나님에 대한 인간의 반역이며 하나님의 지위를 찬탈하려는 인간의 노력이다. 도덕적 사회적 차원에서의 죄는 부정의(injustice)이다."[44] 인간은 교만과 권력의지에 사로잡혀 자기 자신을 거짓되게 존재의 중심으로 삼고, 타자의 삶을 자기의지에 복종하게 하지 않을 수 없고 따라서 타자의 삶에 대하여 부정의를 행하게 된다.

인간은 피조물인 자기가 지니고 있는 한계를 넘어서려는 권력의지(will to power)로써 자기의 불안정성을 극복하려고 한다.[45] 니버는 불안이 인간에게 가져오는 죄로서 교만(pride)과 육욕(sensuality)을 말한다.[46] 교만의 죄에는 권력의 교만(pride of power), 지식의 교만(pride of knowledge), 덕성의 교만(pride of virtue)이 있다.[47] 권력의 교만에는 두 가지 형태를 취한다. 첫째, 사회속에서 자기의 지위가 안정되어

---

43) Ibid., p.16.
44) Ibid., p.179.
45) Harry R. Davis and Robert C. Good(ed.), Reinhold Niebuhr on Politics,(New York : Charles Scribner's Sons, 1960), p.76. 박경화 역, 「현대비판의 철학」,(서울: 대문출판사, 1970), p.130.
46) Reinhold Niebuhr, *The Nature and Destiny of Man*, Vol.I.p.186.
47) Ibid., p.18f.

있든가 혹은 안정되어 있는 것같이 보이는 개인이나 집단이다. 둘째, 권력의지의 동기에서 나오는 교만이다. 사회속에서 안정된 지위를 유지하기 위하여 불안전하다고 인식한 자들이 자신의 안전을 위하여 권력을 장악하므로 나오는 죄악이다.

인간이 삶의 욕망을 갖는다는 점에서는 짐승과 다른 점이 없다. 그러나 니버는 인간이 다른 동물과 다른 점은 필요 이상으로 그의 욕망을 확장시키는 상상력을 갖추고 있다고 말한다.[48] 그러므로 인간의 세계와 동물의 세계와의 가장 중요한 차이점은 인간의 충동은 인간의 세계에서 정신화되어 있다는 점이다.[49]

이상과 같이 인간은 상상력과 삶의 의욕이 정신화되는 존재로서 끊임없이 자기를 확장시키려는 욕망을 가지고 있다.

니버는 위에서 말한 '정신화'가 인간으로 하여금 선도 행할 수 있고 악도 행할 수 있도록 한다고 지적하고 '생존행동의 정신화'는 두 가지 형태 - 물론 그들 사이를 엄격히 구분할 수는 없지만 - 를 취한다고 말한다. 하나는 자기실현(self-realization)에의 의지요, 다른 하나

---

48) Reinhold Niebuhr, *Moral Man and Immoral Society*, p.1.

49) Harry R. Davies & Robert R. Good(ed.), Reinhold Niebuhr on Politics, 박경화 역, 현대정신비판의 철학 (서울 : 대문출판사, 1970), p.130. 「버트란트 럿셀」도 이 문제에 대해서 다음과 같이 말하고 있다. 인간과 다른 동물과의 사이에는 지적인 면과 정적인 면에 있어서 여러 가지의 차이가 있다. 그런데 정적인 면에 있어서의 중요한 차이 중의 하나는 인간의 욕망에는 동물의 경우와 달라서 본래 한이 없는 것이어서 좀처럼 그것을 완전히 충족시킬 수가 없다는 것이다. … 인간이란 일단 그 생활의 제1차적인 필요를 충족시키고 난 후에도 끊임없이 상상력이란 것에 이끌리어 무엇이든지 하지 않고서는 잠시라도 가만히 있을 수가 없는 존재이다. … 동물은 생존과 생식만으로써 만족을 느끼고 있지만, 인간은 그와 더불어 자기 자신을 확장시키려는 욕망을 가지고 있다. 이점에 있어서 인간의 욕망을 가로 막는 것은 하나도 없으며 상상력으로써 가능한 일은 무엇이든지 하려고 한다. 만일 사람이 신이 될 수만 있다면 누구를 막론하고 그것을 원치 않을 자는 없을 것이다. [ Bertrand Russell, Power(London : George Allen & Unwin Ltd., 1938), pp.7-9. 이극찬 역, 「정치권력론」 (서울 : 을유문화사, 1958), pp.7-9.]

는 권력에의 의지나 '권세와 영광'에 대한 욕망이다.[50]

자기실현의지는 인간이 단순히 생존만 하지 않으려는 욕망을 말한다. 이것은 또한 생의 가능성을 발휘시키며 자기의 참된 본성을 실현시키려고 하는 것이다. 그런데 인간의 참된 본성에는 다른 인간의 생활속에서 자기를 실현하는 것이 들어있다.[51] 니버는 자기실현의 극치는 대인관계에 있어서 자기포기 내지 자기희생으로부터의 결과이다고 강조한다.[52]

반면에 인간은 권력의지나 '권력과 영광'에 대한 욕망을 가지고 있다. 인간도 권위와 사회적 결정을 추구한다. 인간은 자연과 역사 안에서 당면하는 위기를 미리 짐작할 수 있는 지혜를 가졌기 때문에 그의 권력을 강화함으로써 그러한 위험에서 안전을 추구한다.[53]

그러면 권력욕은 인간에게 있어서 어떠한 의의를 갖고 있는 것일까. 토마스 홉스는 인간은 원래 자기보존의 본능과 예견능력을 가지고 있으므로 "오직 죽음에 이르러서야 비로소 소멸되게 되는 권력추구욕, 즉 끊임없이 권력을 추구해 가려는 영구적인 욕구"가 생겨지는 것이라고 하였다.[54] 솔토우가 "권력을 행사코자 하는 욕망은 아마 인간성에 내재하는 고유한 속성인 것 같다"[55]라고 말하였듯이 권

50) Harry R. Davies & Robert C. Good(ed.), Reinhold Niebuhr on Politics, pp.130-131.

51) Ibid.

52) Reinhold Niebuhr, The Children of Light and the Children of Darkness(New York : Charles Scribner's Sons, 1959), p.19.

53) Harry R. Davies & Robert C. Good(ed.), Reinhold Niebuhr on Politics, 」국역, p.131.

54) T. Hobbes, *Leviathan* London : J. M. Dente & Sons Ltd., 1940), pp.49-50.

55) R. H. Soltau, An Introduction to Politics(London : Longmans, Green & Co., 1953), p.34. 이극찬, 「정치학」, p. 182에서 중인.

력욕은 인간의 필연적인 속성임을 알 수 있다.

그러나 니버에게 있어서는 인간이 그의 안전은 구축·보전하는 수단으로 믿는 권력이 결코 안전을 보장해 주지 못한다. 왜냐하면 인간의 권력욕 또는 그 신장에 대한 욕구는 타인을 지배하려 할 때, 자기의 상대적 가치를 절대적 가치로 상정하고 타인에게 이에 대한 신앙을 요구하는 데서 나타난다. 타인에 대한 지배욕은 결국 그 목적한 바를 완전히 달성할 수는 없다. 왜냐하면 그것은 타인의 마음에 적개심내지 반항심을 심어주기 마련이며 그 반항심은 권력행사자를 그 권력의 위치로부터 추방시키는 원동력이 될 수 있기 때문이다.[56]

그러나 니버는 "인간이 권력을 획득하면 할수록 그 권력의 자리로부터 떨어져 버릴지도 모른다는 공포심이 증대한다. … 그래서 권력욕이란 그것이 완전한 안전을 보장하는 듯한 상태를 이룩했을 때에도 불안감의 표현에 불과하다. 이 사실은 인간이 한계가 있고 약한 존재라는 인식에서 연유한다고 보아야 한다"[57]고 하였다.

## 2) 권력정치론

위에서 상술한 바와 같이 인간본성이 자연에 제한되고 필연성에 굴복하고 충동의 노예가 되는 동시에 또 한편으로는 자연을 초월하는 영적인 존재요 이성적인 존재라는 것, 인간교만에 근거한 인간집

---

56) 안치순, "니버의 정치사상", 『제3일』 1971년 7월호, p. 24.
57) Reinhold Niebuhr, *The Nature and Destiny of Man*, vol.I. pp. 189-190.

단의 야수적 비도덕성 때문에 사회문제 해결을 위해서는 강제력이 필요하다는 것을 논하였다.

집단과 집단사이의 관계에 있어서 인간의 교만에 근거한 집단적 이기심이 강력하게 작용할 때 권력의 독점과 부패, 독재를 가져오게 된다. 이러한 위험성을 방지하기 위해 권력의 균형을 목표로 하는 권력정치가 필요하게 된다는 것이다.

아래에서는 권력의 개념과 형태 그 속성, 권력의 균형과 조직화에서 결과되는 무정부상태와 폭정에 대하여 논하고 정의실현을 위하여 윤리적 근거가 되는 권력과 정의와 사랑간의 역학관계, 니버가 권력정치의 최상의 방법이라고 말한 민주주의에 관하여 고찰하고자 한다.

## (1) 권력의 개념과 본질

### ① 권력의 개념

니버에 있어서 '권력'이라는 말은 그의 정치철학에서 핵심적인 용어이지만 이 용어는 다양한 개념으로 표현된다.[58] 니버의 권력의 개념에는 세 가지 의미로 사용된다. 첫째, 권력은 도덕적으로 중립적이라는 견해이다. 그것은 단지 인간생활의 활력을 의미하며 거의 에너지와 동의어로 사용된다. 둘째, 권력에 대한 부정적인 견해로서 권력

---

58) Ronald H. Stone. *Reinhold Niebuhr : Prophet to Politicians* (Nashville : Abingdon Press, 1972) p. 176

의 사용은 인간교만의 부산물로서 간주되며 다른 사람을 지배함으로서 안전을 얻으려는 잘못된 시도를 의미한다. 이 권력의 사용은 다른 사람에게 자기의지를 강요하기 위한 능력으로 생각되어진다. 셋째, 권력에 대한 긍정적 견해로서 권력이란 용어는 사회조직과 결합의 필수적인 표현으로서 사용된다.

니버는 인간생활이 모두 첫째유형의 활력적인 권력으로 가득 차 있다고 본다. 그런데 이런 활력적인 요소는 균형과 조화 속에 조정되어야 하는데 여기에 세째유형의 권력이 요청된다. 그러나 문제는 이 기회를 타서 둘째유형의 권력이 지나치게 작용함으로써 나타나는 압제나 독재로의 경향성인데 이것을 견제하기 위해서 권력정치이론 (power politics)이 요청된다는 것이다. 따라서 권력을 앞에 놓고 문제되는 것은 권력의 조직과 권력의 균형의 문제이다.

② 권력의 형태

니버는 "인간의 정신적 능력과 육체적 능력은 서로 통일되어 있으면서도 서로 교류작용을 하고 있기 때문에 권력의 형태와 권력의 결합은 무한히 많으며, 순수한 이성에 힘입은 권력에서 순전히 체력에만 힘입은 권력에 이르기까지 각양각색이다"[59]라고 말한다. 이것은 권력형태의 다양성을 의미하며 니버가 개인적인 표현이든 또는 집단적인 삶 속에든 무수한 활력과 힘들이 작용하고 있음을 주의깊게 통찰하고 있는 것이다. 니버는 권력형태를 1) 군사적 권력 2) 사제직

---

59) Reinhold Niebuhr, *The Nature and Destiny of Man*, vol.II, p.260

의 권위 3) 경제적 권력이 있으며 가끔 제4 형태인 이념적 권력을 암시하였다.[60] 사실 니버는 초기제국에서는 성직자의 사회세력과 군사력이 있었고, 어떤 한 계급이 사회세력을 독차지 하는 경우도 있었으며 때로는 이 두 계급이 서로 긴밀하게 뭉쳐있어 사회세력을 구축하였다고 밝히고 있다.[61] 경제권력은 정신적인 면과 체력적인 면이 결합된 것으로써 재산이나 경제수단을 소유하거나 관리함으로써 획득된다는 것이다.[62] 니버는 경제권력이야말로 가장 기본적인 권력이고 기타 모든 권력을 경제권력에서 파생된다고 보는 현대의 사상을 그릇된 것이라고 하고[63] 경제권력을 중요시한 나머지 소유권과 경제권력을 동일시하는 자유주의나 마르크스주의의 사회이론을 잘못이라고 비판하고 있다.[64] 또한 니버는 이성적 능력도 권력으로 보고 있다. 즉, 이성은 다른 생의 주장을 제쳐놓고 어떤 하나의 생의 주장을 지지하는 권력이기 때문이다.[65] 이성능력 이외에도 정신능력으로 간주되는 영혼력은 여러가지 정신적 활력으로 구성되는 것으로써 지성력이나 감정 또는 덕성으로 위장되어 나타나기도 한다.[66]

끝으로 니버는 정치권력은 공동체를 조직하고 매개한다는 특수한 목적을 지니고 다른 종류의 사회권력을 이용하고 마음대로 좌우할

---

60) R. Stone, *Prophet to Politicians*, p.177
61) Reinhold Niebuhr, *The Nature and Destiny of Man*, vol.II, p.263
62) Reinhold Niebuhr, *The Nature and Destiny of Man*, vol.II, p. .261
63) Ibid.Reinhold Niebuhr, *The Nature and Destiny of Man*, vol.II, p.261.
64) Harry R. Davies and Robert C. Good (ed.), Reinhold Niebuhr on Politics, p. 158.
65) Reinhold Niebuhr, *The Nature and Destiny of Man*, vol.II, pp.260-261.
66) *The Nature and Destiny of Man*, vol.II, p.261

수 있는 힘을 가져야 하기 때문에 특수한 범주 속에 넣어야 한다고 주장한다.[67]

③ 권력의 속성

정치적 기능을 수행하기 위하여 인간의 권력관계가 조직화되어질 경우 그곳에 정치권력이 생겨진다.[68] 이렇게 생겨진 권력의 속성은 무엇일까. "권력은 부패되기 쉽다. 절대적 권력은 절대적으로 부패한다"[69]라는 말은 정치권력의 경향성을 액튼경(Lord Acton)의 명언으로서 널리 알려지고 있다. 그러나 이러한 권력은 사회공동체를 유지하고 사회의 질서, 평등, 정의를 수립하기 위한 수단으로 불가피하게 요구된다. 이 경우 권력은 강제력, 물리적 폭력 등으로 나타난다. 이럴 때 권력은 남용되고 악용되며 잘못하면 절대화, 자기목적화 또는 악용화되기 쉽다.[70] 앞에서 고찰한 대로 니버의 권력에 대한 이해는 그의 인간관에 기초하고 있다. 즉, 인간은 신의 형상을 가지고 있으면서 동시에 죄인이다. 인간에게는 원죄가 있으며 사람은 누구나 죄인임을 면할 수 없고 따라서 이기적이다. 이러한 인간들에 의해서 행사되는 권력은 남용되고 악용되기 마련이다. 이 권력이 정치적으로나 집단적으로 권력의 형태로 나타날 때 독재나 압제의 도구가 된다. 여기에 양심이나 도덕적 설득으로 해결할 수 없는 집단의 이해

---

67) *The Nature and Destiny of Man*, vol.II,  p.263
68) 이극찬, 『정치학』, p.199.
69) 이극찬, 『정치학』, p.261에서 중인.
70) 이극찬, 『정치학』,, pp.199f.

관계와 남용되고 악용되는 권력의 문제를 해결하기 위해 니버의 권력정치이론이 나오게 된 것이다.[71] 권력정치이론에서 제기되는 것은 권력의 균형과 조직의 문제이다. 이것을 니버는 정의의 구조로 이해한다.

### (2) 권력의 균형과 조직화

니버에 의하면 어떤 공동체를 막론하고 정도의 차이가 있을망정 모두가 인간활력이 안전하게 혹은 불안전하게나마 조화를 이루고 있는 상태이며 모두가 힘에 의해서 지배된다.[72] 그런데 문제는 힘에 의해서 지배되고 있는 사회에서 어떻게 하면 인간들의 활력이 다양하게 행사될 수 있으며, 질서와 조화를 이루는 정의로운 사회를 유지할 수 있을까 하는 점이다. 이 문제를 해결하기 위한 정치적 공동체를 형성하는 데는 두 가지 문제점을 생각해야 한다.

첫째, 중앙의 권력을 어떻게 세워놓아야 공동체가 붕괴되지 않을까 하는 문제(권력의 조직)와 둘째, 여러 단위들을 어떻게 균형 잡아 놓아야 공동체가 붕괴되지 않을까 하는 문제(권력의 균형)이다.[73] 중앙의 조직과 힘의 균형이라는 두 요소는 공동체의 조직을 위하여 변함

---

71) 박봉배, "공동체의 윤리", 「현대와 신학」, 제7집, (서울: 연세대학교 연합신학대학원, 1974), pp.91-93 참조.
72) Harry R. Davides and Robert C. Good (ed.) *Reinhold Niebuhr Niebuhr Politics*, 역서, p.176
73) Ibid., pp.176-177

없는 두 국면이 된다.[74]

그러나 힘의 조직화와 힘의 균형화라는 공동체조직의 두 가지 원칙은 모두 우애의 법칙에 위배될 가능성을 포함하고 있다.[75] 조직의 원칙이나 조직력은 억압이나 폭정으로 화해버릴 우려성이 있다. 그렇게 되면 사회에 있어서 강압적인 단결을 창조하여 이 속에서 모든 개인의 자유와 활력은 무시된다. 이렇게 생활이 포악하게 단결을 이루게 되면 우애의 법칙이 실현될 수 없게 된다.[76] 또한 힘의 균형의 원칙은 무정부상태를 이루게 할 우려성을 항상 지니고 있다.[77] 힘의 균형과 권력의 조직에 대해서 더 구체적으로 말해보자.

① 힘의 균형과 무정부상태

니버는 사회주의란 근본적으로 힘의 균형에 의존한다고 보았다. 그는 "역사상 힘의 균형을 밑받침으로 삼고 있지 않았던 정의란 없었다"[78]라고 말한다. 힘의 균형의 원칙은 그것이 지배와 노예화를 방지하는 한에 있어서는 정의의 원칙이지만 힘의 균형의 긴장을 해소시키지 못하고 공개적인 투쟁을 가져오게 된다는 점에서 무정부상태와 다름없고 분쟁의 원인이라고 할 수 있다.[79]

이러한 힘의 균형과 사랑의 관계는 어떤 관계인가, 사람이 다른 사

---

74) Ibid., p.176 Reinhold Niebuhr, *The Nature and Destiny of Man*, vol.II, p.257
75) Ibid., p.258
76) Ibid.
77) Ibid.
78) Reinhold Niebuhr, *The Nature and Destiny of Man*, vol.II, p.266
79) Ibid.

람을 지배하거나 집단이 다른 집단을 임의로 통제하는 현상은 힘의 균형의 기술을 통하여 방지할 수 있다. 그런 뜻에서 힘의 균형은 인간의 이기성의 제약 밑에서 사랑과 우애의 근사치이지만 우애 그 자체는 아니다.[80] 사랑이 없이는 힘의 균형으로 인해서 생겨나는 분열과 긴장을 이겨내기가 어렵다. 그런데 이렇게 사회의 질서와 평화와 정의를 수립하는데 근본적으로 필요한 힘의 균형에는 사랑이 뒷받침되어야 무정부상태와 다름없는 분쟁을 막아낼 수 있다.

② 권력의 조직화와 폭정

사회생활에서는 의식적 통제와 꾸밈이 없이는 세력균형을 이룩할 수 없다. 세력이 불안한 상태에 빠지게 되면 여러 가지로 억압과 노예화의 현상이 일어나게 된다. 그러므로 인간사회에서는 그 사회 안에서 잡혀있는 세력균형을 의식적으로 요리할 필요가 있게 된다.[81] 사실 힘의 균형이란 통제되고 있는 무정부상태이다. 그러나 세력균형은 궁극에 가서는 그 무정부상태로 하여금 통제를 제거하게끔 하고야 만다. 정부에 조직력과 균형을 이룩할 수 있는 힘이 없다면 힘의 균형이란 결국에는 무정부상태를 이루고야 만다. 이러한 무정부 내지 분쟁을 방지하고 사회의 질서를 유지하기 위해서는 권력의 중앙조직이 필요하게 된다.[82] 사회는 공동생활을 더욱 완전하게 할 수 있는 적극적인 수단을 가져야 하는데 그 수단은 정부, 사회계급, 재

---

80) Ibid., p.265
81) Harry R. Davies and Robert C. Good (ed.) *Reinhold Niebuhr on Politics*, 역서, p.180
82) Ibid.

산의 세 가지이다.[83] 그 중에서 가장 강력하게 권력의 중앙조직을 대표하는 것이 정부이다. 정부는 권력과 권위의 중심으로서 그 국가 내의 질서유지를 그 중요한 역할의 하나로 한다. 권력의 일차적 원천은 질서를 유지할 수 있는 능력이다. 왜냐하면 공동체에서는 질서는 곧 생존이며 혼돈은 곧 파멸이기 때문이다.[84] 정부 없는 힘의 균형은 무정부상태에 빠지며 정부는 정의를 실현하기 위해서 더욱 의식적인 노력을 해야 한다.[85]

권력의 중앙조직은 분쟁을 편견 없이 감시하고 조정해야 하며 또 적극적으로 집단구성원들 간의 상호원조를 규제, 조작함으로써 그들 사이의 긴장이 분쟁에로 전화하는 것을 막아야 한다. 그뿐 아니라 중앙조직은 힘의 불균형으로 인하여 정의가 파괴되었을 때는 언제든지 힘의 균형을 회복시킴으로써 이런 상태를 교정해야 한다. 민주국가의 오늘날 조세관은, 국가의 세입을 확보하기 위해서 뿐만 아니라 산업의 발달에 따른 부와 권력이 소수인에게 집중되는 경향을 막기 위하여 이용되고 있다는 것은 이것의 좋은 예라고 볼 수 있다.[86]

권력의 중앙조직은 힘의 균형이 그러하듯 암적 요소를 내포하고 있다고 본다. 즉, 권력의 중앙조직은 전제와 폭정을 초래할 가능성이 많다는 것이다. "그것 – 권력의 중앙조직은 사회의 단합과 질서를 강제적 방법으로 구축함으로써 사회구성원의 자유를 손상하게 될지

---

83) Ibid.
84) Ibid., p.186
85) Ibid.
86) Ibid., p.183 참조. 안치순, "니버의 정치사상", p.29.

모른다."[87] 뿐만 아니라 정부가 부패하는 것은 불가피한데, 그 이유는 국가내의 단결과 질서를 유지하기 위하여 필요로 하는 강제력이 결코 순순하고 편견 없는 권력이 아니기 때문이다. 강제력은 사회의 어느 특정 그룹에 의하여 그 특유의 견지에 따라서 행사되기 마련이다.[88] 따라서 권력의 중앙조직은 전제정치의 도구로 전화되기 쉽다.

힘의 균형에서 결과되는 무정부상태와 권력의 중앙조직에서 결과되는 폭정이라는 쌍둥이 해악은 마치 실라(Scylla)와 카리브디스(Charybdis)[89]라는 두 암초와 같아서 사회정의라는 조각배는 그 사이를 교묘하게 헤쳐가야만 하며 그 한쪽만을 위험하다고 거기에만 조심해서 가면 영낙없이 다른 한쪽에 부딪치게 된다.[90]

무정부상태와 폭정이라는 두 가지 위험이 어떠한 정치적 업적에도 완전히 극복되지 않는다는 사실을 아는 것이 중요하다.[91] 그러나 정치권력을 위의 두 가지 위험성을 방지하기 위해서 그가 지향해야 할 목표는 정의의 원리이며,[92] 이 정의는 사랑이 뒷받침될 때 참다운 정의가 실현될 수 있다는 것이다.[93] 그러므로 권력이 수행할 목표는 정의, 정의가 지향할 목표는 사랑이 되는 것이며, 이것들의 관

---

87) Reinhold Niebuhr, *The Nature and Destiny of Man*, vol.II, p.258.

88) Reinhold Niebuhr, *The Irony of American History*, New York, Charles Scribner's Sons, 1952, p.220-221

89) 進退維谷을 의미함.

90) Reinhold Niebuhr, *The Nature and Destiny of Man*, vol.II, p.258. Harry R, Davies and Robert C. Good (ed.), Reinhold Niebuhr on Politics, 역서, p.176.

91) Reinhold Niebuhr, *The Nature and Destiny of Man*, vol.II, p.284

92) Kogley and Bretall (eds.) op.cit., p.140

93) Reinhold Niebuhr, *The Nature and Destiny of Man*, vol.II, p.246

계, 즉 권력과 정의와 사랑의 삼중관계가 성립된다.

### (3) 권력과 정의와 사랑

#### ① 권력과 사랑

니버의 사회정의를 실현하기 위한 권력정치이론은 힘의 균형을 근거해서 실현될 수 있다고 보아 권력의 중앙조직과 권력의 균형을 주장한 것이다. 여기에는 사랑이 뒷받침되어야 한다. 그런데 문제는 권력행사의 과정에서 일어나는 권력의 남용과 권력이 지나치게 작용함으로써 야기되는 압제와 독재의 경향성이다. 이 압제와 독재, 권력의 남용을 방지하기 위하여 제기되는 힘의 균형에는 사랑이 없으면 힘균형의 긴장과 마찰이 지탱해 낼 수 없게 된다. 이에 대해 니버는 다음과 같이 말한다. "힘의 균형이라고 해서 사랑과 전연 관계가 없는 것이 아니다. 사실 사랑이 없이는 힘의 균형으로 인해서 생겨나는 분열과 긴장을 이겨내기란 어렵다."[94]

이와는 반대로 사랑에 있어서 힘의 균형을 강조하여 "힘의 균형 없이는 아무리 사랑하는 관계라 할지라도 정의롭지 못한 관계로 화하여 사랑은 그 부정의를 가려주는 스크린의 역할 밖에는 못하게 된다."[95]

권력과 사랑의 관계를 좀 더 분명하게 연관시키기 위하여 니버가

---

94) Harry R. Davies and Robert C. Good (ed.), *Reinhold Niebuhr on Politics*, p.107
95) Ibid.

말한 인간의 상호애와 그리스도의 십자가 위에서 보내준 희생적인 사랑을 통하여 그 논리적 연관성을 알 필요가 있다. 니버에게 있어서 논리적 규범의 근거는 완전한 사랑이다. 즉, 예수가 짊어진 십자가에 의해 상징되는 희생적 사랑이다. 이 완전한 사랑을 니버는 "불가능한 가능성(impossible possibility)"[96]이라 부른다. 사랑은 어떤 인간적 동기와 행위에 있어서 완전히 구현될 수 없다는 의미에서 불가능하고(impossible) 동기와 행위를 표준으로서 연관된(relevant) 것이 남아 있다는 점에서 가능성(possiblity)이 있다는 것이다.[97]

② 사랑과 정의와 권력

사랑과 정의의 관계에 대한 니버의 토론에는 예리하고 명료한 두 개의 강조점이 제시되어 있다. 첫째, 정의는 항상 역동적인 용어로 생각하여야 하고, 둘째, 사랑은 언제나 정의를 새로운 높이에로 끌어올릴 수 있다는 것이다.[98] 니버에게 있어서 사랑은 역사적 현실에 있어서는 그대로 완전하게 실현될 수가 없는 생의 궁극적인 초월의 원리이다. 그러나 사랑의 원리는 역사적 현실에 있어서는 그대로 완전히 실현될 수 없지만 현실의 모든 도덕적 성취는 사랑의 원리에 근거를 두고 있으며 그것은 상대적 성취이다.[99] 이렇게 사랑의 원리가 초월적인 이념적 원리이면서도 현실의 모든 상대적인 도덕적 성

---

96) Reinhold Niebuhr, *An Interpretation of Christian Ethics*, p.61.

97) John C. Bennett, "Reinhold Niebuhr's Social Ethics", Kegley and Bretall ed. *Reinhold Niebuhr*, p.52f.

98) Ibid., p.59.

99) 고범서, 『개인윤리와 사회윤리』, p. 280.

취의 근거인 것을 니버는 사랑의 불가능한 윤리적 이념의 타당성[100] 이라고 불렀다. 사랑의 이념이 현실의 도덕적 성취에 대해서 가지는 관계를 니버는 다음과 같이 말한다. "사랑의 이념의 최종적인 높음은 상식의 도덕적 규범을 심판하는 동시에 성취하는데 이 이념은 모든 도덕적 열망과 성취 속에 포함되어 있다."[101] 여기에 사랑의 이념이 한편으로는 모든 도덕적 성취가 사랑이 미급한 것이고 그것에 위배되는 것으로 심판하면서, 다른 한편에 있어서는 현실의 상대적인 도덕적 성취를 부단히 보다 높은 수준으로 끌어올리는 이중적 기능을 한다는데 그 깊은 뜻을 분명히 파악할 필요가 있다. 사랑의 원리는 역사적 현실에 있어서 모든 도덕적 성취를 사랑에 미급하고 위배되는 것으로 심판함으로써 모든 인간적 이념이 자기를 절대화하여 유토피아주의에 떨어지는 것을 막는다. 사랑이라는 불가능한 절대의 이념에서 본다면 현실에 있어서의 모든 도덕적 성취는 그 이념에의 근사적 접근에 지나지 않는다.[102] 니버의 이러한 근사적 접근의 입장은 그가 「딱딱한 유토피아주의(hard utopianism)」[103]라고 부른 마르크스주의적 유토피아주의이건, 그가 「부드러운 유토피아주의(soft

---

100) Reinhold Niebuhr, *An Interpretation of Christian Ethics*, p.97

101) Ibid., p.98-99

102) Ibid., p.60

103) Reinhold Niebuhr, Reinhold Niebuhr on Politics, 역서, p.38. 딱딱한 유토피아 사상이란 … 완전한 공동체를 자기가 실현시키겠다고 자부하는 사상이기 때문에 자기들이 믿고 있는 완전한 공동체에 대해 반대하는 사람들에 대하여 온갖 관계와 폭력수단을 사용해도 도덕적으로 정당하다고 생각하는 사람들의 신조이다. 공산주의자들이 이 사상에 물들고 있다고 니버는 말한다.

utopianism)」[104]라고 부른 합리적인 진보적 발전사상의 유토피아주의 이건 인간적 이념이 자기를 절대화하는 것을 용납하지 않고 상대화해 버린다. 그렇다고 해서 그의 이러한 입장을 현실이 어떤 도덕적 성취에 그대로 머무는 현상유지에 떨어지고 말고 하는 것이 아니라 사랑의 이념의 성취의 기능 곧 구원의 기능이 현실의 도덕적 성취를 부단히 보다 높은 수준으로 끌어올리는 역동적인 도덕적 성취의 과정을 가능케 한다.[105]

정의는 이와 같이 사랑과의 관계 속에서만 그 의미가 파악될 수 있다. 정의는 사랑과 구체적인 역사적 현실 사이에 유동적으로 위치하기 때문에 정의가 무엇이냐에 대한 대답은 결국 사랑과 역사적 현실의 성격을 떠나서는 불가능하다. 니버는 다음과 같이 말한다. 모든 그러한 정의의 실현이 사랑의 이념에 대한 모순과 근사적 접근을 함께 포함하고 있다는 것을 더욱 더 충분히 이해한다면 역사적 정의의 보다 높은 실현이 가능할 것이다.[106]

니버는 "사랑은 역사 안에서 정의를 성취하며 동시에 부정한다"[107]라고 사랑과 정의의 변증법적 관계를 말한다. 사랑이 정의를 성취한다는 이 말은 "사랑의 법을 궁극적인 법으로 모든 법을 성취

---

104) Ibid. 부드러운 유토피아 사상이란 완전한 공동체를 실현시키겠다고 자부하지는 않지만 그러한 공동체가 역사의 진전에 따라서 나타나게 될 것이라고 믿고 있는 사람들의 신조이다. 자유주의 세계가 이 사상에 물들어 있다고 니버는 지적하였다.

105) 고범서, 『op.cit.』, pp.218-219.

106) Reinhold Niebuhr, *The Nature and Destiny of Man*, Vol.II, pp.206-207.

107) Ibid., p.246.

할 뿐만 아니라 결코 정의의 법을 폐기치 않는다"[108)]는 것이다. 그 이유는 사랑은 정의를 요구하며[109)] 정의는 상대적인 사랑의 구체화이기 때문이다.[110)]

반면에 사랑이 정의를 부정한다는 말은 정의의 규범을 그 자체가 최종적인 규범으로서 간주될 수 있는 것이 아니기 때문에 사랑의 더 고차적인 가능성이 항상 모든 정의의 조직 위에 있다. 때문에 정의의 법칙을 사랑의 법칙으로부터 심판을 받아야 한다. "사랑은 규범들의 근거가 될 뿐만 아니라 규범들의 제한성을 발견할 수 있는 조망대가 된다."[111)]

사랑없는 정의는 정의가 되지 못한다. 정의만의 정의는 정의 이하의 것으로 변질된다. 반면에 정의없는 사랑은 사랑이 아니다. 그것은 정치현실을 깊이 파악하지 못하는 도덕적인 감상주의자가 된다. 왜냐하면 정치적 현실은 자기이익과 권력이 갑옷을 입은 것처럼 감추어져서 도덕으로 보호하기 때문이다.[112)]

파스깔은 그의 명상록에서 "힘없는 정의는 무능하고 정의없는 힘은 압제이다"(Pensées, 298)라고 말한 바 있듯이 힘과 정의는 결부되어야 한다. 권력을 배제한 정의는 무질서를 초래하는 헛된 망상이며 정의가 배제된 권력은 폭정이 될 가능성이 많다. 이렇게 권력과 정의는

---

108) Reinhold Niebuhr, *Love and Justice*,p.25.

109) Ibid.

110) Reinhold Niebuhr, *The Nature and Destiny of Man*, Vol.II, p.285.

111) Reinhold Niebuhr, *An Interpretation of Christian Ethics*, p.140.

112) Reinhold Niebuhr, *Love and Justice*, p.95.

불가분리의 관계가 되어야 하며 앞에서 말한대로 정의는 사랑에 의하며 뒷받침되어야 한다.

### (4) 권력정치와 민주주의

사회, 정치적 현실 속에서 정의의 실현은 어떤 형태이건 공통적인 이해관계에 있는 사람들이 권력을 조직하여야 하고 그 조직된 권력은 한편에 독점되지 않도록 분배시켜야 하며 균형 잡히게 하여 서로 견제되는 상태에서 가능하다. 니버는 이와 같이 정의를 실현할 수 있는 가장 좋은 정치제도가 민주주의라고 한다.[113] 니버는 말하기를, 기독교적인 견지에서 본다면 민주주의 사회는 또 하나의 거대한 수단을 가지고 있다는 것을 깨닫지 않으면 안 된다. 그것은 인간들의 권력욕에 대해서 뿐만 아니라 인간들의 주장에 대해서도 견제와 균형을 제시해 준다. 진리 속에 있는 극히 적은 진리가 구함을 받지 못하고 보호를 받지 못할 때 진리가 거짓으로 떨어지는 것을 민주주의 사회는 방지한다.[114]

이렇게 민주주의 사회는 견제와 균형(checks and balances)을 할 수 있고 진리가 거짓으로 변화하는 것을 막아주는 기능을 가지고 있다

---

113) 민주주의에 관하여 : 이극찬 편, 『민주주의』(서울 : 종로서적, 1983). 차기벽, 『민주주의의 이념과 역사』(서울 : 한길사, 1980). Hans Kelsen, *Foundation of Democracy*, 한용희 역(서울 : 대문출판사, 1970).

114) Reinhold Niebuhr, *Christian Realism and Political Problems* (New York : Charles Scribner's Sons, 1953), p.14. 라인홀드 니버 『기독교 현실주의와 정치문제』지명관 역 (서울 : 현대사상사, 1973), p. 24.

는 것이다. 민주주의와 기독교가 어떠한 관계가 있을까? 기독교와 민주주의를 논하는데 분명히 하여야 할 점은 첫째, 기독교는 어느 특정한 정치체제와도 동일시될 수 없다는 점. 둘째, 그럼에도 불구하고 민주주의는 기독교적 정신이 그 근저를 이루고 있다는 사실이다.[115] 그러면 어떤 신학적 이유에서 민주주의에 기독교 정신이 밑받침되었다는 이론적 근거는 무엇인가. 첫째, 하나님의 절대적 주권에 대한 개념이다. 이것은 권력의 상대화를 의미한다. 하나님만이 절대적이고 모든 권력을 하나님으로부터 유래한다는 철저한 신념이다. 하나님의 절대적 주권설은 세속적 권력을 완전히 상대화시켜 비신성화한다. 권력의 상대화는 그 권력이 무엇 때문에 존재하느냐의 이유를 묻게되고. 둘째, 하나님의 주권설과 직접 연관되는 것으로서 모든 인간의 평등성과 개인의 존엄성이다. 하나님은 창조주요 유일한 제한 없는 통치자이기 때문에 하나님 앞에서 모든 사람들은 평등하다는 것이다.[116]

앞에서 논한 대로 니버는 인간은 모두 하나님의 형상대로 창조되었기 때문에 귀중한 존재라는 적극적 인권론과 동시에 모든 인간은 하나님 앞에서 꼭같이 죄인이라는 부정적 평등론이 합하여 개인의 평등과 권리의 존엄성을 신학적으로 뒷받침하고 있다. 따라서 하나님의 주권설과 인간의 존엄성과 평등성의 강조는 민주주의의 이념적 기초가 된다. 니버는 인간이해와 정치제도와 연관을 시킨다. 즉,

---

115) 박봉배, 『기독교윤리와 한국문화』(서울 : 성광문화사, 1983), p.481.
116) Ibid., p.483f.

기독교의 인간본성의 양면적 성격이 민주주의라는 정치제도의 기초가 된다는 것이다. 니버는 인간의 양면적 성격에서 민주주의의 가능성과 필요성을 말하고 있다. 즉, "정의를 위한 인간의 능력은 민주주의를 가능하게 한다. 그러나 부정의에 대한 인간의 경향성은 민주주의를 필요하게 한다"[117]는 이 말은 인간과 정치와 관계 특히 니버의 인간본성에 기초한 정치윤리를 잘 표현해 주고 있다. 즉, "민주주의는 실제로 정의에 대한 인간의 자연적인 능력에 대하여 어떤 신뢰를 요청한다. 그러나 그 제도는 부정의에 대한 방파제로서 더욱 쉽사리 정당화될 수 있다"[118]는 것이다.

이것은 정의를 추구하려는 자연적인 인간본성 때문에 인간을 지나치게 간섭하지 않아도 사회질서와 사회정의 실현은 가능하다는 말이 된다. 그러나 인간의 교만에 근거한 권력과 부정의에로의 경향성이 그것 못지 않게 강하게 작용하는 것이므로 어떤 견제나 제한이 없으면 부패와 독재를 가져오게 된다. 그래서 이것을 막기 위해 요청되는 권력의 조직과 지나친 권력의 집중화가 가져오는 권력의 부패를 막기 위한 견제제도가 필요하다. 이러한 것을 실현할 수 있는 정치체제가 민주주의라는 것이다.

니버는 이렇게 민주주의 체제를 가치있는 사회적 조직형태라고 다음과 같이 말하고 있다. "민주주의는 다른 역사적인 이상제도와 마찬가지로 순간적인 요소들과 보다 더 영구적으로 타당한 요소들

---

117) Reinhold Niebuhr, *The Children of Light and the Children of Darkness*(New York : Charles Scribner's Sons, 1944), p.xiii.

118) Reinhold Niebuhr, *Christian Realism and Political Problems*, p.99. 역서, p.104.

을 다같이 포함하고 있다. 한편으로는 부르조아문명의 독특한 열매이며 또 한편으로 민주주의는 그 안에서 자유와 질서가 유지되어지고 서로 모순되지 않는 영구히 가치 있는 사회적 조직형태이다."[119]

니버는 민주주의와 종교와의 관계를 "민주주의와 심오한 종교사이의 참된 접촉점은 민주주의가 필요로 하고 확실히 종교의 열매중에 하나인 겸손의 정신에 있으며,[120] 민주주의에는 종교적 기반이 필요하다"[121]고 말한다.

기독교적 겸손은 모든 인간의 이익이 지니고 있는 부분적이며 특수한 성격과 모든 인간의 덕이 가지고 있는 단편적인 성격을 인식하며, 민주주의가 요구하는 관용은 기독교적 겸손 없이는 유지할 수 없다.[122]

니버는 성서적 신앙이 민주주의에 세 가지 필수적인 요소를 제공하여 주었는데 그 첫째, 개인이 이 세계의 권위를 무시할 수 있다는 견지에서 권위의 근원을 채택한다는 점("사람보다 하나님을 순종하는 것이 마땅하니라."[123] 둘째, 개인을 어떤 정치적 계획에 하나의 단순한 도구로서 맞춘다는 것은 잘못이라고 생각하는 개인의 가치에 대한 특이한 평가. 셋째, 인간을 창조적이게 하는 그 근본적인 자

---

119) Reinhold Niebuhr, *The Children of Light and the Children of Darkness*, p.1. 역서, p.9.

120) Ibid., pp.151-152.

121) Ibid., p.xiii.

122) Reinhold Niebuhr, *Christian Realism and Political Problems*, p.101.

123) 이 구절은 성서 사도행전 5장 29절의 말씀으로서 저항권의 근거가 되는 말씀이기도 하다. 기독교 저항권에 관하여. Ernst Wolf, "Widerstandsrecht", RGG 6. 1681-1692. Jürgen Moltmann, "Rassismuss und das Recht auf Widerstand", *Das Experiment Hoffnung, München*, 1974, pp.145-163.

유가 또한 인간을 파괴적이고 위험하게 한다는 것과 그러므로 인간의 존엄과 비참이 같은 뿌리를 가지고 있다는 것이다.[124)

이러한 것이 자유주의자이건 감상주의자이건 어떠한 감상주의보다도 민주주의 제도를 확고하게 정당화시켰던 것이다.[125)

이렇게 니버는 기독교에서 말하는 인간의 제한성이 상호 견제하는 민주주의의 필요성을 뒷받침하여 주고, 기독교의 겸손과 사랑과 용서가 민주주의 실현 가능성을 말해준다는 것이다.


# 결 론


지금까지 인간과 사회의 구조적 특성을 파악하여 권력과 연관시켜 논하고 그리스도가 제시한 사랑의 규범을 사회, 정치적 현실 속에서 적용 실천하기 위한 방법, 즉 정의실현의 방안으로써 니버의 권력정책론을 고찰하였다. 본 장에서는 니버의 윤리사상과 권력정책론을 평가하고 특히 이것이 오늘날 어떤 의의를 갖는가를 언급하고자 한다.

니버가 기독교신학에서 가지는 의미는 자유주의신학의 낙관주의적 인간이해 위에 있던 자유주의신학의 사회원리를 무너뜨리고 어

---

124) Ibid., pp.101-102. 역서, p.106.
125) Ibid. 역서, p.107.

거스틴, 루터, 신정통주의의 인간이해 위에 기독교, 사회 정치윤리를 세운 것이다.[126)

니버의 정치윤리사상을 꿰뚫는 두 가지 주제가 있다. 하나는 정의에 대한 주장이고 또 하나는 권력이 지니고 있는 그 필요성과 위험성이라는 두가지 측면이다.[127) 따라서 첫째, 니버의 신학을 "정치적 현실주의로 하여금 정의를 위하여 봉사하도록" 하려는 신학이라고 할 수 있고. 둘째, 권력의 필요성과 위험성은 권력이 없으면 무질서가 나타나고 권력이 지나치면 독재주의가 나타나게 된다는 것을 말해준다. 이와 같은 것에 대하여 제기되는 문제를 사회, 정치적 영역에서 해결하고 실천하는 방법으로 제시된 것이 권력정책론이다.

니버의 권력정책론은 집단과 사회정치적 영역에서 정의를 실현하기 위해서는 권력의 조직과 균형과 억제가 필요하며 여기에 높은 도덕적 가치인 기독교에서 말하는 사랑이 뒷받침될 때 가능하다는 것이다. 이것은 기독교에서는 기독교인의 사회, 정치적 책임성과 행동의 지표를 제시한 것이고 정치에서는 도덕성이 필요함을 강조한 것이다. 그러면 정치와 도덕의 관계는 어떤 관계인가.

앞에서 말한 대로 정치가 권력현상이라고 하지만 그 정치가 권력의 논리에 따라서만 좌우된다면 밀림의 법칙이 통용되는 약육강식의 살벌한 싸움터로 변해 버리고 만다. 따라서 정치가 일방적인 권력현상으로 타락하지 않도록 막기 위해서는 도덕으로 감싸주지 않

---

126) 박봉랑, "니버의 신학사상",「제3일」, 1971년 7월호, p.33.

127) John C. Bennett, "The Contribution of Reinhold Niebuhr",「Union Seminary Quarterly Review」ⅩⅩⅠⅤ Number, fall. 1968. p.11.

을 수 없다는 것이다. 여기서 막스 베버는 "정치가 그 고향으로 삼아 정착할 곳이 바로 도덕이다"고 했다. 이렇게 정치와 도덕은 상호보충 개념이지 결코 배타개념이 아니다. 왜냐하면 정치'는 객관적 사실성의 논리에 그리고 도덕은 주체적 논리성에 그 진실이 있기 때문이다. 이것은 사실 인간 삶에 얻지 못할 불가결의 두 가지 요소요 내면성이다. 그러므로 정치와 도덕 그 어느 하나만을 주도하는 경우 인간의 건전하고 원만한 삶은 파괴되는 것이다. 정치가 윤리화, 인간화하지 못하면 그 자체가 맹목적이며, 도덕이 역사적 현실성에 응하지 않으면 그 자체가 무가치하다. 그러므로 정치와 도덕은 상보의 관계이다.

"정치의 슬픈 의무는 죄많은 세상에 정의를 수립하는 것"이라는 말은 니버의 정치윤리의 사상, 특히 권력정책론의 목표가 되는 것이라 할 수 있다.

니버의 권력정치론이 주는 의의는 그가 권력정치론의 최선의 방법의 정치제도라고 제시한 민주주의를 통하여 정의를 실현하는 것이라고 본다. 그것은 자유와 평등의 원리 실현, 철저한 삼권분립, 통제받지 않는 언론의 자유, 인권의 보장, 명실상부한 야당의 존립의 체제를 확립하는 것을 의미한다. 제임스 브라이스(James Bryce)가 "희망이 없어지지 않으면 민주주의는 결코 소멸되지 않을 것이다"라고 말한 바 있다.[128] 그리고 기독교가 역사의 현실에 가지는 의무와 책임은 불의한 절망의 언덕에 정의의 희망의 성을 쌓는 것이다.

---

128) James Bryce, *Modern Democracies*(New York : The Macmillan Company, 1921), Vol.I, p.29.

# 제5장 기독교 평화윤리

## 서 론 : 삶의 조건과 윤리적 목표로서의 평화

평화는 성서적 복음 선포의 중심 주제요, 기독교 신앙의 핵심적 내용이다. 평화는 전쟁과 질병, 가난과 죽음의 위험에 처한 인류에게 언제나 안전과 휴식, 복지와 행복을 향한 희망의 이념으로 발전되어 왔다.[1] 평화는 오늘날 세계 교회의 선교 과제이며 인류를 위한 교회 운동의 핵심적인 이념이다. 세계교회협의회는 1990년 3월 서울에서 "정의, 평화, 창조질서의 보전"(Justice, Peace and the Integrity of Creation, JPIC)을 주제로 세계대회를 개최하였다.[2] 이 주제는 세계 교회운

---

1) Vgl. RGG ³Bd. 2. p.1113.
2) 이 대회에 관한 자료는 다음을 참조할 것: 『정의·평화, 창조 질서의 보전, 세계대회 자료집』 (한국기독교사회문제연구원 : 1990). Götz Planer-Friedrick(Hrsg), *Frieden und Gerechti-*

동의 목표와 과제가 되었다. 기독교인은 평화를 만들어가는 평화건 설자이며 교회는 평화수립 공동체이다.

독일의 평화철학자이며 물리학자인 칼 프리드리히 폰 바이츠체커 (Carl Friedrich von Weizsäcker)는 다음과 같은 의미심장한 말을 하였다. "세계 평화는 기술과학시대에 있어서 삶의 조건(Lebensbedingung)이 다."[3] 이 말은 핵무기의 위협, 생태학적 위기, 제1세계 국가들에 의한 제3세계 국민들의 착취, 세계 도처에서 자행되는 인권침해, 경제적 불평등의 상황에서 평화만이 인간다운 삶을 가능하게 하는 전제 조건이 된다는 의미이다. 따라서 세계 안에서 평화의 유지만이 앞으로 인류의 생존을 위한 기본 조건이 된다는 뜻이다. 바이츠체커는 계속하여 강조한다. "세계평화는 우리에게 특별한 도덕적인 노력을 요구한다. 세계평화는 기술의 세계에서 삶의 윤리(Ethik des Lebens)가 개발되기를 요구한다." 인간이 인간답게 살기 위해서는 기술의 세계에서 살아남을 '삶의 윤리'가 개발되어야 한다는 뜻이다. 왜냐하면 인간이 인간다운 모습으로 되기 위해서는 도덕적인 노력이 절대로 필요하기 때문이다. 이 도덕적인 노력의 윤리적 목표가 되는 것이 평화이다.

## 1. 현대의 평화연구 경향 [4]

---

gkiet, *Aufdem Weg zu einer ökumenischen Friendenthik, München, 1989.*

3) C.F.von Weizsäcker, *Der ungesicherte Friede, Götingen,* 1969. p.10.

4) 평화연구에 관하여 다음 문헌을 참조 : Bernhard Moltmann(Hrsg.) *Perspektiven der Friedensforschung, Baden-Baden, 1988.*

인류의 역사는 전쟁의 역사이며 동시에 평화 갈망과 평화 추구의 역사이다. 평화에 대한 관심과 열망은 전쟁의 비참한 참화 속에서 더 증폭된다. 현대의 평화연구와 평화운동은 '아우슈비츠의 대학살'(Holocaust)과 '히로시마. 나가사키에 투하된 원자폭탄' 의 참사에서 그 필요성을 절감하게 되었다.

오늘날의 역사 속에서 그 어느 시대보다도 평화에 대한 학문적 연구와 관심이 높은 것은 인류의 생존을 위협하는 핵무기의 개발과 자연환경의 오염에 따른 생태학적 위기에서 비롯된 것이다. 제2차 세계대전 후 독일에서는 반전·반핵운동으로 평화운동이 일어났고 그 후 환경운동으로 전개되었다.[5]

평화연구(Peace Research, Friedensforschung)도 사회과학의 한 분야로서 자리잡게 되었고, 평화학(Irenologie, Irenology)이라고 명명까지 하게 되었다.[6] 원래 평화에 관하여 각 시대마다 관심은 높았지만, 평화에 관한 체계적인 저술을 한 것은 칸트(I. Kant)이다. 칸트는 1795년 「영원한 평화를 위하여」(說文解字 Zum Ewigen Frieden)라는 논문을 썼다.[7] 유럽에서 평화에 관한 연구가 본격적으로 시작된 것은 제2차 세계대전 후이다. 그러나 연구의 맹아는 제1차 세계대전 후에 싹텄다. 평화연구는 정치학(국제관계론), 사회학(갈등연구), 심리학, 역사학, 철학, 신학, 자연과학 등에서 연구하는 학제적( interdisciplinary) 연구

---

5) Vgl, Martin Honecker, "Die Diskussion um den Frieden 1980-1983", in : *Theologishe Rundschau, 1984. pp.372-411.*

6) Bernhard Moltmann, aaO.,p.20.

7) Immanuel Kant, *Zum ewigen Frieden, Ein philosophiescher Entwur f. hg. Wilhelm Weischedel Werksausgabe (Suhrkamp taschebuch 192), pp.195-251*참조,

이며, 이념의 차이나 세계관의 차이를 초월해서 평화의 조건과 과정
을 연구하는 초이념적(cross-ideological) 연구이다. 평화연구는 사회과
학에 쓰이는 거의 모든 방법을 사용하는 다방법론적(multi-methodolo-
gical) 연구방법을 사용하고 있다.[8]

구미에서 "평화연구"의 생성 및 전개과정을 4시기로 나눌 수 있
다.[9] 제1기는 제1차 세계대전 이후부터 1950년대까지 시카코대학
(Q. Wright중심 1926년 10년간)이나 미시건대학(1956년 분쟁해결연구센터 설
립, 1957년 전쟁과 평화에 대한 최초의 본격적인 전문학술지인 Journal of Conflict
Resolution 창간호 발행) 등 미국을 중심으로 연구되었다. 이 시기의 평
화연구는 세계대전을 어떻게 피할 수 있을까 하는 "전쟁의 회피"에
그 초점이 맞추어져 있었다. 이것을 이른바 평화연구에서는 소극적
평화연구라고 한다.[10]

제2기는 1960년대 갈퉁(J. Galtung)이 평화개념을 소극적 평화(ne-
gative peace)와 적극적 평화(positive peace)로 구분할 것을 주장하고 적
극적 평화개념을 평화연구에 도입한 시기이다. 갈퉁은 '평화연구'가
'전쟁의 회피'를 넘어서 인간사회의 통합과 상호 갈등관계에 있는 사
회집단들 사이의 관계를 어떻게 적극적, 조화적, 상호협력적인 관계
로 만들 수 있을까 하는 문제를 포함한다고 주장한다.[11]

---

8) J. Ritter(Hrsg.) *Historisches Wöterbuch der Philosophie, Bd. 2, p.1119*. 이종률, "구미에서의
평화연구", in 『전환기의 논리와 현실』, p.112f.

9) Vgl. 하영선, 「한반도의 전쟁과 평화, 군사적 긴장의 구조」, 서울, 1989, pp.273-286, 하영선, "현
대의 평화연구", in 그리스도교철학연구소 편, 『현대사회와 평화』서광사, 1991, pp.193-211.

10) Vgl. Q. Wright, A. Study of War, Chicago, 1965.

11) Vgl. J. Galtung, *Strukturelle Gewalt, Beiträge zur Friedens- und Konfliktforschung, Ham-
burg, 1975*.

제3기는 1970년 평화연구에서 있어서 "구조적 폭력"(Strukturelle Gewalt)의 개념을 사용한 시기이다. 갈퉁은 통합 또는 협조라는 뜻에서의 평화개념 대신에 "사회적 불의"라는 의미의 구조적 폭력의 부재가 적극적 평화라고 강조한다.[12]

제4기는 1980년 이후에는 지금까지의 평화연구를 검토하고 새로운 평화실천 전략을 모색한 시기이다. 이 시기에는 평화사상에 대한 관심이 증가되었고, 현대 평화문제를 해결하기 위해서 동서양의 평화사상을 검토하여 새로운 방향을 시도하고 있으며, 집단적 폭력을 극복하는 방법으로 군대 체제의 정치, 경제, 사회, 문화, 구조 개선이 필요함을 강조하고 있다.[13] 교회에서는 1963년 교황 요한 23세가 지상의 평화(Pacem in Terris)회칙을 발표하여 전 세계에 평화에 대한 관심을 불러 일으켰고 평화에 대한 새로운 방향을 제시하고 가톨릭의 평화관을 확립하였다.[14]

개신교에서는 세계개혁교회연맹과 독일개신교연맹(EKD)에서 백서를 발간하였으며 1970년대부터 산상설교와 연관시켜 평화에 관한 연구가 활발하게 진행되었다.[15]

---

12) J. Galtung, *Strukturelle Gewalt, Beiträge zur Friedens- und Konfliktforschung*, p.32.

13) 하영선, aaO, .205, 각주 23, 24 참조.

14) Pacem in Terris 지상의 평화 정규만 역, 성바오로 출판사, 1963. 참조, 회칙 "지상의 평화"(Pacem in Terris)는 "진리, 정의, 사랑, 자유에 의거한 모든 국민의 평화에 대하여"라는 부제가 붙어있다. 「지상의 평화」 회칙은 정치적 평화를 포함하면서, 근원적으로는 그리스도의 평화를 기초로 세계평화의 확립과 유지라는 중대한 과제를 포괄적으로 주제화한 최초의 회칙이다."

15) Vgl. Das Bekenntnis zu Jesus Christus und die Fredensverantwortung der Kirche. Eine Erklärung des Moderamens des Reformierten Bundes, Gütersloh, 1982. 산상수훈 연구에서는 특히 보복에 대한 교훈(마 5:38-42)과 원수사랑(마 5:43-48)을 중심으로 평화연구가 되었다. 산상수훈에 관한 주석책은 다음 책을 참고할 것. : U. Luz, Das Evangelium nach

## 2. 평화의 개념

### 1) 일반적 평화개념

현대 평화론에서 평화의 개념을 정의할 때 소극적 개념과 적극적 개념으로 정의(定義)한다. 소극적 평화는 전쟁의 부재(absence of war), 곧 전쟁이 없는 상태, 폭력, 궁핍, 불안, 억압이 없는 상태를 말한다. 소극적 평화개념은 동서의 핵 위협체계가 평화를 지켜주었으며 휴전상태를 평화상태로 혼동하게 된다. 전쟁의 부재 상태만으로는 전쟁의 재발을 방지할 수 없고, 폭력의 방지만을 의미하는 소극적 평화는 정의롭지 못한 현상(status quo)을 고착시킬 수 있다.

적극적 평화개념은 정의(正義)의 현존(presence of justice), 사회정의가 행해지고 있는 상태를 말한다. 다시 말하면 평화는 삶을 위한 능력과 수단이 균등하게 분배되어 사회정의가 실현되는 상태이다. 노르웨이의 평화학자 요한 갈퉁은 평화개념에 폭력개념을 도입하여 구조적 폭력(structural violence)이 없는 상태를 평화라고 하였다.[16] 구

---

Matthäus, NTD Bd. 2 G. Strecker, Die Bergpredigt, Göttingen, 1984. H. Weder. Die "Rede der Reden", Zürich 1985. 일반적 책과 논문 : G. Lohfink, Wem gilt die Bergpredigt? Beiträge zu einer christlichen Ethik, Freiburg, 1988. F. Alt, Fireden ist möglich, die Politik der Bergpredigt, München, 1983. D. Bonhoeffer, Nachfolge, München, 1967. Yu, Suk-Sung, Christologishe Grundentschidungen bei Dietrich Bonhoeffer, Tübingen, 1990. .79-91.

16) Johan Galtung, " Violence, Peace , and Peace Research ", (ed..)Mattew Evangelista, Peace Studies . Critical Concepts in Political Science vol.1, New York, 2005, 27. Johan Galtung, Peace by peaceful Means. Peace and Conflict, Development and Civilization, London , 1996. 2ff.

조적 폭력은 기아, 빈곤, 의료시설 부족, 인종차별, 무질서, 환경오염, 여성평등, 국제난민, 종교갈등, 인종분규 등을 포괄한다. 적극적 평화는 사회적 관계의 구조적 변혁을 추구하기 때문에 사회의 구조적 폭력이나 전쟁의 원인들을 제거하고자 한다.[17]

기독교적 평화는 평화의 소극적, 적극적 개념을 연결시키면서 정의(正義)를 강조하는 것을 통하여 적극적 개념을 우선시하는 정의로운 평화(peace with justice)다. 구약성서 이사야서에 "정의의 열매는 평화"(이사야 32:17)라고 기록된 것처럼 기독교의 평화는 정의와 밀접히 연관되어 있다. 기독교의 평화는 정의로운 평화이며, 주어진 상태가 아니라 실현되어 가는 과정이고, 소유가 아니라 공동의 길이다.[18]

## 2) 성서의 평화개념

구약성서에서 히브리어로 평화의 의미로 쓰인 샬롬(Shalom)이라는 말은 포괄적인 내용을 함축하고 있는 말이다. 이 샬롬이라는 말은 '완전하게 하다', '온전하게 하다', '안전하게 하다', '끝마치다' 등의 여러 형태로 쓰인 샬렘(shalem)으로부터 파생된 말이다. 샬롬(shalom)의 기본적 의미는 완전성, 총체성, 온전함, 안전함 등을 의미한다. 그러나 샬롬이 가진 뜻은 구약학자의 견해에 의하며 건강, 질서, 온전함, 정의, 조화, 안정, 구원, 복지 등의 다양하고 포괄적인 의미

---

17) 자슈아 골드스틴, 『국제 관계의 이해』, p.180. 참조.
18) J. Moltmann, Gerechtigkeit schafft Zukunft, p.58.

가 담겨진 말이다.[19] 그러므로 샬롬은 우리말의 '평화'(平和), 독일어
의 'Frieden', 영어의 'peace', 라틴어의 ' pax' 와 단순히 일치시킬 수 없
는 말이다. 샬롬의 일차적인 의미는 어떤 유기체나 인간 공동체, 민
족, 가족 등이 손상되지 않고 온전하고 완전하며 안전하게 존재하는
것을 뜻한다. 구약성서의 평화사상은 첫째, 샬롬은 야웨 하나님이 준
다는 것이다. 야웨는 평화이다.(삿 6:24). 야웨가 평화의 창시자이며
평화의 근원이다. 하나님이 샬롬을 주며 완성한다.(삿 6:24, 시 29:11,
35:27, 욥 25:2, 민 6:26)

둘째, 평화는 정의와 연결되어 있다. 즉, 정의로운 평화(Frieden mit
Gerechtigkeit)이다.[20] 사회정의가 실현되는 곳에 하나님의 평화가 있
다. 정의가 평화를 창조한다. 시편기자는 정의와 평화가 서로 입을
맞춘다는 시적 형식으로 말함으로써 정의와 평화가 서로 밀접하게
연관되어 있음을 말한다.

"사랑과 진실이 만나고, 정의는 평화와 서로 입을 맞춘다.
진실이 땅에서 돋아나고, 정의는 하늘에서 굽어본다.
주님께서 좋은 것을 내려주시니, 우리의 땅은 열매를 맺는다.
정의가 주님 앞에 앞서 가며, 주님께서 가실 길을 닦을 것이다."

(시 85:10-13, 표준 새 번역 개정판)

---

19) Westermann, "Der Frieden(shalom) im Alten Testament", in : G. Picht und H. E. Tödt
   (Hrsg.) Studien zur Friedensforschung, Stuttgart, 1969. pp.144-177. E. Jenni/ C.Wester-
   mann. Theologishes Handwöterbuch zum Alten Testament, München/Zürich 1984, Bd. II.
   pp. 922-935.
20) TRE, Bd. 11. pp. 599-613.

예언자 이사야는, 평화는 정의의 결과라고 말한다. 정의는 평화를 가져온다.(이사야 32:17) 이사야는 평화가 다스리고 정의가 거느리게 하여, 평화가 강물처럼 넘쳐흐르고 정의가 바다물결처럼 넘실거리는 세계를 말하였다.(이사야 48:18) 평화는 정의가 실현되는 곳, 구체적으로 하나님의 형상대로 지음을 받은 인간이 인간답게 사는 것, 빼앗긴 권리를 회복하는 것이다.

셋째, 평화는 관계적 개념이다. 하나님과 인간, 인간과 인간, 인간과 자연, 자연과 자연, 하나님과 자연이 바른 관계를 지키며 살아갈 때, 상호 친교 속에서 지낼 때 평화가 이루어진다.(창 1:26f) 오늘의 생태학적 위기에 대해 교회는 "땅을 정복하라"(창 1:28)는 말씀으로 자연 착취와 파괴를 이데올로기적으로 축복하는 역할을 하여 왔다. 여기서는 인간을 하나님의 동역자로서 하나님이 창조하신 하나님의 정원을 가꾸고 보호해야 할 정원사요, 청지기로서 인식해야 한다.[21]

넷째, 구약의 평화사상은 미래지향적 기다림이며, 메시아적인 기다림은 평화에 대한 종말론적 희망이다.(이사야 2:2-4, 미가 4:1-3) "하나님께서 민족 사이의 분쟁을 판가름해 주시고 강대국 사이의 시비를 가려 주시리라. 그리되면 나라마다 칼을 쳐서 보습을 만들고 창을 쳐서 낫을 만들리라. 나라와 나라 사이에 칼을 빼어 드는 일이 없어 다시는 군사를 훈련하지 아니하리라."(미가 4:3) 메시아는 궁극적인 평화에 대한 보증이 된다.(이사야 9:1-6, 이사야 11:-1ff, 미가 5:1ff) 평화의

---

[21] Vgl. J. Moltmann, *Gott in der Schöpfung, Ökologische Schöpfungslehre, München, 1985.*

왕 메시아는 정의를 구현함으로써 평화를 성취한다. "우리를 위하여 태어날 한 아기, 우리에게 주시는 아드님, 그 어깨에는 주권이 메어지겠고 그 이름은 탁월한 경륜가, 용사이신 하나님, 영원한 아버지, 평화의 왕이라 불릴 것입니다. 다윗의 왕좌에 앉아 주권을 행사하며 그 국권을 강대하게 하고 끝없는 평화를 이루며 그 나라를 법과 정의 위에 굳게 세우실 것입니다."(이사야 9:5-7)

신약성서에서 평화라는 말은 에이레네(eirene)라는 말로 사용되었다. 이 말은 본래 세속 그리스어로 전쟁의 반대상태 내지 종식을 뜻한다. 평화는 질서와 법이 유지되는 상태이며, 여기에서 복지가 비롯된다. 에이레네(eirene)는 신약성서에 91회, 복음서에만도 24회 기록되어 있다. 신약성서에서 평화는 전쟁의 반대상태로 이해되고,(누가 14:32, 사도행전 12:20) 외적인 안전,(누가 11:21) 구약성서와 연관되어 무질서의 반대상태로 종말론적으로 이해되고,(고전 14:33) 사람들 사이의 화해를 표현하며,(사도행전 7:26, 갈라디아서 5:22, 에베소서 4:2) 메시아적 구원개념으로서 이해된다.(누가 1:79, 2:14, 19:42) 그리스도교적 선포일반의 내용과 목표를 의미하기도 한다.[22](에베소서 6:15)

기독교의 복음은 평화의 복음이다. 예수 그리스도 자신이 평화요, 평화의 왕으로서 왔다.(히 7:2) 예수가 탄생하실 때 "지극히 높은 곳에서는 하나님께 영광이요, 땅에서는 기뻐하심을 입은 사람들 중의 평화"라고 하였다.(누가 2:14) 천사들은 예수께서 세상에 오심을 평화로

---

22) Vgl, L. Coenen(Hrsg.), *Tehologisches Begriffslexikon zum Neuen Testament*, Bd. I, pp.388-394.

서 규정했다. 신약성서의 평화는 화해와 연관된다. 그리스도는 화해의 사건이다.(에베소서 2:14) 그리스도는 하나님과 세상, 하나님과 인간의 막힌 담을 헐고 평화를 가져온 분이다. 예수 그리스도를 통해서 인간은 하나님과의 평화를 누리게 되었다.(로마서 5:1) 여기서 주목할 것은 신약성서에 나타날 평화는 하나님의 구원의 은사이며, 인간의 종말론적 구원을 의미한다. 그리스도의 평화는 새로운 세계, 새 하늘과 새 땅에 대한 희망이다.[23](요한계시록 21:1-4)

3). 기독교 평화론의 전개 : 평화주의와 정당한 전쟁론.

기독교의 역사상 전쟁과 평화에 대한 세 가지 태도가 있었다. 평화주의(pacifism), 정당한 전쟁론(just war theory), 십자군 전쟁(the crusade) 같은 성전론( holy war theory)이다.[24] 초대교회에서는 콘스탄틴 시대까지는 평화주의를 말하였고 기독교가 로마의 국교가 된 이후 지금까지 정당한 전쟁론이 주류를 이루었으며 중세의 십자군 전쟁 시에는 성전론적 요소가 강조되기도 하였다.
세계와의 관계 속에서 평화주의는 일반적으로 세계를 단념하였고, 사회활동이나, 정치적 활동, 특히 전쟁과의 관계를 끊었다. 정당한 전쟁론을 주장하는 사람들은 악의 세력이 국가의 강압적인 권력

---

23) Ibid., RGG Bd.2, .1134., TRE Bd. 11., p.636.
24) Ronald H. Bainton, Christian Attitudes Toward War and Peace. A Historical Survey and Critical Re-evaluation, Nashville, 1990, 14. R.H. 베인튼 , 『전쟁 평화 기독교』, 채수일역( 대한기독교출판:1981), p.12.

에 의해 제어할 수 있다는 입장을 취해왔다. 그러므로 교회는 악의 세력을 제어하기 위하여 노력하는 국가를 지지해야 하며, 시민으로서 개별적인 그리스도인들은 국가의 후원하에 투쟁을 하여야 한다는 것이었다. 십자군 이념은 일종의 신 중심적 입장을 취한다. 즉, 교회는 소수일지라도 그 의지를 완고한 이 세상에 부여해야 한다. 평화주의는 흔히 이 세상으로부터의 벗어남과 관련되어 있고 정당한 전쟁론은 제한된 참여와 관련되어 있다. 그리고 십자군은 교회의 세계지배와 관련되어 있다.[25)

기독교 2000년의 역사는 아우구스티누스, 토마스 아퀴나스, 루터, 칼빈 등에 의하여 지지를 받은 정당한 전쟁론의 큰 흐름으로 내려왔다. 그러나 일부에서 평화주의가 메노나이트, 퀘이커, 20세기의 톨스토이, 간디, 마르틴 루터 킹 등에 의해서 명맥을 유지하고 있고, 핵시대를 맞아 평화주의는 그 가치의 중요성이 더 빛나게 되었다.[26)

첫째, 평화주의(Pacifism)는 폭력사용과 전쟁참여를 반대하는 입장이다.

평화주의(pacifism)는 라틴어 평화(pax, peace)와 만들다(facere, to make)에서 만든 말이다. 이 말은 예수의 산상설교 "평화를 만드는 자들은 복이 있다(Blessed are the peace-makers)(마 5:9)는 구절과 연관되어

---

25) Ronald H. Bainton, Christian Attitudes Toward War and Peace. 15. 『전쟁 평화 기독교』, 채수일 역, p.13.
26) 신원하, 『전쟁과 정치』, 대한기독교서회, 2003, 134ff. 『시대의 분별과 윤리적 선택』, SCF, 2004, pp.111ff. 철학연구회, 『정의로운 전쟁은 가능 한가』, 철학과 현실사, 2006. Michael Walzer, Just and Unjust Wars: A Moral Argument With Historical Illustrations, New York, 1977.

형성되었다.

평화주의는 예수의 삶과 가르침에 따라서 그리스도인들은 폭력과 전쟁을 받아들일 수 없다는 것이다. 예수의 가르침 중에서 "악한 자를 대적하지 말라 .누구든지 네 오른편 뺨을 치거든 왼편도 돌려대라,"(마 5:39) "칼을 가지는 자는 다 칼로 망하느니라"(마 26: 52)는 말씀이 특히 중요한 말씀이다.

초대교회의 터툴리아누스, 오리게네스, 메노나이트, 퀘이커, 톨스토이, 간디, 마틴 루터 킹, 신학자로는 존 하워드 요더 (John Howard Yoder), 스탠리 하우어워스(Stanley Hauerwas) 들이 이 입장에 서 있다.

평화주의에는 일반적으로 폭력을 행사하는 것은 인간의 존엄성을 해치는 것이기에 허용할 수 없다는 입장에서 전쟁을 반대하는 인도주의적 평화주의(humanistic pacifism)와 비폭력이 폭력보다 더 효과적인 방법이라는 실용주의적 평화주의(pragmatic pacifism)가 있다. 그러나 기독교적 평화주의 (christain pacifism)는 예수의 삶과 가르침을 따라 폭력과 전쟁을 거부하는 것이다.[27]

둘째, 정당한 전쟁론(Just War Theory)은 정의로운 전쟁론이라고도 한다. 정당한 전쟁론은 정의와 평화를 이루는 데 전쟁이 불가피하다면 전쟁을 하는 것이 정당하다는 주장이다. 정당한 전쟁론은 전쟁을 옹호하는 전쟁론이 아니다.

기독교가 로마의 콘스탄틴 치하에서 공인되고 국교로 된 후 4-5세기의 이민족의 침입에 기독교인이 죄의식 없이 전쟁에 참여할 수

---

27) 신원하, 『전쟁과 정치』, p. 134.

있는가의 물음에 답을 얻는 것이 정당한 전쟁론이다. 정당한 전쟁론의 목적은 평화의 회복과 정의의 수호에 있었다. 이 정당한 전쟁론은 아우구스티누스가 정립하였다. 아우구스티누스는 정의의 편에 서서 정당한 명분을 가지고 평화를 정착시키기 위한 정당한 의도를 가지고 전쟁에 참여한다면 용인될 수 있다고 하였다.(박정순 117) 아우구스티누스는 때로는 칼과 전쟁이 죄를 억제하고 평화를 회복하는 수단이 된다고 하면서 고통과 사랑과 평화를 회복하기 위한 의도라면 전쟁은 때로는 정당할 수 있다고 주장하였다.(신원하 139)

아우구스티누스는 전쟁의 동기는 기독교적 사랑이어야 한다고 말하였다. 아우구스티누스는 정당한 전쟁의 조건으로 정당한 원인(just cause)과 정당한 의도(just intention)을 말함으로 오늘날 정당한 전쟁의 조건으로 내세우는 이론적 토대를 마련하였다.

정당한 전쟁론은 아우구스티누스(Augustinus 354-430)와 토마스 아퀴나스(Thomas Aquinas 1225-1275), 루터, 칼빈, 현대의 라인홀드 니버, 폴 램지(Paul Ramsey)가 주장하였다.

전쟁의 정당성의 조건으로 정의로운 명분(just cause)인 전쟁개시의 정당성(jus ad bellum, justice toward war)과 정의로운 수단(just means)인 전쟁수행의 정당성(jus in bello, justice in war) 그리고 전쟁종결의 정당성인 전쟁 후의 정의(jus post bellum)가 있다.

전쟁개시의 정당성(jus ad bellum)은 전쟁에 나가는 것을 정당화하는 조건이다. 여기에는 6가지의 조건을 충족해야 한다. 첫째, 정당한 원인(just cause)이다. 정당한 명분이라고도 하며 전쟁을 개시하기 위해서는 정당한 이유를 가져야 한다. 전쟁이 도덕적으로 정당화되는 것은 침략으로부터의 방어, 방어를 돕기 위한 개입, 침략으로 강탈된 영토의 회복, 인간의 존엄성 보호를 위한 인도주의적인 개입 등이 있다. 둘째, 정당한 의도(right intention)로서 전쟁의 동기 목표가 합당해야 한다. 전쟁의 목적은 보복이나 상대방의 파멸에 있는 것이 아니라 잃어버린 평화를 찾고 정의를 다시 세우는 것이 되어야 한다. 셋째, 합법적 권위에 의한 공개적 포고로서(public declaration by a legitimate authority) 주권국가의 최고 통치자가 적법한 절차를 거쳐 자국의 시민들 및 적국에 대한 공개적 선언으로 포고되어야 한다. 넷째, 최후의 수단(last resort)으로써 전쟁을 피하기 위하여 외교적 노력과 협상 그리고 국제적 제재와 협력을 통해 최선의 노력을 강화한 다음 평화를 회복할 수 없을 때에 마지막 수단으로 전쟁을 하는 것이다. 다섯째, 승리의 가능성(probability of success)으로서 전쟁을 하는 의도와 목표가 그 이전의 평화로운 상태를 회복하거나 더욱 안정적인 상태를 만들고자 하는 것이기 때문에 승리의 가능성이 있어야 된다. 즉, 전쟁을 통해 의도하는 목적을 성공적으로 성취할 수 있는 가능성이 분명해야 한다. 여섯째, 비례성(proportionality)으로서 전쟁을 수행하는데 드는 비용과 손실이 그 전쟁의 이득과 보상에 대해 균형적인 비례를 이루어야 된다.

전쟁수행의 정당성(jus in bello)은 전쟁수행 과정에서 정당화할 수 있는 조건이다. 공격은 제한된 목표에 한정되어야 하고 공격을 당한 피해에 비례해서 가해져야 하며, 민간인들을 공격에서 철저히 배제하여야 한다.

전쟁종결의 정의는 처벌의 범위 및 전쟁 이후의 복구배상, 철수,

강화조약, 비무장 무기통제, 전범재판 외부적 조정, 정권조정 혹은 체제전복, 침략국의 영토에 대한 한시적 점령 등을 다루는 것이다.

셋째, 성전론(聖戰論, Holy War Theory)은 종교적 이상을 실현하기 위한 거룩한 수단으로 전쟁을 하는 것이다. 기독교에서는 구약에서 하나님 이름으로 수행된 전쟁을 신학적 근거로 삼는다. 성전론자들에게 전쟁은 하나님의 뜻을 행하는 거룩한 수단이다. 거룩한 전쟁론의 대표적인 것은 십자군 전쟁이다. 현대에 와서도 이슬람권에서 성전론에 입각하여 성전을 선포하기도 하였다.

기독교의 평화에 대한 두 견해는 평화주의와 정당한 전쟁론이다. 이 두 진영에서 전쟁 그 자체는 악한 것으로 이해하고 있다. 평화주의자들은 전쟁을 피하는 것이 도덕적 의무라고 주장하는 반면 정당한 전쟁론자들은 조건적이라고 생각하는 차이점이 있다. 그러나 핵 시대를 맞아 핵전쟁과 핵무기를 사용하는 것은 정당화될 수 없다는 인식에는 평화주의자와 정당한 전쟁론자들은 의견을 같이한다. 이러한 입장을 핵평화주의라고 한다.[28] (nuclear pacifism)

## 3. 평화를 위협하는 구조들

오늘의 세계는 구조적으로 평화롭지 못한 상황이다. 정치적 차원에서 폭력의 악순환이 평화를 해치고 있다. 이것은 독재정치, 계급지배, 특권지배, 강대국에 약소국가들에게 행해지는 구조적 폭력으로

---

28) 신원하.『전쟁과정치』, p. 151.

나타난다.[29] 세계 도처에서 투옥, 고문과 암살과 억압 등 민주적 인권침해가 계속되고 있다. 1975년 이래 남미에서만도 10만 명에 이르는 사람이 실종되었다. 이 대부분의 사람은 고문당하고 나서 살해되었을 것이다. 1978년 이래 5만 명의 엘살바도르 국민이 변사를 당하였다. 경제적 차원에 있어서 가난, 질병, 영양실조, 조기사망 등의 악순환이 있다. 이 지구상의 8억 명이 절대 빈곤에 시달리고 있다. 매일 3만 명의 어린이가 굶어 죽어가고 있다. 세계 인구의 20%가 세계 자원의 80%를 사용하고 있다. 세계 2/3에 해당하는 민족과 나라가 미국과 러시아(구 소련)의 이해관계에 이용당하거나 유린당하면서 고통과 추방, 착취와 그 밖의 인권유린을 당하였다.

인종적, 문화적 차원의 악순환이 있다. 백인종은 여타의 유색인종, 갈색인종, 흑인종, 황인종을 다스릴 권리가 있다고 믿고 있다. 북반구의 백인종들은 자기들의 지배를 받는 다른 인종들이 열등하므로 구제해 줄 필요가 있는 자들로 믿는다. 또 북반구의 제국주의적 기업은 자신들이 유색인종들을 문명화시켜 주고 향상시켜 주는 분명한 운명을 갖고 있다고 믿는다. 교회는 이들을 도덕적으로 합법화시켜 주고 신학적인 정당화를 해주는 역할을 하였다.

군사적인 면에서 가공할 무기 경쟁과 핵무기의 위협이 있다. 오늘날 강대국들이 개발해 보유한 핵무기는 전 세계를 20번 이상 파괴할 수 있다고 한다. 핵무기의 폭발력은 TNT 450억 톤이나 된다.

---

29) 아래의 통계숫자는 다음 자료 참조 : 세계개혁교회연맹 편, "정의, 평화, 창조질서의 보전" (WARC 서울대회보고서), 서울 pp. 251ff., 한국기독교사회문제연구원 편, 「정의, 평화, 창조질서의 보건 세계대회 자료」, 1990.

또한 인류의 생존을 위협하는 자연의 파괴에 의한 생태학적 위기 문제가 있다. 수질오염, 대기오염, 산성비, 온실효과, 오존층 파괴로 인하여 매일 적어도 하나의 종자가 소멸되고 매년 한국의 3/4정도 넓이의 열대 삼림이 죽어가고 있다.

인류의 역사는 전쟁의 역사이다. 1484년부터 1945년 사이에 278 회의 전쟁이 있었고 10만 명 이상이 사망했다. 1945년 이래 1981 년까지 133회의 전쟁이 일어났다. 제2차 세계대전 중 사망한 사람은 군인 2,000만 명, 일반시민 1,700만 명 합해서 3,700여만 명이다. 1945년 이래 세계에서 일어난 전쟁 중 희생된 사망자 수를 보면, 중국내전(1945-49)에 1천만 명, 한국전쟁에서 150만 명, 베트남전쟁에서 150만 명이다.[30) 전면적인 핵전쟁이 일어나면 전 세계는 인류 전멸의 위기에 처할 것이다. 성서에 '야웨전쟁'이라는 말이 있다.(민 21:4, 삼상 18:17) 이스라엘의 야웨전쟁 사상은 다윗왕국 때 이론적으로 확립되었다. 야웨전쟁 이론에서 거룩한 전쟁, 의로운 전쟁이라는 전쟁신학이 도출되었다.[31) 전쟁신학은 십자군전쟁, 나치하의 독일의 침략전쟁 등에 의해서 악용되었다. 이 야웨전쟁을 거룩한 전쟁, 의로운 전쟁으로는 미화할 수 없다. 왜냐하면 이 야웨전쟁은 본래 이스라엘의 이기주의적인 민족주의적 침략사상에서 생겨난 이론이기 때문이다. 엄밀하게 말하면 거룩한 전쟁, 의로운 전쟁은 비기독교적이다. 전쟁이라는 말 앞에 어떠한 미사어구를 붙인 전쟁도 - 그것이

---

30) U. Duchrow/G. Liedke, Schalom, *Der Schöpfung Befreiung, den Menschen Gerechtigkeit, den Völkern Frieden, Stuttgart, .32ff.*
31) Vgl. 임태수, "구약성서의 평화", in : 기독교여성평화연구원 편, 평화강좌, p. 6.

거룩한 전쟁이든 의로운 전쟁이든 - 거부한다고 1948년 세계교회협의회 암스테르담 총회 때 결의하였다.[32] 야웨전쟁을 통하여 세계평화를 가져올 수 없다. 전쟁신학은 세계평화실현을 위해서 공헌할 자리가 없고, 전쟁을 통해서는 평화가 실현될 수 없다.

## 4 . 평화와 폭력

평화연구에 있어서, 또 평화실현 과정 속에서 직면하게 되는 문제가 폭력의 문제이다. 폭력의 문제를 이야기할 때 두 가지 핵심적 문제가 제기된다. 첫째, 폭력과 원칙적 비폭력의 문제, 둘째, 폭력과 저항권의 문제이다.[33]

이 문제를 논의함에 있어 원칙적인 폭력의 포기인가, 아니면 폭력 사용이 최후의 마지막 수단(ultima ratio)으로 허용되는 문제인가 하는 것이 논의되어 왔다. 평화는 궁극적으로 폭력, 구조적 폭력의 제거에 있다. 평화는 폭력으로부터의 해방, 즉 폭력으로부터 자유한 곳에 있다. 이 폭력으로부터 자유는 탈정치화(Entpolitisierung)나 권력에 대한 포기를 의미하는 것이 아니다. 언어상으로 폭력(Violence, Gewalt)과 권력(Power, Macht)은 아주 분명하게 구별되기 때문이다. 권력은 힘의 정당한 사용을 의미하고 폭력은 힘의 정당하지 못한 사용을 의미한

---

32) Ibid.

33) Yu, Suk-Sung, Christologishe Grundentscheidungen bei Dietrich Bonhoeffer. Diss., Tübingen, 1990, p. 88.

다.[34] 폭력의 대립(Gegensatz)은 비폭력이 아니라 정의(正義, Gerechtig-keit)에서 성립된다. 폭력의 척도(Maßstab)는 정의(正義)에 있다.

폭력을 어떻게 극복할 것인가? 이 문제를 놓고 서구의 신학자들은 예수의 산상설교(마태 5:38-48)의 말씀을 가지고 그 해결방법을 찾는 논의를 하여 왔다. 예수의 산상설교의 중심은 비폭력을 통한 폭력의 극복, 폭력으로부터의 해방과 자유이다. 곧 원수사랑을 통한 적대감의 극복이다. 이것은 평화를 창조함으로써 적대관계를 극복하는 것을 말한다. 예수의 "보복하지 말라"(마 5:38-42)는 말씀을 그동안 폭력의 포기(Gewaltverzicht)로 간주되어 왔으나, 이것은 폭력의 포기가 아니라 폭력으로부터 자유스러운 것을 의미한다.[35] 따라서 평화의 실현은 비폭력적 방법에 있으나, 이 비폭력의 방법은 비폭력무저항을 의미하는 것이 아니다.

히틀러 암살계획에 가담한 디트리히 본회퍼의 결단과 행위도 저항권의 관점에서 보아야 한다.[36] 스코틀란드 신앙고백에도 말하고 있듯이 "무죄한 자의 피를 흘리게 하는 폭군이나 폭정, 불의에 대하여는 항거할 의무"가 있다.[37] 그러나 가능한 한 비폭력적 저항과 지속적 저항운동을 하는 것이 중요하다. 여기에는 순교의 희생을 동반할 수 있다.(간디, 마르틴 루터 킹, 로메로) 이것은 예수의 고난에 동참하는

34) J. Moltmann, Der Weg Jesu Christi, Christologie in messianischen Dimensionen, München, 1989, p.150.

35) Ibid.,

36) Vgl., Yu, Suk-Sung, aaO., p.88ff.

37) Vgl., K. Barth, Gotteserkenntnis und Gottesdienst nach reformatorischer Lehre, Zürich, 1983, p.21f.

일이다. 마틴 루터 킹은 다음과 같은 말을 하였다. "우리는 계속해서 굴하지 않고 싸운다. 우리의 힘은 고난이다. 이 고난의 힘은 우리에게 고난을 부여하는 폭력의 힘보다 더 강하다는 것을 입증해 줄 것이다. 또한 우리는 그 폭력을 용서할 것이다."[38]

　폭력의 극복의 방법으로서 아래의 두 가지를 고려할 수 있다. 첫째, 권력의 행사를 법과 결부시키고, 둘째, 폭력의 통치권을 거절하고 이 통치권과 모든 협력을 거부하면서 형성하는 국민의 연대감(Solidarität)을 갖도록 하는 것이다.[39] 그러나 여기에서 문제가 되는 것은 절대적 평화주의나 비폭력무저항주의는 6백만 유태인이 학살당하게 되는 일과 같은 결과를 가져올 수도 있다는 것이다. 그래서 구조적 폭력을 제거하기 위해 불가피하게 사용되는 마지막 수단(ultima ratio)으로서의 정당화된 폭력사용을 주장하기도 한다.[40] 이때에도 비폭력저항의 정신에서 폭력의 최소화가 되도록 하여야 할 것이다.

　WCC의 연구서 보고서인 "폭력, 비폭력, 사회정의를 위한 투쟁"(1973)에 세 가지 기준을 말하였다. 1. 비폭력적 행동만이 예수 그리스도 복종에 맞는 것이라고 본다. 2, 극단적인 정황에서는 폭력적인 저항을 그리스도인의 의무라고 본다. 이 관점은 전통적으로 소위 정당한 전쟁을 평가하는데 사용되었던 것과 비슷한 기준을 가지고 폭력사용을 제한하고 있다. 동기가 정의롭고 다른 가능성이 소진되었을 뿐 아니라 폭력적인 저항을 통해 희망했던 목적을 실현시킬 수

---

38) W.Kröger, "기독교 평화론", in : 박근원 편, 『전환기의 선교교육』, p.372에서 재인용.

39) J.Moltmann, *Der Weg Jesu Christi, p.151.*

40) W.Kröger, "기독교 평화론", p.373.

있는가에 대한 합리적인 기대가 있어야 하고, 방법이 정의로워야 하며, 폭력에 의해 세워진 질서에 대해 긍정적인 평가가 있어야 한다.
3. 비폭력이 불가능해 보이는 어떤 특정한 상황에서 피할 수 없는 요소로서의 폭력을 인정한다.

## 5. 예수의 비폭력저항

### 1) 비폭력 : 폭력에서 해방

예수의 비폭력사상은 예수의 산상설교에서 찾아볼 수 있다.(마태복음 5: 38-48) 예수는 산상설교에서 "악한 자를 대적하지 말라 누구든지 네 오른 뺨을 치거든 왼편도 돌려대라"(마태 5:39)는 보복하지 말라는 것과 "원수를 사랑하라"(마태 5:44)고 말하고 있다. 이것은 폭력에서의 해방과 적대감의 극복을 말하고 있다. 다른 말로 표현하자면 폭력으로부터 자유로운 행위인 비폭력과 선으로 악을 갚을 것을 말하고 있다.

"악한 자를 대적하지 말라"의 "대적한다"(표준 새 번역에는 "맞서지 말라"로 번역됨)의 성서원문 그리스어 안티스테나이( ἀντιστῆναι, antistēnai)는 일반적으로 인명살상의 가능성이 있는 소요사태나 무장혁명을 가리키며, 여기 마태복음 5:39에서는 "힘으로 저항한다"(to resist forcibly)는 뜻으로 사용되었다.[41] 따라서 "악한 자를 대적하지 말라"는

---

41) Walter Wink, Jesus and Nonviolence . A Third Way, Minneapolis, 2003, 11.107. 월터 윙크,

"악에 대해 (혹은 너에게 악을 행한 사람에 대해) 똑같은 식으로 맞받아치지 말아라"는 의미이다. 이 구절을 영어권에서 "악한 자에 맞서서 폭력적으로 대응하지 말라"(Don't react violently against the one who is evil)로 새롭게 번역하기도 하였다. 예수의 말씀은 악에 저항하려는 의지를 꺾어버리고 굴종하도록 권고하는 말씀이 아니라 악에 대하여 대항하기 위한 수단에 관한 말씀이다. 악에 대한 일반적 대응 방법은 수동적 태도로 도피(flight)하는 것, 폭력적 대항으로 싸움(fight)하는 것이 있는 데 예수의 방법은 제3의 길인 전투적 비폭력(militant nonviolence)이다.[42] 예수의 비폭력은 비폭력저항이다. 예수가 말한 비폭력은 폭력의 포기처럼 해석하여 왔으나, 폭력의 포기가 아니라 폭력으로부터 자유로운 것(Gewaltfreiheit)이다. 무기력 때문에 폭력을 사용하지 않는 것이 아니라 폭력을 사용할 수 있음에도 불구하고 사용하지 않고 비폭력을 행사하는 것이다. "예수의 폭력으로부터의 자유는 탈정치화를 의미하지 않으며 권력에 대한 포기를 의미하지도 않는다."[43] 불의(不義)한 권력 행사에 대하여는 저항의 의무가 발생된다.

## 2 ) 원수사랑 : 적대감의 극복과 원수에 대한 책임

---

『예수와 비폭력 혁명. 제3의길』, 김준우 옮김( 한국기독교 연구소: 2003), p.29. p.111.

42) Walter Wink, Jesus and Nonviolence . A Third Way, , 9-14. 월터 윙크, 『예수와 비폭력 혁명. 제3의길』, pp. 27-30.

43) J. 몰트만, 『예수 그리스도의 길』, 김균진·김명용역( 대한기독교서회 : 1989), p.191. U. Luz Das Evangelium nach Matthäus, EKK 1/1 Zürich./Neukirchen, 1985. pp. 290ff. G. Strecker, Die Bergpredigt, Göttingen, 1984.85ff. G.Lohfink ,Wem gilt die Bergpredigt?, Freiburg, 1988. pp. 42ff. 참조.

예수에 의하면 평화에 이르는 길은 적대감을 극복하고 원수를 사랑하는 것이다.(마 5:43-48) 원수사랑은 가장 완전한 이웃사랑 형태이며 가장 완전한 정의의 형태로서 이 땅위에 항구적 평화를 정착시키는 지름길이다. 원수사랑은 결코 원수에게 굴복하는 것이 아니라 적대감을 창조적이고 지혜롭게 극복하는 것이다.

개인적인 생활에서 원수사랑의 실천은 매우 어려운 일이다. 그러나 오늘날 핵시대를 맞아 원수사랑은 정치적으로 유일하게 합리적인 것이다. 왜냐하면 핵무기의 위협 속에서 원수만 선택하여 죽일 수 없으며, 핵시대는 원수를 전멸시키고자 하면 적과 함께 죽게 되기 때문이다. 인류가 살 수 있는 길은 적대감을 극복하고 인류 공동의 안전과 항구적 발전을 위한 책임을 떠맡음으로써 평화를 정착시키는 것이다. 원수사랑은 핵시대에 인류가 생존할 수 있는 평화의 정치를 만들 수 있다.[44)]

독일의 비스마르크는 "산상설교를 가지고 국가를 통치할 수 없다"고 말한 바 있지만 몰트만은 핵시대에 산상설교를 거슬러서는 생존의 정치가 있을 수 없다고 주장하였다.[45)] 산상설교로서 비로소 평화의 정치를 만들어낼 수 있다. 이렇게 함으로써 성서에서 말하는 "칼을 쳐서 보습을 만들고 창을 쳐서 낫을 만들어"(이사야 2:4, 미가 4:3) 더 이상 전쟁을 하지 않는 시대가 올 수 있을 것이다. 그리스도교 신앙은 폭력과 전쟁의 시대에 정의와 평화를 공개적으로 증언하는 것이

---

44) J. Moltmann, Gerechtigkeit schafft Zukunft, p. 59f., p. 62.
45) J. Moltmann, Gerechtigkeit schafft Zukunft, p. 42.

다. 원수사랑은 자기희생이기에 예수의 고난에 동참하는 십자가를 지는 행위가 된다.


## 결 론 : 정의로운 평화


평화는 주어진 상태가 아니라 하나의 과정(process, Prozeß)이다. 평화는 실현되어가는 과정이다.[46] 평화는 인권이 보장되고 인간이 인간답게 사는 정치적 민주화, 경제적인 사회정의의 실현, 문화적 소외감의 극복, 자연과의 화해와 조화(자연의 인간화, 인간의 자연화), 하나님 나라를 지향하는 교회에서 구체화된다.[47] 오늘 교회는 평화교회가 되어야 한다. 그리스도인은 평화를 증언하고 평화를 만드는 자가 되어야 한다. 한국 기독교인은 한반도의 불평화의 구조를 만들어내는 분단을 극복하도록 '통일'을 위해 헌신해야 한다. 평화를 위하여 일하는 사람만이 하나님의 아들이 될 것이기 때문이다.(마 5:9) 오늘에 있어서 기독교인에게 평화는 본회퍼의 말대로 하나님의 계명이요, 그리스도의 현존이며, 명령이다.[48] 뿐만 아니라 신앙고백의 상황(status confessionis) 속의 신앙고백의 문제이다. 즉, 기독교 복음의 핵심

---

46) Vgl., Aktion Sühnezlichen/Friedensdienste(Hg.). Christen in Streit um den Frieden. Beiträage zu einer neuen Friedensethik ; Positionen und Dokumente, p.29.

47) Vgl. J. Moltmann, "Gottesherrschaft im Himmel oder anf Erden", in : EK 8/89 p.13f.

48) D. Bonhoeffer. Gesammelte Schriften, Bd I. 218.

을 평화로 보지 않으면 예수 그리스도에 대한 신앙고백을 제대로 하지 않는 것이다.[49] 평화를 위하여 일하지 않는 기독교인은 사도신경과 주기도문을 외울 자격도 없을 것이다. 기독교인의 오늘의 책임소재는 평화실천을 위하여 평화의 사도가 되는 것이다.

거짓 평화(pax romana, pax americana)가 아닌 참된 평화(pax christi)를 위한 평화의 사도가 되는 것이다. 그 평화는 정의로운 평화이다. 이러한 의미에서 바이체커의 명제는 새겨볼 만하다.

> "평화 없이 정의 없고, 정의 없이 평화 없다. 정의 없이 자유 없고, 자유 없이 정의 없다. 인간들 사이에 평화 없이 자연과의 평화 없고, 자연과의 평화 없이 인간들 사이에 평화 없다."[50]

평화를 실현하는 것이 기독교인과 교회에 맡겨진 책임인 동시에 윤리적 목표요, 그리스도의 명령이며, 계명이다.[51]

---

49) 신앙고백의 상황(status confessionis) 이란 독일에서 핵무기를 인정할 것인가 아니 할것인가 놓고 논쟁하는 중에 핵무기를 인정하는 것은 신앙고백을 제대로 하는 것이 아니라고 하는 데서 유래한 말이다.

50) C. F. von Weizsäcker, Die Zeit drängt. Eine Weltversammlung der Christen für Gerechtigkeit, Frieden und die Bewahrung der Schöpfung, München,p.115f,p.25, p.29, p.46, p.49, p.51.

51) Vgl., Yu, Suk-Sung, Christologishe Grundentscheidungen bei Dietrich Bonhoeffer, p.185.

# 제6장 평화와 복음의 기쁨

## 서론

평화는 인간의 삶의 조건(Lebensbedingung)이다.[1] 또한 평화는 인간이 인간답게 살고 인류의 생존을 위한 기본 조건이 되기도 한다. 오늘날 핵무기의 위협, 생태계의 위기, 인종분규와 종교 간의 갈등과 이로 인한 전쟁, 빈곤과 기아, 성차별과 인권침해, 경제적 불평등의 상황에서 오직 평화만이 인간다운 삶을 가능하게 하는 전제 조건이 된다. 따라서 미래 인류의 생존을 위해서라도 우리가 사는 세상의 평화 유지는 참으로 중요하다.

기독교의 복음은 평화의 복음이다. 예수 그리스도 자신이 평화였

---

1) C. F. von Weizsäcker, *Der ungesicherte Friede*, Göttingen: Vandenoeck & Ruprecht, 1969, p.10.

다. 그렇기 때문에 교회는 평화수립 공동체요, 그리스도인은 평화를 이루어야 하는 사명이 있다.

그래서 본고에서는 기독교 평화의 개념과 성서적 평화의 이해, 프란치스코 교황의 세계 복음 선포에 관한 권고인 「복음의 기쁨」에서 말하는 평화에 관해 살펴보고자 한다.

## 1. 현대의 평화 연구의 발단과 전개 [2]

"전쟁을 없애기 위한 전쟁"이라고 불리었던 제1차 세계대전 (1914~1918) 이후 미국 시카고대학 라이트(Q. Wright)를 중심으로 1926년부터 약 10년간 이루어진 전쟁의 원인과 평화의 조건에 관한 연구에서 현대 평화 연구는 시작된다. [3]

제2차 세계대전(1939~1945) 이후 1956년 미시건대학에 분쟁해결 연구센터가 설립되고, 1957년 전쟁과 평화에 대한 최초의 전문 학술지인 「분쟁해결」(Journal of Conflict Resolution)이 창간되었다. 제2차 세계대전 이후 핵전쟁의 위험 속에서 평화 연구는 "전쟁의 회피"에 초점을 맞추었다. 인류는 제2차 세계대전 중 아우슈비츠의 대학살 (Holocaust)과 히로시마와 나가사키에 투하된 원자폭탄의 참사를 경험한 후 평화의 중요성을 인식하였고, 그렇기 때문에 핵전쟁을 피하는 반전, 반핵연구를 하게 된 것이다. 그후 평화운동은 자연 환경의

---

2) 평화 연구에 관하여 다음 문헌을 참조: Bernhard Moltmann(hg.), *Perspektiven der Friedens-forschung, Baden-Baden: Nomos Verlaggesellschaft, 1988.*

3) Q. Wright, *A Study of War, Chicago: University of Chicago Press, 1965.*

오염에 따른 생태계의 위기를 겪으면서, 점차 환경운동으로 그 영향력을 확대하기 시작했다.[4]

평화 연구(Peace Research, Friedensforschung)는 평화학(Irenologie, Irenology, Peace Studies)이라는 학문으로까지 발전되었다.[5] 평화학은 전쟁의 원인과 평화의 조건에 관한 체계적인 연구와 교육을 포함하는 학제적 영역(interdisciplinary field)으로,[6] 그 대상은 정치학(국제 관계론), 사회학(갈등 연구), 심리학, 역사학, 철학, 신학, 자연과학 등을 연구한다.

평화에 관한 체계적인 저술을 한 이로 칸트(I. Kant)를 들 수 있다. 칸트는 1795년 영구평화론인 「영원한 평화를 위하여」(Zum ewigen Frieden)라는 논문을 썼다.[7] 제1차 세계대전 이후 설립된 국제연맹(League of Nation)은 영구평화라는 칸트의 구상을 현실화한 것이라고 할 수 있다.

1969년 노르웨이의 요한 갈퉁(Johan Galtung)이 평화개념을 소극적 평화(negative peace)와 적극적 평화(positive peace)로 구분하였다. 갈퉁은 적극적 평화의 개념에 구조적 폭력의 문제를 도입하였다.[8]

1980년 이후에는 현대 평화문제를 해결하기 위해서 동서양의 평

---

4) Martin Honecker, "Die Diskussion um den Frieden 1980~1983", in *Theologische Rundschau, 1984.*

5) Bernhard Moltmann, *Perspektiven der Friedensforschung, p.20.*

6) 김명섭, "평화학의 현황과 전망", 『21세기 평화학』, 하영선 편(풀빛: 2002), p.129.

7) Immanuel Kant, *Zum ewigen Frieden, Ein philosophiescher Entwurf, Wilhelm Weischedel(hg.), Werksausgabe(Suhrkamp taschebuch 192), pp.195~251.*

8) Johan Galtung, "Violence, Peace, and Peace Research", *Journal of Peace Research 6 (3), 1969, 167~191; M. Evangelista(ed.), Peace Studies, vol.1., London: Taylor & Francis 2005, p.28. Johan Galtung, Strukturelle Gewalt, Beiträge zur Friedens- und Konfliktforschung, p.32.*

화사상을 아우르는 새로운 방향을 추구하였다.[9]

교회에서는 1963년 교황 요한 23세가 회칙 「지상의 평화」(Pacem in Terris)를 반포하여, 전 세계에 평화에 대한 관심을 불러일으켰고 더불어 평화에 대한 새로운 방향과 가톨릭의 평화관을 확립하였다.[10]

개신교에서는 세계개혁교회연맹과 독일개신교연맹(EKD)에서 백서를 발간하였으며 1970년대부터 산상설교와 연관시켜 평화에 관한 활발한 연구가 진행되었다.[11] 1990년 3월 서울에서 세계교회협의회가 주최하는 "정의, 평화, 창조 질서의 보전"(Justice, Peace and Integrity of Creation) 대회가 열렸고,[12] 2013년 10월에는 대한민국 부산에서 세계교회협의회 제10차 총회가 열렸다. 주제는 「생명의 하나님 우리를 정의와 평화로 이끄소서」(God of Life, Lead Us to Justice and Peace)였다. 개신교에서도 정의와 평화를 주제로 교회 운동을 펼쳐 나가고 있다.

## 2. 평화의 개념

---

9) 하영선, 『전쟁과 평화, 군사적 긴장의 구조』, 청계연구소, 1989, 205쪽; 그리스도교교철학연구소 편, 『현대사회와 평화』(서광사: 1991), pp.193~211, 각주 23, 24 참조.

10) Pope John XXIII(교황 요한 23세), 『지상의 평화』(Pacem in Terris), 정규만 옮김, 성바오로출판사, 1963. 회칙 『지상의 평화』는 "진리, 정의, 사랑, 자유에 의거한 모든 국민의 평화에 대하여"라는 부제가 붙어 있다. 『지상의 평화』는 정치적 평화를 포함하면서, 근원적으로는 그리스도의 평화를 기초로 세계 평화의 확립과 유지라는 중대한 과제를 포괄적으로 주제화한 최초의 회칙이다.

11) Cf. Das Bekenntnis zu Jesus Christus und die Fredensverantwortung der Kirche. Eine Erklärung des Moderamens des Reformierten Bundes, Gütersloh, 1982.

12) 세계교회연맹 편, "정의, 평화, 창조 질서의 보전", WARC 서울대회보고서, 1990.

## 1) 일반적 평화개념

평화는 일반적으로 전쟁이나 갈등이 없는 평화롭고 평온한 상태를 의미한다. 그러나 현대 평화론에서 평화의 개념을 정의할 때 더 구체적으로 분류하여 소극적 평화와 적극적 평화로 나눈다. 소극적 평화는 전쟁의 부재(Abwesenheit von Krieg), 곧 전쟁이 없는 상태이다. 더 나아가 폭력, 궁핍, 불안, 억압이 없는 상태를 말한다. 소극적 평화 개념에서는 동서의 핵 위협 체계가 평화를 지켜 주었다고 여기며, 휴전상태를 평화상태로 혼동하게 된다. 하지만 전쟁의 부재 상태만으로는 전쟁의 재발을 방지할 수 없고, 폭력의 방지만을 의미하는 소극적 평화는 정의롭지 못한 현상(status quo)을 고착시킬 수 있다. 사실상 소극적 평화개념만으로는 평화 실현이 불충분하다.

적극적 평화개념은 정의(正義)의 현존(Anwesenheit von Gerechtigkeit), 사회정의가 행해지고 있는 상태를 말한다. 다시 말하면 평화는 삶을 위한 능력과 수단이 균등하게 분배되어 사회정의가 실현되는 상태이다. 노르웨이의 평화학자 요한 갈퉁은 평화개념에 폭력개념을 도입하여 구조적 폭력(structural violence)이 없는 상태를 적극적 평화라고 하였다.

갈퉁은 소극적 평화는 개인적 폭력의 부재(absence of personal violen-ce)로 보았고, 적극적 평화에 대해서는 사회적 불의(social injustice)를 의미하는 구조적 폭력의 부재(absence of structural justice)와 사회정의

(social justice)로 보았다.[13]

구조적 폭력은 정치적 억압과 경제적 착취를 야기하는 사회 구조에 의한 폭력을 말한다. 그것은 기아, 빈곤, 의료시설 부족, 인종차별, 무질서, 환경오염, 성차별, 국제난민, 종교갈등, 인종분규 등을 포괄한다. 구조적 폭력은 사람을 총으로 쏘는 것과 같은 직접적인 행동이 아니라 사회적 관계의 구조에서 나오는 것이다. 구조적 폭력이 전쟁이나 기타 직접적인 정치적 폭력보다 더 많은 사람들을 죽이고 해친다. 적극적 평화는 사회적 관계의 구조적 변혁을 추구하기 때문에 사회의 구조적 폭력이나 전쟁의 원인들을 제거하고자 한다.[14] 그래서 적극적 평화의 요소가 작용하지 않으면 소극적 평화는 달성될 수 없다.

기독교적 평화는 평화의 소극적·적극적 개념을 연결시키면서 정의(正義)를 강조하며, 이를 통해 적극적 개념을 우선시하는 정의로운 평화(just peace)다.[15] 사회정의가 실현되는 곳에 하나님의 평화가 있다. 정의가 평화를 창조한다.

2) 성서의 평화개념

평화는 하나님의 선물과 약속이며 그리스도 자신이 평화이고, 그

---

13) Johan Galtung, "Violence, Peace, and Peace Research", p.27. Johan Galtung, *Peace by peaceful Means. Peace and Conflict, Development and Civilization, London: Sage, 1996. pp.2ff.*

14) Jashua S. Goldstein, *International Relation, New York: Longman,* 42001 『국제 관계의 이해』, 김연각 외 옮김 ( 인간사랑: 2003), p.180.

15) TRE, Bd.11, 599~613.

리스도인이 실천해야 할 과제이다. 평화는 하나님이 이 세상에 주는 구원의 구체적 선물이며 사랑과 정의가 실현되는 모습이다.

평화라는 말은 구약에는 히브리어로 샬롬(schalom), 신약에서 희랍어로 에이레네(eirene)이다. 샬롬(Schalom)이라는 말은 포괄적인 내용을 함축하고 있으며, '완전하게 하다', '온전하게 하다', '안전하게 하다', '완성시키다' 등의 여러 의미를 지닌 샬렘(schalem)으로부터 파생되었다. 샬롬의 기본적 의미는 완전성, 총체성, 온전함, 안전함, 조화를 이룬 완전함 등을 의미한다. 그러나 샬롬이 가진 뜻은 구약학자의 견해에 의하며 건강, 질서, 온전함, 정의, 조화, 안정, 구원 복지 등의 다양하고 포괄적인 의미가 담겨져 있다.[16] 그러므로 샬롬을 우리말의 '평화'(平和), 독일어의 'Frieden', 영어의 'peace', 라틴어의 'pax'와 단순히 일치시킬 수 없다.

샬롬은 인간, 민족, 가족, 공동체 등이 손상되지 않고 온전하고 완전하며 안전하게 존재하는 것을 뜻한다. 그러므로 구약성서의 평화 사상을 살펴보면 다음과 같다.

첫째, 샬롬은 하나님이 주는 선물이다. 하나님이 평화의 근원이다. 하나님이 샬롬을 주며 완성한다.(삿6:24; 시 29 :11)

둘째, 평화는 정의와 연결되어 있다. 즉, 정의로운 평화이다.[17] 시편기자는 정의와 평화가 서로 입을 맞춘다는 시적 형식으로 말함으

---

16) Claus Westermann, "Der Frieden(shalom) im Alten Testament", in *Studien zur Friedensforschung, G. Picht / H. E. Tödt(hgs.), Stuttgart: Klett, 1969, pp.144~177. E. Jenni / C. Westermann, Theologisches Handwörterbuch zum Alten Testament, Bd.II, München / Zürich, 1984, pp.922~935.*

17) TRE, Bd.11, pp.599~613.

로써(시 85:10) 정의와 평화가 서로 밀접하게 연관되어 있음을 말한
다. 평화는 정의의 결과이다.(사 32 :17)

셋째, 구약의 평화사상은 미래지향적 기다림이며, 메시아적인 기
다림은 평화에 대한 종말론적 희망이다.(사 2:2~4; 미 4:1~3)

신약성서에서 평화라는 말은 에이레네(eirene)라는 말로 사용되었
다. 이 말은 본래 세속 그리스어로 전쟁의 반대 상태 내지 종식을 뜻
한다. 에이레네는 전쟁이 완전히 배제된 안정된 상태를 말한다.

샬롬이 완전하고 총체적인 안녕과 평화를 의미한다면, 에이레네
는 전쟁이 없는 상태와 그 시기, 팍스(pax)는 상호 간의 협정과 수용
에 바탕을 둔 확실성을 의미한다.[18)

기독교의 복음은 평화의 복음(엡 6:15)이다. 예수 그리스도 자신이
평화이며,(엡 2:4) 평화의 왕으로서 이 세상에 성육신했다.(히 7:2)

신약성서의 평화는 화해와 연관된다. 그리스도는 화해의 사건이
다.(엡 2:14) 그리스도는 하나님과 세상, 하나님과 인간의 막힌 담을
헐고 평화를 가져오신 분이다. 예수 그리스도를 통해서 인간은 하나
님과의 평화를 누리게 되었다.(롬 5:1) 여기서 주목할 것은 신약성서
에서 약속한 평화는 하나님의 구원의 은사이며, 인간의 종말론적 구
원을 의미한다. 그리스도의 평화는 새로운 세계, 새 하늘과 새 땅에
대한 희망이다.[19)(계 21:1~4)

예수 그리스도는 평화를 이룰 실천 사명을 우리에게 주었다.

---

18) P. Rossano et al., *Nuovo Dizionario di Teologia Biblica*(『새로운 성경신학사전』, 3, 임승필
외 옮김 (바오로딸: 2011), p.2327.
19) RGG Bd.2, p.1134, TRE Bd.11, p.636.

예수 그리스도는 그리스도인들에게 '평화를 만드는 자들'이 되라고 말씀하셨다. "화평하게 하는 자는 복이 있나니 그들이 하나님의 아들이라 일컬음을 받을 것임이요."(마 5:9) 이 말씀처럼 하나님의 자녀는 평화를 이루는 사람이 되어야 한다.

또한 이 말씀은 예수님의 산상수훈(마 5장~7장)의 설교 중 말씀하신 팔복(八福) 가운데 일곱 번째 복의 말씀이다. 팔복은 심령이 가난한 자, 애통한 자, 온유한 자, 의에 주리고 목마른 자, 긍휼히 여기는 자, 마음이 청결한 자, 화평하게 하는 자, 의를 위하여 박해를 받은 자가 복을 받을 것임을 말하고 있다.

여기서 '화평하게 하는 자'의 원문은 '에이레노포이오이'(eirēvopo-ioi)로서 원래의 뜻은 '평화를 만드는 사람들' '평화를 이루는 사람들'의 뜻이다. 이 말은 평화를 지키는 사람들(peacekeepers)의 수준을 넘어 평화를 만드는 사람들(peacemakers)이 되라는 것이다.

## 3. 평화주의와 정의로운 전쟁론

기독교는 역사상 전쟁과 평화에 대한 세 가지 태도를 보였다. 그것은 평화주의(pacifism), 정의로운 전쟁론(just war theory), 십자군 전쟁(the crusade) 같은 성전론(holy war theory)이다.[20] 초대교회에서는 콘스탄틴 시대까지는 평화주의를 말하였고 기독교가 로마의 국교가 된 이

---

20) Ronald H. Bainton, *Christian Attitudes Toward War and Peace. A Historical Survey and Critical Re-evaluation, Nashville, 1990, p.14* .(『전쟁 평화 기독교』, 채수일 옮김( 대한기독교서회: 1981), p.12).

후 지금까지 정의로운 전쟁론이 주류를 이루었으며 중세의 십자군 전쟁 시에는 성전론적 요소가 강조되기도 하였다.

세계와의 관계 속에서 평화주의는 일반적으로 세계를 단념하였고, 사회 활동이나 정치적 활동, 특히 전쟁과의 관계를 끊었다. 정의로운 전쟁론을 주장하는 사람들은 악의 세력이 국가의 강압적인 권력에 의해 제어될 수 있다는 입장을 취해 왔다. 그러므로 교회는 악의 세력을 제어하기 위하여 노력하는 국가를 지지해야 하며, 시민으로서 개별적인 그리스도인들은 국가의 후원하에 투쟁을 하여야 한다는 것이다. 십자군 이념은 일종의 신 중심적 입장을 취한다. 즉, 교회는 소수일지라도 그 의지를 완고한 이 세상에 부여해야 한다. 평화주의는 흔히 이 세상으로부터의 벗어남과 관련되어 있고 정의로운 전쟁론은 제한된 참여와 관련되어 있으며, 십자군은 교회의 세계 지배와 관련되어 있다.[21]

기독교 2000년의 역사는 아우구스티누스, 토마스 아퀴나스, 루터, 칼빈 등의 지지를 받은 정의로운 전쟁론의 큰 흐름으로 내려왔다. 그러나 일부에서 평화주의가 메노나이트, 퀘이커, 20세기의 톨스토이, 간디, 마르틴 루터 킹 등에 의해서 주장되었고, 핵시대를 맞아 평화주의는 그 가치의 중요성이 더 빛나게 되었다.[22] 이를 정리하면 다음과 같다.

---

21) Ronald H. Bainton(베이튼),『전쟁 평화 기독교』, 13쪽.
22) 철학연구회,『정의로운 전쟁은 가능한가』(철학과현실사: 2006). Michael Walzer, *Just and Unjust Wars: A Moral Argument With Historical Illustrations, New York: Basic Books, 1977.*

첫째, 평화주의(pacifism)는 폭력 사용과 전쟁 참여를 반대하는 입장이다. 평화주의(pacifism)는 라틴어 '평화'(pax, peace)와 '만들다'(facere, to make)에서 파생된 말이다. 이 말은 예수의 산상설교 중 "평화를 이루는 사람들은 복이 있다"(Blessed are the peacemakers)(마 5:9)는 구절과 연관되어 형성되었다.

평화주의는, 예수의 삶과 가르침을 따르는 그리스도인들이 폭력과 전쟁을 받아들여서는 안 된다고 보는 입장이다. 그래서 예수의 가르침 중에서 "악한 자를 대적하지 말라. 누구든지 네 오른편 뺨을 치거든 왼편도 돌려대라"(마 5:39), "칼을 가지는 자는 다 칼로 망하느니라"(마 26:52)는 말씀을 중요시 여겼다.

초대교회의 터툴리아누스, 오리게네스, 메노나이트, 퀘이커, 톨스토이, 간디, 마틴 루터 킹, 신학자로는 존 하워드 요더(John Howard Yoder)들이 이 입장에 서 있다. 평화주의는 예수의 가르침에 따라 인간의 존엄성을 해치는 폭력 행사를 반대하고, 전쟁을 반대한다.

둘째, 정의로운 전쟁론(Just War Theory)은 정의와 평화를 이루는 데 전쟁이 불가피하다면 전쟁을 하는 것이 정당하다는 주장이다. 정의로운 전쟁론은 정당한 전쟁론이라고도 한다. 정의로운 전쟁론은 전쟁을 옹호하는 전쟁론이 아니다.

기독교가 로마의 콘스탄틴 치하에서 공인되고 국교로 된 후 4~5세기 이민족의 침입을 받으면서 기독교인이 죄의식 없이 전쟁에 참여할 수 있는가라는 물음에 답을 얻는 것이 정의로운 전쟁론이다. 정의로운 전쟁론의 목적은 평화의 회복과 정의의 수호에 있다. 이 정의로운 전쟁론은 아우구스티누스가 정립하였는데, 아우구스티누스는 정의의 편에 서서 정당한 명분을 가지고 평화를 정착시키기 위해 전쟁에 참여한다면 용인될 수 있다고 하였다. 아우구스티누스는 때로는 칼과 전쟁이 죄를 억제하고 평화를 회복하는 수단이 된다고 보았고, 고통과 사람과 평화를 회복하기 위한 의도라면 전쟁은 때로는 정당할 수 있다고 주장하였다.[23) 대신 전쟁의 동기는 기독교적 사랑이어야 한다.

아우구스티누스는 정의로운 전쟁의 조건으로 정당한 명분(just cause)과 정당한 의도(just intention)를 말함으로써 오늘날 정의로운 전쟁의 조건으로 내세우는 이론적 토대를 마련하였다. 정의로운 전쟁론은 아우구스티누스(Augustinus, 354~430)와 토마스 아퀴나스(Thomas Aquinas, 1225~1275), 루터, 칼빈, 현대의 라인홀드 니버, 폴 램지(Paul Ramsey)가 주장하였다.

전쟁의 정당성의 조건으로 정당한 명분(just cause)인 전쟁 개시의 정당성(jus ad bellum, justice toward war)과 정당한 수단(just means)인 전쟁 수행의 정당성(jus in bello, justice in war) 그리고 전쟁 종결의 정당성인 전쟁 후의 정당성(jus post bellum, justice after war)이 있다.

전쟁개시의 정당성(jus ad bellum)은 전쟁에 나가는 것을 정당화하는 조건이며, 6가지의 조건을 충족해야 한다[24):

① 정당한 명분(just cause)이다. 전쟁을 개시하기 위해서는 정당한

---

23) 신원하, 『전쟁과 정치』( 대한기독교서회 : 2003), p.139.

24) 박정순, "마이크 왈쯔의 정의론", 『정의로운 전쟁은 가능한가』, 철학연구회 편, pp.135~136 황경식, "전쟁과 평화 그리고 정의", 『정의로운 전쟁은 가능한가』, 철학연구회 편, 12~13쪽; 신원하, 『시대의 분별과 선택』, SCF, 2004, pp.115~116 Martin Hoenecker, *Grundriß der Sozialethik, Berlin: Walter de Gruyter, 1995, pp.411~416.*

이유를 가져야 한다. 전쟁이 도덕적으로 정당화되는 것은 침략으로부터의 방어, 방어를 돕기 위한 개입, 침략으로 강탈된 영토의 회복, 안건의 존엄성 보호를 위한 인도주의적인 개입 등이 있다.

② 정당한 의도(right intention)로서 전쟁의 동기 목표가 합당해야 한다. 전쟁의 목적은 보복이나 상대방의 파멸에 있는 것이 아니라 잃어버린 평화를 찾고 정의를 다시 세우는 것이 되어야 한다.

③ 합법적 권위에 의한 공개적 포고(public declaration by a legitimate authority)로서 주권국가의 최고의 통치자가 적법한 절차를 거쳐 자국민들 및 적국에 대한 공개적 선언으로 포고되어야 한다.

④ 최후의 수단(last resort)으로서 전쟁을 피하기 위하여 외교적 노력과 협상 그리고 국제적 제재와 협력을 통해 최선의 노력을 강구한 다음 평화를 회복할 수 없을 때에 마지막 수단으로 전쟁을 하는 것이다.

⑤ 승리의 가능성(probability of success)으로서 전쟁을 하는 의도와 목표가 그 이전의 평화로운 상태를 회복하거나 더욱 안정적인 상태를 만들고자 하는 것이기 때문에 승리의 가능성이 있어야 한다. 즉, 전쟁을 통해 의도하는 목적을 성공적으로 성취할 수 있는 가능성이 분명해야 한다.

⑥ 비례성(proportionality)으로서 전쟁을 수행하는 데 드는 비용과 손실이 그 전쟁의 이득과 보상에 대해 균형적인 비례를 이루어야 된다.

전쟁수행의 정당성(jus in bello)은 전쟁수행 과정에서 정당화할 수 있는 조건이다. 공격은 제한된 목표에 한정되어야 하고, 공격을 당한 피해에 비례해서 가해져야 하며 민간인들은 공격에서 철저히 배제하여야 한다. 전쟁종결의 정의는 처벌의 범위 및 전쟁 이후의 복구배상, 철수, 강화조약, 비무장, 무기통제, 전범재판, 외부적 조정, 정권 조정 혹은 체제전복, 침략국의 영토에 대한 한시적 점령 등을 다루는 것이다.

셋째, 성전론(聖戰論, Holy War Theory)은 종교적 이상을 실현하기 위한 거룩한 수단으로 전쟁을 하는 것이다. 기독교에서는 구약에서 하나님 이름으로 수행된 전쟁을 신학적 근거로 삼는다. 성전론자들에게 전쟁은 하나님의 뜻을 행하는 거룩한 수단이다. 거룩한 전쟁론의 대표적인 예로 십자군 전쟁을 들 수 있다. 현대에 와서도 이슬람권에서 성전론에 입각하여 성전을 선포하기도 하였다.

기독교에서 평화를 바라보는 두 가지 견해는 평화주의와 정의로운 전쟁론이다. 이 두 진영에서 전쟁 그 자체는 악한 것으로 공통적으로 보고 있으며, 차이점이라면 평화주의자들은 전쟁을 피하는 것이 도덕적 의무라고 주장하는 반면, 정의로운 전쟁론자들은 조건적이라고 생각한다는 점이다. 그러나 핵시대를 맞아 핵전쟁과 핵무기를 사용하는 것은 결코 정당화될 수 없다는 인식에 평화주의자와 정의로운 전쟁론자들 모두 의견을 같이한다. 이러한 입장을 핵평화주의(nuclear pacifism)라고 하며, 어떻게 해서든지 핵무기 사용을 막아야 한다는 입장이다. 핵평화주의는 평화주의와 정의로운 전쟁론이 절

충된 방법이며 이것은 변형된 정의로운 전쟁론이라고 할 수 있다.[25]

## 4. 평화와 비폭력저항

평화를 논의할 때 평화와 전쟁문제 외에 논의되는 문제가 평화와
폭력의 문제다.

기독교에서는 원칙적으로 성경 말씀 특히 예수의 산상설교(마태
5,38~42)을 기초로 하여 비폭력을 주장한다. 이 말씀은 예수의 다섯
번째 대립명제(Antithese)인 보복하지 말 것(마태 5:38~42)과 여섯 번째
반명제인 원수사랑에 관한 말씀(마 5:43~48)이다.[26] 보복하지 말라는
말씀을 통해, 폭력에서 자유로워지는 비폭력으로 폭력 극복의 길을
찾을 수 있다. 원수사랑의 말씀에서 우리는 적대감의 극복과 원수
에 대한 책임을 통해 평화를 이루어가는 진리를 발견할 수 있다.[27]

결국 비폭력문제는 비폭력무저항인가, 아니면 비폭력저항인가 하
는 문제이다. 문자 그대로 비폭력을 지키며 무저항을 주장하는 톨스
토이 같은 사람이 있고, 비폭력저항을 주장하는 간디나 마르틴 루터

---

25) 신원하, 『전쟁과 정치』, pp.151~152.

26) U. Luz, *Das Evangelium nach Matthäus, EKK 1/1, Zürich / Neukirchen: Neu Kirchner Verlag, 1985. G. Strecker, Die Bergpredigt, Göttingen: Vandenhoeck&Ruprecht, 1984. H. Weder, Die "Rede der Reden", Zürich: Theologischer Verlag, 1985. G. Lohfink, Wem gilt die Bergpredigt? Beiträge zu einer christlichen Ethik, Freiburg: Herder, 1988, pp.42~45*(『산상설교는 누구에게? 그리스도 윤리를 위하여』, 정한교 옮김( 분도출판사: 1990, pp.63~67). D. Bonhoeffer, Nachfolge, München: Chr. Kaiser, 1967; 정양모, 『마태오 복음 이야기』( 성서와 함께: 1999), pp.69~73.

27) J. Moltmann(몰트만), *Der Weg Jesu Christi, Christologie in messianischen Dimensionen, München: Kaiser Verlag, 1989, pp.148~157*(『예수 그리스도의 길』 김균진·김명용 옮김 (대한기독교서회: 1989), pp.189~201.

킹 같은 사람이 있다. 또한 최후 수단으로 폭력을 인정하는 해방신학자들이 있다. 이는 끝까지 폭력을 쓰지 않는 비폭력저항과 폭력 사용을 최후의 마지막 수단(ultima ratio)으로 허용될 수 있는가 하는 문제로 나눌 수 있다.

예수의 비폭력은 비폭력저항이다. 예수는 "악한 자를 대적하지 말라 누구든지 네 오른 뺨을 치거든 왼편도 돌려대라"(마 5:39) 하시며 보복하지 말라고 하셨다. "악한 자를 대적하지 말라"의 "대적한다"의 성서 원문 그리스어 안티스테나이(antistēnai)는 일반적으로 인명살상의 가능성이 있는 소요 사태나 무장혁명을 가리킨다. 안티스테나이는 '폭력적으로 저항하다', '폭동을 일으키다', '저항하여 봉기하다'라는 뜻이다.[28] 여기 마태복음 5:39에서는 "힘으로 저항한다"(to resist forcibly)는 뜻으로 사용되었다.[29] 따라서 "악한 자를 대적하지 말라"는 "악에 대해(혹은, 너에게 악을 행한 사람에 대해) 똑같은 식으로 맞받아 치지 말아라"는 의미이다. 예수의 말씀은 악에 저항하려는 의지를 꺾어버리고 굴종하도록 권고하는 말씀이 아니라 악에 대항하는 수단에 관한 말씀이다.

악에 대한 일반적 대응 방법으로 윙크는 수동적 태도로 도피(flight)하는 것, 폭력적 대항으로 싸움(fight)하는 것이 있다고 보았다. 윙크는 예수의 방법은 제3의 길인 전투적 비폭력(militant nonviolence)

---

28) Walter Wink, *Engaging the Powers, Minnepolis: Fortress, 1992, p.185*(『사탄의 체제와 비폭력』( 한성수 옮김: 한국기독교연구소) , 1992, p.293.

29) Walter Wink, *Jesus and Nonviolence. A Third Way, Minneapolis, 2003, pp.11. 107*(『예수와 비폭력 혁명. 제3의길』 김준우 옮김( 한국기독교연구소 : 2003) p.29, p.111 .

이라고 하여 이 말씀을 비폭력저항으로 해석하였다.[30]

마태복음 5,39은 그동안 폭력의 포기처럼 해석하기도 하였지만 이것은 폭력의 포기가 아니라 폭력으로부터 자유로운 것(Gewaltfreiheit)이다. 어떠한 저항도 할 수 없는 무력함 때문에 폭력을 사용하지 않는 것은 비겁한 굴복이며 참된 비폭력의 정신이 아니다.[31] 폭력을 사용할 수 있음에도 불구하고 사용하지 않고 비폭력을 행사하는 것이 폭력으로부터 자유로운 것이다. "예수의 폭력으로부터의 자유는 탈정치화를 의미하지 않으며 권력에 대한 포기를 의미하지도 않는다."[32] 불의(不義)한 권력 행사에 대하여는 저항의 의무가 발생되는 것이다.

폭력의 극복 방법으로 다음의 두 가지를 고려할 수 있다. 첫째, 권력의 행사를 법과 결부시키고 둘째, 폭력의 통치권을 거절하고 이 통치권과 모든 협력을 거부하면서 형성하는 국민의 연대감(Solidarität)을 갖도록 하는 것이다.[33] 그러나 여기에서 문제가 되는 것은 절대적 평화주의나 비폭력무저항주의는 독일 히틀러의 나치정권에서 학살된 6백만 유태인의 비극을 가져올 수 있다. 그래서 구조적 폭력을 제거하기 위해 불가피하게 사용되는 마지막 수단(ultima ratio)으로서의 정당화된 폭력 사용을 주장하기도 한다. 이때에도 비폭력저항의

---

30) Walter Wink(윙크),『예수와 비폭력 혁명. 제3의 길』, pp.27~30.

31) W. Huber / H-R. Reuter, *Friedensethik, Stuttgart: Kohlhammer, 1990, p.124.*

32) J. Moltmann(몰트만),『예수 그리스도의 길』, 김균진·김명용 옮김(대한기독교서회: 1989), p.191. U. Luz, *Das Evangelium nach Matthäus, pp.290ff; G. Strecker, Die Bergpredigt, Göttingen, pp.85ff; G. Lohfink, Wem gilt die Bergpredigt?, pp.42ff.*

33) J. Moltmann, *Der Weg Jesu Christi, p.151.*

정신에서 폭력의 최소화가 되도록 하여야 할 것이다.

폭력이 가장 강하게 대립하는 것은 폭력이 없는 상태가 아니라 정의(正義)이다. 폭력은 정의실현을 위해서만 정당화될 수 있다.[34]

예수에 의하면 평화에 이르는 길은 적대감을 극복하고 원수를 사랑하는 것이다.(마 5:43~48) 원수사랑은 가장 완전한 이웃사랑 형태이며 가장 완전한 정의의 형태로서 이 땅위에 항구적 평화를 정착시키는 지름길이다. 원수사랑은 결코 원수에게 굴복하는 것이 아니라 적대감을 창조적이고 지혜롭게 극복하는 것이다.

비폭력은 사랑을 적극적으로 표현한 것이다. "비폭력의 중심은 사랑의 원칙 위에 서 있다."[35] 평화를 실현하는 길은 예수의 원수사랑(마 5:43~48)을 실천하여 적대감을 극복하는 길이다. 개인적 생활에서 원수사랑의 계명을 실천하는 일은 참으로 어려운 일이다. 핵시대를 맞아 이 원수사랑의 계명은 인류 공동체가 지속할 수 있는 정치적으로 합리적인 길이 될 것이다. 핵시대는 핵무기로 원수만 선택하여 죽일 수 없다. 핵무기로 원수를 죽이고자 하면 적과 함께 죽게 될 것이다.

인류가 살 수 있는 길은 적대감을 극복하고 인류 공동의 안전과 항구적 발전을 위한 책임을 떠맡음으로써 평화를 정착시키는 것이다. 원수사랑은 핵시대에 인류가 생존할 수 있는 평화의 정치를 만들 수 있다.[36]

---

34) O.Höffe(hg.), *Lexikon der Ethik, 5. Auf, München: Beck, 1997, p.106.*

35) Martin Luther King Jr., *Stride toward Freedom, New York: Harper&Row, 1958, p.85.*

36) J.Moltmann, *Gerechtigkeit schafft Zukunft, pp.59f. 62.*

몰트만은 핵시대에 산상설교를 가지고서만 생존의 정치가 가능하다고 하였다.[37] 산상설교에서 말하는 보복금지와 원수사랑의 예수의 말씀은 평화의 세계와 평화의 정치를 만들어 낼 수 있는 근거가 될 수 있다. 여기서 원수사랑의 의미는 십자가를 지는 자기희생과 예수의 고난에 동참하는 것을 말한다.[38]

몰트만은 원수사랑의 3단계를 말하고 있다. 첫째, 원수 관계에 있는 사람에게 하늘에 계신 우리 아버지의 같은 자녀라는 형제 의식을 갖는 일. 둘째, 나와 다른 타자를 인식하는 일, 즉 내가 나를 타자 안에서 인식하고, 타자를 내 안에서 인식하는 것이다. 그러면 그 타자가 내가 나를 위해 요구하는 동일한 존엄성과 동일한 인권을 지니고 있다는 것을 깨닫게 된다. 셋째, 원수 관계가 일어나게 된 동기를 인식하는 것이다.[39]

## 5. 「복음의 기쁨」에 나타난 평화

우리는 오는 8월 프란치스코 교황의 방한을 앞두고 있다. 프란치스코 교황은 방한에 앞서 현대 세계 복음 선포에 관한 교황 권고인 「복음의 기쁨」을 선포하였다. 이 장에서는 「복음의 기쁨」에서 말하고 있는 평화에 관해 살펴보고자 한다.

---

37) J.Moltmann, *Gerechtigkeit schafft Zukunft*, p.42.

38) 참조: 유석성,「함석헌의 평화사상-예수. 간디. 함석헌의 비폭력저항」, 제22차 세계철학대회 발표논문(2008.8.), 서울대학교, pp.124~125.

39) J.Moltmann(몰트만), 『사랑과 정의의 하나님, 김균진 옮김( 서울신학대학교, :2014), pp. 80~82.

「복음의 기쁨」에서 기독교 복음을 평화의 복음(에페 6,15)으로 규정하고 새로운 복음화는 평화 자체이신 예수 그리스도를 선포하는(에페 2,14 참조) 것으로 이해하고 있다.[40]

필자의 견해로는 기독교의 평화는 정의로운 평화이며, 주어진 상태가 아니라 실현되어 가는 과정, 소유가 아니라 공동의 길이다. 「복음의 기쁨」에서도 이 세 가지 관점에서 평화를 이해하고 있다.

첫째, 기독교 평화는 정의로운 평화이다. 「복음의 기쁨」에서 기독교의 평화는 정의로운 평화요, 평화의 개념도 소극적 개념인 전쟁의 회피를 넘어 적극적 개념인 정의를 실현하는 것으로 이해하고 있다.[41]

> 평화는 단순히 '힘의 불안한 균형으로 전쟁만 피하는' 것이 아닙니다. '평화는 하나님께서 원하시는 질서, 더욱 완전한 정의를 인간 사이에 꽃피게 하는 질서를 따라 하루하루 노력함으로써만 얻어지는 것입니다.'(「민족들의 발전」, 76항) 결국 모든 이의 온전한 발전의 결실이 아닌 평화는 언젠가 깨지기 마련이고 늘 새로운 분쟁과 온갖 폭력을 낳을 것입니다.[42]

둘째, 평화는 이루어 가는 과정이다. 평화는 사명감과 책임감을 가

---

40) 『복음의 기쁨』, 184항.
41) 『복음의 기쁨』, 173항.
42) 『복음의 기쁨』, 173항.

지고 '평화를 이루어 가는'(마 5:9) 과정이다.[43] 기독교인은 정의와 평화에 봉사할 의무를 가지고 있고 평화는 정의와 사랑의 실천을 통해 이루어진다.[44] 평화는 갈등을 해소하고 일치와 화해를 목표로 하고 있다. 평화는 미래를 약속하는 새로운 통합을 창출하여 온갖 갈등을 극복한다.[45]

셋째, 평화는 인간의 존엄성, 공동선, 사회정의를 이루어 가는 공동의 길이다. 평화는 소유물이 아니라 연대(連帶)와 책임 속에서 함께 만들어 가는 공동의 길이다. 세계화 시대에 편협함과 타성에 빠지지 않고 세계적 차원에 관심을 갖고 정치, 경제, 사회, 문화 각계각층과 대화하면서 인간의 존엄성을 높이고 공동선과 사회정의를 이루어 가는 것이다.[46] 평화를 이루어 가는 사람들이 명심할 것이 있다.

우리는 언제나 함께 길을 걷는 나그네임을 기억하여야 합니다. 이를 위하여, 우리는 어떠한 의심이나 불신도 떨치고 우리의 길동무를 진심으로 신뢰하여야 하고, 우리 모두 찾고 있는 것, 바로 한 분이신 하느님의 얼굴에서 빛나는 평화를 바라보아야 합니다. 다른 이를 신뢰하는 것은 손수 일구어야 하는 것입니다. 평화도 손수 일구어 내야 합니다. 예수님께서는 우리에게 이렇게 말씀하셨습니다. '행복하여라. 평화를 이루는 사람들!'(마태 5:9) 이러한 노력으로 우리들 가

---

43) 『복음의 기쁨』, 173.175항.
44) 『복음의 기쁨』, 173항.
45) 『복음의 기쁨』, 178항.
46) 『복음의 기쁨』, 181.185항 참조.

운데서도 오랜 예언이 이루어집니다. '그들은 칼을 쳐서 보습을 만들리라.'(사 2: 4)[47]


# 결 론


지금까지 논의한 기독교의 평화를 요약하자면 기독교의 평화는 한마디로 정의로운 평화이다. 기독교의 평화는 정의로운 평화이며, 주어진 상태가 아니라 실현되어 가는 과정이고, 소유가 아니라 공동의 길이다.

첫째, 기독교의 평화는 정의로운 평화이다. 사회정의가 실현되는 곳에 하나님의 평화가 있다. 정의와 평화가 서로 밀접하게 연관되어 있고 평화는 정의의 결과이다. 정의가 평화를 창조한다.

둘째, 기독교의 평화는 주어진 상태가 아니라 실현되어 가는 과정(process)이다.[48] 평화는 만들어 가는 것이다. 교회는 평화를 건설해 가는 평화수립의 공동체가 되어야 한다. 그리스도인은 평화를 증언하고 평화를 만드는 자가 되어야 한다. 예수 그리스도는 그리스도인들에게 '평화를 만드는 자들'이 되라고 말씀하셨다.(마 5:9) 평화는 본래 주어진 상태가 아니라 실현되어 가는 과정이기 때문이다.

---

47)『복음의 기쁨』, 187항.
48) Aktion Sühnezeichen / Friedensdienste(hgs.), *Christen in Streit um den Frieden. Beiträge zu einer neuen Friedensethik, Positionen und Dokumente*, p.29.

셋째, 기독교의 평화는 소유가 아니라 공동의 길이다.

평화를 이루는 길은 평화를 소유물로 여기는 것이 아니라 함께 만들어 가는 공동의 길이다. 책임의식과 연대의식을 가지고 함께 사회정의를 실현하고 평화로운 세계를 만들어 가는 것이다. 평화를 만들어 가는 것은 하나님의 계명이며 그리스도의 명령이다.[49]

예수님의 말씀대로 폭력에서 해방되고 적대감을 극복하는 일이며, 전쟁을 준비하지 않고 정의로운 사회와 신뢰의 공동체를 건설하는 것이다. 그러므로 복음의 기쁨은 평화의 복음 속에서 평화를 이루어 가면서 삶의 기쁨을 누리는 일에서 실현된다.

---

49) D.Bonhoeffer, *Gesammelte Schriften, Bd.I, München: Chr. Kaiser, 1978, p.218.*

# 참고 문헌

## 1. 국내 저서

Pope John XXIII(교황 요한 23세), 『지상의 평화』(Pacem in Terris), 정규만 옮김, 성바오로 출판사, 1963.

Pope Francis(교황 프란치스코), 『복음의 기쁨』(Evangelli Gaudium), 한국천주교 주교회의, 한국천주교중앙협의회, 2014.

Bainton, R. H.(베이튼), 『전쟁 평화 기독교』, 채수일 옮김, 대한기독교서회, 1981.

Goldstein, Jashua S.(자슈아 골드스틴), 『국제 관계의 이해』, 김연각 외 옮김, 인간사랑, 2002.

W. Huber, W. / Reuter, H-R(후버 . 로이터), 『평화윤리』, 김윤옥·손규태 옮김, 대한기독교서회, 1997.

Moltmann, J.(몰트만), 『예수 그리스도의 길』, 김균진·김명용 옮김, 대한기독교서회, 1989.

Moltmann, J.(몰트만), 『사랑과 정의의 하나님』, 김균진 옮김, 서울신학대학교, 2014.

Rossano, P., et al.(로싸노 외), 『새로운 성경신학사전』, 3, 임승필 외 옮김, 바오로딸, 2011.

Wink, Walter(월터 윙크), 『예수와 비폭력 혁명. 제3의길』, 김준우 옮김, 한국기독교연구소, 2003.

세계교회연맹 편, "정의, 평화, 창조질서의 보전", WARC 서울대회보고서, 1990.

신원하, 『전쟁과 정치』, 대한기독교서회, 2003.

신원하, 『시대의 분별과 선택』, SCF, 2004.

유석성, 『함석헌의 평화사상 ― 예수·간디·함석헌의 비폭력저항』, 제22차 세계철학대회 발표논문(2008.8.), 서울대학교.

철학연구회, 『정의로운 전쟁은 가능한가』, 철학과 현실사, 2006.

하영선, 『한반도의 전쟁과 평화, 군사적 긴장의 구조』, 청계연구소, 1989.

하영선, "현대의 평화 연구", 『현대사회와 평화』, 그리스도철학연구소 편, 서광사, 1991.
하영선 편, 『21세기 평화학』, 풀빛, 2002.

## 2. 국외 저서

Bainton, R. H., Christian Attitudes Toward War and Peace. A Historical Survey and Critical Re-evaluation, Nashville: Abingdon Press, 1990.

Bonhoeffer, D., Gesammelte Schriften, Bd.I.

Bonhoeffer, D., Nachfolge, Müenchen, 1967.

Coenen, L.(hg.), Tehologisches Begriffslexikon zum Neuen Testament, Bd.I.

Galtung, Johan, "Violence, Peace, and Peace Research", Evangelista, Matthew(ed.), Peace Studies. Critical Concepts in Political Science, vol.1., London: Taylor & Francis, 2005.

Galtung, Johan, Peace by peaceful Means. Peace and Conflict, Development and Civilization, London: Sage, 1996.

Galtung, Johan, Strukturelle Gewalt, Beiträge zur Friedens- und Konfliktforschung, Hamburg: Reinbeck, 1975.

Honecker, Martin, "Die Diskussion um den Frieden 1980~1983", ThR, 1984.

Honecker, Martin, Grundriß der Sozialethik, Berlin: Walter de Gruyter, 1995,

Huber, W. / Reuter, H-R., Friedensethik, Stuttgart: Kohlhammer, 1990.

Jenni, E. / Westermann, C., Theologisches Handwörterbuch zum Alten Testament, Bd.II, München / Zürich, 1984,

Kant, Immanuel, Zum ewigen Frieden, Ein philosophiescher Entwur, Weischedel, Wilhelm(hg.), Werksausgabe, Frankfurt am Main: Suhrkamp, 1977.

King, Martin Luther Jr., Stride toward Freedom, New York: Harper&Row,

1958.

Lohfink, G. Wem gilt die Bergpredigt? Beitraege zu einer christliche Ethik, Freiburg: Herder, 1988.

Luz, U, Das Evangelium nach Matthäus, EKK 1/1, Zürich / Neukirchen: Neu Kirchner Verlag, 1985.

Moltmann, Bernhard(hg.), Perspektiven der Friedensforschung, Baden–Baden: Nomos Verlagsgesellschaft, 1988.

Moltmann, J., Der Weg Jesu Christi, Christologie in messianischen Dimensionen, München: Chr. Kaiser, 1989.

Moltmann, J., Gott in der Schöpfung, Ökologische Schöpfungslehre, München: Chr. Kaiser, 1985.

Moltmann, J., Gerechtigkeit schafft Zukunft, München: Chr. Kaiser, 1989.

Ritter, J.(hg.), Historisches Wöterbuch der Philosophie, Bd.2.

Strecker, G., Die Bergpredigt, Göttingen: Vandenhoeck&Ruprecht, 1984.

von Weizsäcker, C.F. Die Zeit drängt. Eine Weltversammlung der Christen für Gerechtigkeit, Frieden und die Bewahrung der Schöpfung, München: Hanser, 1977.

von Weizsäcker, C.F. Der ungesicherte Friede, Götingen: Vandenhoeck&Ruprecht, 1969.

Walzer, Michael, Just and Unjust Wars: A Moral Argument With Historical Illustrations, New York: Basic Books, 1977.

Weder, H., Die "Rede der Reden", Zürich: Theologischer Verlag, 1985.

Westermann, C., "Der Frieden(shalom) im Alten Testament", in Studien zur Friedensforschung, Picht, G. / Tödt, H. E.(hgs.), Stuttgart: Klett, 1969.

Wink, Walter, Engaging the Powers, Minnepolis: Fortress Press, 1992.

Wink, Walter, Jesus and Nonviolence. A Third Way, Minneapolis: Fortress Press, 2003.

Wright, Q., A Study of War, Chicago: University of Chicago Press, 1965.

# 국문 초록

평화는 성서적 복음 선포의 중심 주제요, 기독교 신앙의 핵심적 내용이다.
기독교의 복음은 평화의 복음이다.(에페 6,15) 예수 그리스도 자신이 평화였기
에 교회는 평화 수립 공동체요, 그리스도인은 평화를 이루어야 하는
사명이 있다.

기독교의 평화를 요약하면 다음과 같다.
첫째, 기독교의 평화는 정의로운 평화이다.
둘째, 기독교의 평화는 주어진 상태가 아니라 실현되어 가는 과정(process)이다.
셋째, 기독교의 평화는 소유가 아니라 공동의 길이다.

그러므로 복음의 기쁨은 평화의 복음 속에서 평화를 이루어 가면서 삶의 기쁨
을 누리는 일에서 실현되며, 기독교 평화를 이루는 것(Peacemakers)은
하나님의 명령이요 그리스도의 계명이다.

▶ 주제어: 평화, 정의로운 평화, 구조적 폭력, 평화 만드는 사람들, 비폭력저항.

## Abstract

Peace and the Joy of the Gospel

Yu, Suksung
[Seoul Theological University]

Peace is the central theme of the biblical proclamation of the gospel and the
focal content of the Christian faith.
The Christian gospel is a gospel of peace(Ephesians 6:15) and Jesus Christ has
incarnated in this world as the Prince of peace.

Christian peace is
1. A just peace
2. Not a given status but a process being realized
3. Not a possession but a common way

Peacemakers realize Christian peace as God's command and
Christ's command.

▶ Key Words: Peace, A Just Peace, Structural Violence, Peacemakers,
Non-violent Resistance.

# 제7장 칸트의 영구 평화론

## 서 론

임마누엘 칸트(Immanuel Kant 1724-1804)는 1795년 「영원한 평화를 위하여: 한 철학적 기획」(Zum Ewigen Frieden, Ein philosophischer Entwurf) 이라는 제목의 글을 발표하였고, 그 이듬해인 1796년 「영원한 평화를 위한 비밀 조항」을 추가하여 보완된 글을 발표하였다.[1] 이 '영원한 평화를 위하여'는 흔히 "영구 평화론"이라 일컫는다.

네덜란드의 여관의 간판에 어느 한 교회묘지의 그림이 그려져 있

---

1) Immanuel Kant, *Zum ewigen Frieden, Ein philosophiescher  Entwurf*, (Hg.), Ruolf Malter, Phi  lipp Reclam, Stuttgart, 1984. 이하 ZeF로 표기함. 한국어 번역 『영구평화를 위하여』, 정진 역, 정음사, 1974. 중판,1981. (이하 정진)『영원한 평화를 위하여』서동익 역, 세계의 사상 16권, 휘문출판사, 중판, 1986.(이하 서동익)『영구평화론』,이한구 옮김, 서광사,개정판, 2008.(이하 이한구)『영원한 평화』, 백종현 옮김, 아카넷, 2013.(이하 『영원한 평화』)

고, 상호는 "영원한 평화"(pax perpetua)라고 쓰여 있었다. 칸트는 이 풍자적인 "영원한 평화"라는 여관 간판으로부터 이 평화에 대한 글 『영원한 평화를 위하여』 제목을 가져왔다고 한다.

이 논문의 부제 「철학적 기획」(Ein philosophischer Entwurf)이 말하여 주듯이 「이성」과 「도덕성」에 근거한 평화론을 철학적으로 다룬 글이다.

칸트의 이 「영구 평화론」은 칸트 이후 평화 연구와 평화학에 있어서 고전적 위치를 차지한다. 이 『영원한 평화를 위하여』는 평화의 문제를 독립된 정치적 주제로 삼은 최초의 저작으로 세계정치사적으로 큰 의의를 갖는 중요한 저술이다.[2] 뿐만 아니라 칸트의 역사철학과 정치철학, 서구의 시민적 휴머니즘의 정점(定點)에 있는 글이다.[3] 이 『영원한 평화를 위하여』는 프러시아와 프랑스 간에 이루어진 바젤평화조약이 체결된 직후에 쓰였다.

칸트가 이 글을 쓰게 된 동기는 모국 프러시아(프로이센)의 국가 팽창주의를 경고하고, 다른 나라를 점령하는 일에 대하여 잘못되고 있음을 충언하며, 진정한 국제 평화와 인류 평화의 길을 제시함에 있다. 국가는 하나의 독립된 인격체로서 인권과 인간의 존엄성에 기초해 있고, 어떠한 명분에서도 다른 나라를 합병할 권리가 없음을 말하려 한 것이다. 1789년 프랑스 혁명 후 프러시아와 프랑스 그리고

---

2) Volker Gerhardt, Immanuel Kants Entwurf, *Zum ewigen Frieden*, Darmstadt, 1995 폴커 게하르트, 『다시 읽는 칸트의 영구 평화론』, 김중기 옮김, 백산서당, 2007, p. 3.

3) 『영원한 평화』, 해제 p. 25. Michael Welker, Immanuel Kant : Zum ewigen Frieden, 2015 서울 신학 대학교 - 하이델베르크대학 공동 국제학술대회(2015. 11. 13-14.) 『동양과 서양의 평화이해』, 2015, p. 14.

러시아가 폴란드를 분할 합병하였다. 이 폴란드는 1919년 베르사유 조약에 의해 공화국으로 재출발할 때까지 주권적 지위를 잃게 되었다.

칸트는 국가들 간의 전쟁상태를 종식시키기 위해 평화조약에 의거한 국제연맹내지는 보편적 국가연합을 이루는 것이라고 하였다. 이러한 칸트의 구상의 일부가 1세기가 지나 제1차 세계대전(1914-1918) 후 창설된 국제연맹(League of Nation)과 그것을 승계한 제2차 세계대전(1939-1945) 후 국제연합(United Nations)으로 결성되었다.[4] 칸트는 인간의 세계평화에 대한 노력을 인간의 의무요, 인류가 영원한 평화라는 목표에 끊임없이 더 가까이 다가서야 할 하나의 과제라고 하였다.[5]

칸트의 『영구 평화론』의 구조는 당시의 국제 조약이나 평화조약 등 조약 형식에 따라 예비조항, 확정조항 및 비밀조항으로 되어 있다.

예비 조항은 평화를 위하여 금지하여야 할 조항, 제거해야 할 조항이다. 반면에 확정조항은 시행되어야 할 적극적 조항이다. 칸트의 영구 평화론의 본문의 전개과정에 따라 칸트가 구상한 영구 평화론을 살펴보고자 한다.

---

4) 『영원한 평화』백종현 옮김, 아카넷, 2013. 해제 p. 25.
5) ZeF p.56. 『영원한 평화』p.191.

## 1. 평화를 위한 예비조항

칸트는 국가 간의 영원한 평화를 위하여 금지해야 할 조항으로 6개 항목을 들고 있는데 이것이 예비조항이다.

제1 예비조항 : 장래의 전쟁 소재를 암암리에 유보한 채로 체결한 어떠한 조약도 평화조약으로 간주되어서는 안 된다.[6]

장차 분쟁의 소지를 감춘 평화조약은 평화조약이 아니라 휴전조약이며 그것은 적대행위의 유예이지, 모든 적대행위의 종식을 뜻하는 평화는 아닐 것이다.[7] 칼 야스퍼스(Karl Jaspers)는 평화의 문제에서 가장 중요한 것이 진실성이라고 하였다. "평화를 원하는 사람을 기만해서는 안 된다. 허언(虛言)은 전쟁의 원리요, 또 가능적인 전쟁에 의해서 규정된 모든 정치의 원리이다. 그러므로 진실성은 평화의 강력한 무기이다. 우리는 사물을 올바른 명칭으로써 불러야 한다. 그래서 전쟁을 평화라고 칭해서는 안 된다. 존재하고 있는 것에 관한 의식은 언어에 의해서도 깨어 있어야 한다."[8]

제2 예비조항 : 어떠한 독립된 국가도 (작든 크든 상관없이) 어떤 다른 국가에 의해 상속, 교환. 매매 또는 증여를 통해 취득될 수 있어서는 안 된다.[9]

---

6) ZeF p.3.『영원한 평화』p.101.
7) ZeF, p.3.『영원한 평화』, p.101.
8) Karl Jaspers, Kants 「*Zum Ewigen Frieden*」, 칸트의 『영구 평화를 위하여』, 정진역 정음사, 1974, p. 119.
9) ZeF, p.4.『영원한 평화』, p.102.

국가란 상속 재산처럼 소유물이 아니기 때문이다. 국가는 어떤 방식으로든지 합병될 수 없다. 이렇게 하는 것은 근원적 계약의 이념과 모순되는 것이며 이 이념이 없이는 국민에 대한 어떠한 법도 생각할 수 없다. 근원적 계약이란 "국민자신이 하나의 국가를 구성하는 행위"로서 "단지 그에 따라서만 국가의 정당성이 생각될 수 있는 국가의 이념"을 말한다.

도덕적 인격인 국가를 물건처럼 양도하는 일은 평화를 가장 강력하게 위협하는 것이다. "칸트는 설령 전쟁에서 패전국이 국토를 정복당해 국민적 자유를 잃고 식민지로 되어서는 안 된다고 보고 있다. 칸트의 이와 같은 주장은 현대적 용어법으로 보면 민족자결권의 주장과도 같다고 볼 수 있다.[10]

제3 예비조항 : 상비군(miles perpetuus)은 점차 완전히 폐지되어야 한다.[11]

'상비군'은 정기적으로 봉급을 받는 오늘날에 직업군대에 해당한다. 그러나 상비군은 여러 국적으로 이루어진 용병군대를 의미하지 않는다. 평화를 촉진하고자 하는 자는 상시적으로 무장을 유지하고 있는 군대를 포기해야한다.[12] 왜냐하면 상비군 자체가 공격적 전쟁의 유발 요인이 된다. 상비군은 전쟁을 위한 것이다. 사람을 죽이도록 훈련하는 것은 인간을 기계나 도구로 간주하는 것이다. 이것은 인

---

10) 최상용, "칸트의 영구 평화론" 최상용 편 "현대 평화사상의 이해", 한길사, 1976, p.297.
11) ZeF , p.5. 『영원한 평화』, p.104.
12) 폴커 게하르트, 『다시 읽는 칸트의 영구 평화론』, 김중기 옮김, 백산서당, 2007, p.96.

격체로서 인간의 권리와 합치하지 않는 것이다.[13]

칸트는 상비군의 철폐를 주장하였지만 국가시민들이 자신과 조국을 외부의 침략으로부터 안전하게 하기 위하여 자발적으로 정기적으로 행하는 교육이나 무장 훈련을 받는 민병제는 인정하였다.[14]

제4 예비조항 : 대외적인 국가분규와 관련하여 어떠한 국가부채도 져서는 안 된다. [15]

국가 간의 전쟁을 위해 국민의 조세부담 능력 이상으로 부채를 지는 것은 파산을 가져오고 평화를 깨뜨릴 수 있다.

국내의 경제(도로의 개량, 새로운 식민 흉년에 대비하는 저장고 설치 등)를 위해서 국내외에서 보조를 얻고자 국채를 발행하는 것은 괜찮다. 그러나 강대 국가 상호간에 서로 대항하기 위해서 국채를 발행하는 것은 곧 교전(交戰)을 준비하는 것을 의미한다. 이로 인한 교전의 용이성은 집권자의 전쟁욕과 함께 영구 평화의 방해가 된다.

제5 예비조항 : 어떠한 국가도 폭력으로 타국의 체제와 통치에 간섭해서는 안 된다.[16]

어떠한 국가도 다른 나라의 내정에 간섭할 권리가 없기 때문에 간섭해서는 안 된다는 것이다. 제5항은 시대적인 제약을 받지 않고 구속력을 지니는 조항이다. 그러나 예외로 칸트는 한 나라가 내부가 둘로 분열하여 제각기 독립된 별개 국가로 생각하고 전체의 권리를

---

13) ZeF ,p.5.
14) ZeF.p.5.『영원한평화』,p.105. 이한구p.17.
15) ZeF.p.6.
16) ZeF p.6.『영원한평화』,p.107.

주장할 경우는 다른 나라가 어느 한 쪽을 원조하는 것을 용인하고 있다. 왜냐하면 그 경우는 국가 자체가 무정부 상태이기 때문에 그 국가의 체제에 대한 간섭이 아니라는 것이다. 프리드리히(Carl Friedrich) 교수의 해석대로 칸트는 한 나라가 전체주의적 쿠데타에 의해 그 헌정 질서를 위협받을 경우도 타국의 내정간섭을 허용했을 것이다.[17]

제6 예비조항 : 어떠한 국가도 다른 국가와의 전쟁 중에 장래의 평화 시에 상호 신뢰를 불가능하게 만들 것이 틀림없는 그러한 적대행위들, 예컨대 암살자(暗殺者)나 독살자(毒殺者)의 고용, 항복 협정의 파기, 적국에서의 반역(叛逆) 선동 등을 자행해서는 안 된다.[18]

칸트는 암살자나 독살자를 위한 고용도 비열한 전략이라고 하였다. 왜냐하면 전쟁 중에도 적의 사유방식(성향, 심정. Denkungsart)에 대한 어떤 종류의 신뢰가 남아 있어야 하기 때문이다. 적에 대한 최소한의 신뢰가 없으면 어떤 평화도 체결할 수 없고 적대 행위는 마침내 섬멸전으로 끝나게 될지 모르기 때문이다. 일단 이러한 파렴치한 수단이 동원되면 그것은 전쟁 동안 뿐만 아니라 평화 시에도 지속적으로 사용되어 영원한 평화를 불가능하게 만든다.[19]

이상으로 6개 항목의 영구 평화를 위한 금지 법칙의 성격을 띤 예비 조항을 살펴보았다.

---

17) Carl Friedrich, Inevitable Peace ,Cambrige, 1984, p.178. 최상용, 「칸트의 영구 평화론」, p. 298f.
18) ZeF p. 7. 『영원한 평화』, p. 108.
19) ZeF p. 7. 『영원한 평화』, p. 108.

이 법칙은 객관적으로는 주권자의 의도에 관해서 고찰되는 경우에는 모두 금지 법칙이다. 그러나 그 가운데 제1항, 제5항, 제6항 등세 가지의 예비 조항은 지속적이고 구속력이 있는 조항이다. 이 세개의 조항은 사정 여하를 불문하고 타당하고 엄격한 종류의 강제법이기 때문에 칸트는 즉시 폐지할 것을 촉구하고 있다. 6개 항목 중제2항, 제3항, 제4항은 시대적 제약을 받고 있다. 이 세 개항은 물론법규의 예외로서는 아니지만 그것의 집행에 관해서는 사정에 따라주관적으로 그 적용의 가감을 고려하고 그 집행을 유예할 수 있는임의법적인 성격을 지니고 있다고 하였다.

## 2. 영구 평화를 위한 확정조항

칸트는 영구 평화를 위한 예비 조항을 논한 후 확정조항을 말하였다. 앞에서도 언급한 바와 같이 예비 조항은 "해서는 안된다"는 금지법칙의 형식인 반면 확정 조항은 "하여야 한다. 하지 않으면 안된다"는 형식을 취한 적극적인 의미가 담긴 조항이다. 칸트는 영원한 평화를 위하여 꼭 승인되고 준수되어야 할 것이 확정조항이라고 하면서3개의 확정조항을 제시했다.

칸트는 평화 상태는 자연 상태(status naturalis)가 아니라고 하면서법적 상태의 수립을 통하여 실현 가능하다고 보고 세 가지 확정조항을 말하였다. 칸트는 국내법 (국가시민법 Staatsbürgerrecht, ius civitatis), 국제법(만민법 Völkerrecht, ius gentium) 세계 시민법(Weltbürgerrecht, ius cosmopoliticum) 등 세 가지 법에 따르는 체제를 말하였다. 즉, 한 민족에 속하는 사람들의 국내법에 의한 체제, 그 상호관계에 있는 여러 국가의 국제법에 의한 체제, 사람들과 여러 국가가 외적인 상호 영향을 줄 수 있는 관계 속에 있고 보편적인 인류 국가의 공인으로 간주될 수 있는 한에 있어서 세계시민법에 의한 체제의 세 가지 법이다.[20] 이 세 가지 법에 따라서 영구 평화를 위해서 촉진해야 할 적극적인 조건이 확정조항이다.

제1 확정조항 : 각 국가에서 시민적 체제는 공화적(共和的)이어야 한다.[21] 이 조항은 국내법의 원칙에 대하여 언급한 것이다. 국내법이 공화적이 되어야 전쟁을 멈추고 화해하는 화전(和戰)의 결정권이 군주에게서부터 국민에게 돌아가기 때문이다.

칸트가 사용한 공화적이라는 말과 시민적이라는 용어는 오늘날 사용되고 있는 의미와 똑같지 않다. 칸트가 사용하는 시민적이라는 말은 귀족이나 노동계급과 대립하는 계급으로서의 부르조아적 의미만은 아니다. 오히려 자유로운 정치공동체의 구성원으로서의 모든 사람을 가리키는 말이다.[22]

공화제란 무엇인가? 공화제적 체제는 자유, 의존, 평등의 세 가지 조건을 갖추어야 한다. 첫째 (인간으로서) 사회의 구성원의 자유의 원리에 의해, 둘째 (신민으로서) 모두가 단하나의 공통된 입법에 의존하는 의존의 원리에 의해, 그리고 셋째 (국민으로서) 평등의 원칙에 의해 확립된다. 그러므로 공화적 체제는 법의 관점에서 볼 때 모든 형태의

---

20) ZeF p. 11.
21) ZeF p. 10. 『영원한 평화』 p. 115.
22) 최상용, 「영구평화론」 p. 300 참조.

시민적 헌법의 원초적인 토대를 이룬다.[23]

왜 칸트는 공화적 체제에서 전제체제보다 영원한 평화의 전망이 열린다고 보았는가? 그것은 공화주의 체제에서는 전쟁에 대한 국민의 동의와 협조 얻기가 전제체제 보다는 더 어렵기 때문에 공화주의 체제에서 영구 평화의 전망이 열린다고 본 것이다.

"전쟁을 해야 할지 말아야 할지"를 결정하는 데 국가시민들의 동의가 요구될 때, 국가시민들은 그들에게 닥칠 전쟁의 모든 고난들을 각오 해야 하기 때문이다. 즉, 전쟁이 있게 되면, 자신들이 전투를 해야 하고, 전쟁의 비용을 그들 자신의 재산에서 치러야 하고, 전쟁이 남길 황폐화를 고생스럽게 보수해야 하고, 결코 변제할 수 없는 채무 부담 자체를 떠맡아야 하는 일들이다.

이에 반해 전제주의 체제에서는 이런 일은 세상에서 가장 주저할 것이 없는 사안이다. 왜냐하면 국가원수는 국가구성원이 아니라 국가의 소유주이며, 전쟁으로 인해 자기의 식탁, 사냥, 별궁, 궁전 연회 같은 것들에서 최소한의 것도 잃지 않는다. 그러므로 대수롭지 않은 이유에서 전쟁을 일종의 즐거운 유희처럼 결정할 수가 있으며, 외교 부처에 전쟁의 정당화를 아무렇지 않게 떠넘길 수 있기 때문이다.[24]

칸트는 공화적 체제를 지배의 형식(forma imperii)이 아니라 통치형식(forma regiminis)으로 이해한다. 칸트는 공화체제와 민주체제를 혼동하지 않아야 한다고 말한다. 국가(civitas)의 형태를 분류할 때 국가

---

23) ZeF p. 10f. 이한구 p. 26.
24) ZeF p. 12f. 『영원한 평화』p. 118.

의 최고 권력을 소유하고 있는 인격의 차이에 의하여 분류하는 것이 지배의 형식(forma imperii)이다. 지배의 형식에는 지배권을 가진 자의 수에 따라서 구별된다. 즉, 지배권을 가진 자가 단 한사람인가 또는 서로 결합된 몇 사람인가? 아니면 시민사회를 형성하는 전체인가에 의하여 세 가지의 지배의 형식으로 대별된다. 그 다음 최고통치자인 원수(元首)가 어떤 인물인가 묻지 않고 원수에 의한 국민의 통치형식(forma regiminis)이 있다. 이 통치형식은 국가가 헌법에 의거하여 그의 절대권력을 행사하는 방식에 관한 것이다. 이 통치형식에는 공화적 (republikanisch)이거나 전제적(despotisch)인 두 방식이 있다.

공화정체와 전제정체의 차이점은 무엇인가? 공화주의는 집행권 (통치의 권력)을 입법권에서 분리하는 국가원리이다. 반면에 전제주의는 국가자신이 수립했던 법칙(법률)들을 국가가 독단적으로 집행하는 국가원리이다. 그러니까 공적 의지는 통치자에 의해 그의 사적 의지로 취급되는 한에서의 공적 의지인 것이다.[25]

칸트에 의하면 국가형식들 중에서 본래의 말의 의미에서 민주정체는 필연적으로 전제주의라는 것이다. 왜냐하면 민주제는 모두가 입법자이면서 동시에 집행자는 데 있다.[26] 칸트의 이러한 민주제에 대한 해석은 오늘의 시대적 관점에서 보면 칸트의 시대적 한계를 드러낸 것으로 볼 수 있다. "민주적 국가 형태라고 해서 전제적 통치방식으로 나갈 필연적인 이유란 존재하지 않는다."[27]

---

25) ZeF p. 14. 『영원한평화』 p. 119.
26) ZeF 14 이한구 p. 30.
27) 이한구, 해제, p. 104.

칸트는 대의적 통치형식이 가장 바람직한 통치방식이라고 보고 대의제도에의 맞는 통치방식은 공화적 통치방식에서 가능하다고 보았다. 대의적(代議的)이 아닌 모든 통치형식은 기형적인 형식이다. 왜냐하면 입법자가 동일한 한 인격에 있어서 동시에 그의 의지의 집행자가 될 수 있기 때문이다. 다시 말해 민주주의적 국가체제는 모두가 다 군주가 되려고 하기 때문이다. 칸트는 국민에게는 통치방식의 문제가 국가형식보다는 비교가 안될 만큼 중요한 의미를 지닌다고 하였다. 그런데 통치방식이 법 개념에 적합하기 위해서는 대의제도가 되어야 할 것을 역설하였다. 대의제도에 있어서만 공화주의의 통치방식이 가능하고 이 대의제도가 없으면 통치방식은 전제적으로 되며 폭력적으로 되기 때문이다. 칸트는 국가권력을 가진 자의 수(지배자의 수)가 보다 적고 이것과 반대로 국가권력을 대표하는 자의 수가 보다 많으면 많을수록 그 만큼 많이 국가체제는 공화정치의 가능성과 합치하며 점진적 개혁에 의해서 공화정치에로 높여 질 것을 기대하고 있다. 공화적 체제는 제도적으로 확정된 통치방법을 말한다. 공화적 체제는 개인적인 정직성이나 현명함을 지닌 뛰어난 지배자의 선량한 통치가 아니다. 지배자 1인의 훌륭한 선정은 지배자의 죽음과 함께 끝나 버리는 통치이기 때문에 제도적으로 확립된 이러한 공화적 체제는 세 가지 원리에 의하여 특징지어진다. 법의지배, 삼권분립, 대의 제도이다.

이렇게 칸트는 영구 평화를 위하여 지배형식인 국가형식보다 대의제에 의한 공화체제의 통치방식을 중요시하였다. 이는 대의제가 없으면 전제적 폭력이 되기 때문이다. 그러므로 제1 확정조항의 근본사상을 다음과 같이 요약할 수 있다. 공화적 통치방식에서 신뢰할 수 있는 법의 지배가 이루어 질 수 있고 국민의 의지를 토대로 하여 신뢰할 만한 평화적 법의 개정이 달성될 수 있다. 지속적인 평화는 공화적 통치방법을 누리는 여러 국가 간에서만 가능하다. 그것은 공화적 통치방법만이 사실적으로 지속적인 전쟁상태 내에서의 휴전 대신에 합법적인 공동사회가 가능한 바의 공통의 모든 전체를 만들어 내기 때문이다.[28]

제2 확정조항 : 국제법은 자유로운 국가들의 연방제에 기초해 있어야만 한다.[29]

제2 조항은 영원한 평화를 실현시키기 위한 형식에 대해서 규정한 것이다. 국가 간에 평화로운 상태를 유지하기 위해 외적 칙에 의해 구속되는 공민적 체제와 유사한 체제를 형성하는 것이 필요하다.

제1 조항에 국내에서는 공화적 헌정체제를 언급하고, 제2 항에서는 국제적으로는 세계평화를 위해 대립하고 투쟁하는 국가 간에 평화로운 상태를 계속하여 유지하기 위한 체제로 국제연합이라는 형식을 취해야 한다는 것을 제시한 것이다. 칸트가 제시한 것은 국제국가(Völkerstaat)나 세계 공화국(Weltrepublik)이라는 적극적 이념 대신에 소극적 대안으로서 국제연맹(Völkerbund)을 구성하는 것이 전쟁을 막는 현실적 방안이라고 한 것이다.[30]

국제연맹은 개별국가들의 독립성을 유지하면서도 항구적인 국제

---

28) K. Jaspers, Kants 「Zum Ewigen Frieden」, p.124.

29) ZeF p.16. 『영원한 평화』 p.124.

30) ZeF p.20.

평화를 보장할 수 있는 체제이다. 국제 국가에서도 영구적인 평화를 위하여 국제정치를 조직화하려 할 때 이상적으로는 초국가적인 국제국가나 세계정부 건설에 의한 세계통치 실현이라는 구상을 제시할 수 있다. 그러나 국제사회에서도 국내사회와 같이 일원적인 권력에 의해 뒷받침되는 법질서가 엄격히 수립될 수 있다면 국가 간에 전쟁을 방지하고 국가 간에 평화를 유지할 수 있을 것이다. 그러나 세계 여러 국가들이 각각의 다른 법적 체제를 갖추고 있는 현실에서 국제국가나 세계시민정부실현은 이상론이지 구체적으로 실현시키기는 어려운 것이다.[31] 칸트가 국가 세계 현실에 따라서 이해관계의 대립이 있는 정치를 전제로 삼고 있다는 것을 보여준 것이다.[32]

칸트는 이 국제연맹은 평화 연맹이 되어야 한다고 주장하며 평화조약(Friedensvertrag, pactum pacis)과 평화연맹(Friedensbund, foedus pacificum)을 구별하였다. 평화조약 이 하나의 전쟁을 종식시키고자 하는 것이라면 평화 연맹은 모든 전쟁을 영구히 종식시키고자 하는 것이다.[33] 또한 평화 연맹은 국가의 어떠한 권력의 획득을 도모하지 않고 오직 한 국가 자체 및 이와 동시에 다른 연맹의 여러 국가의 자유 유지와 보장을 목적으로 하고 있는 것이다.[34]

국제연맹을 통해 여러 국가들이 결합하고 국제법 이념에 따라 여러 국가의 자유 상태를 확보하고 그렇게 하여 이러한 종류의 여러

---

31) 이극찬, 『정치학』, 제6 전정판, 법문사, 1999. p. 739 참조.
32) 폴커 게르하르트, p. 162.
33) ZeF p. 18. 『영원한 평화』 p. 128.
34) ZeF p. 18. 『영원한 평화』 p. 128.

결합을 통해서 서서히 점점 더 멀리까지 확장할 것이기 때문이다.

제3 확정조항 : 세계시민법은 보편적 우호의 조건들에 국한되어 있어야만 한다.[35]

제3 확정조항은 영원한 평화는 국제법을 넘어 모든 인간을 결합하는 법인 세계시민법의 내용에 대하여 규정하고 그 공법화 과정에 대하여 말한 것이다.

이 조항은 "박애"에 관해서가 아니라 "권리"에 관하여 말하는 것이다. 즉, 호의적으로 대우를 받는 체류권( Gastrecht)이 아니라 방문할 수 있는 방문권(Besuchtrecht)을 의미한다. 여기서 우호(Hospitalität, 손님으로 대우받는 것)라는 것은 외국인이 어떤 타국의 영토에 도착 했을 때 적으로 취급되지 않을 권리를 말한다.[36] 그 이유는 지구의 표면은 본래 인류의 공동의 소유 이므로 어느 누구도 지상의 어떤 장소에 대하여 다른 사람보다 더 많은 권리를 가질 수 없다. 어느 누구도 외국의 땅을 밟았다는 이유만으로 적으로 취급되지 않고, 특별히 호의적인 대우를 받을 권리가 아니라 다만 안전하게 방문할 수 있는 권리인 방문권을 보장해야 한다는 것이다.[37]

외국인은 다만 방문의 권리만 가질 뿐 영속적인 체류권을 요구할 권리는 없다. 그러나 보편적 우호 관점에 서야 한다. 해안 거주민이 근해에서 배를 약탈하거나 난파된 선원을 노예로 삼는다든지. 다른 나라를 침략하는 행위는 자연법에 어긋난다.

---

35) ZeF p.21. 『영원한 평화』 p.132.
36) eF p.21. 『영원한 평화』 p.132.
37) eF p.21. 이극찬, 『정치학』, pp. 735-741. 참조.

우호적인 권리인 이방인에게 허용되는 방문의 권리, 교제의 권리를 잘 이용한다면 멀리 떨어져 있는 세계지역들이 서로 평화적으로 관계 맺게 될 것이고 이러한 관계들은 마침내 공법화되고, 세계 시민적 체제에 점점 가까이 다가설 수 있게 될 것이다.[38]

요약하여 말하면 칸트는 국내법, 국제법에 이어 세계시민법에 대하여 말하고 있다. 칸트는 평화를 위해서는 자유로운 여러 국가의 국제법 만으로는 충분하지 않고 국제법을 넘어서 모든 인간을 결합하는 국제시민법이 필요하다는 것이다. 지구상의 모든 국민들의 "자연적으로 가능한 상호작용"은 사람들이 "서로 교제하겠다고 나서는" 결과로 된다. 사람들은 이러한 시도를 할 권리를 가지고 있다. 따라서 외국인은 적대적으로 대접받지 않을 권리를 가진다. 외국에서 오는 방문자의 측면에서는 토착민을 적으로 대할 아무런 권리도 가지지 않는다. 이러한 보편적인 "후대"가 세계시민권이다.[39]

## 3. 영구평화의 보증으로서 자연

칸트는 예비조항 확정조항을 다룬 후 추가조항으로 「영구화의 보증에 관하여」와 「영구 평화를 위한 비밀조항」을 말하였다.

칸트는 영구 평화를 보증해 주는 것은 위대한 예술가인 자연(natura daedala rerum)이라고 하였다. 이 자연은 "운명"(숙명 Schicksal)이나 섭

---

38) ZeF p.22. 『영원한 평화』 p.133.
39) K.Jaspers, Kants 「Zum Ewigen Frieden」, 정 진 역 p.129f.

리(Vorsehung)라는 말과 같은 의미이다. 우리에게 알려지지 않은 작용 법칙들에 따른 자연의 강요는 운명이며 세계행정에서의 자연의 합목적성을 고려할 때 그것은 "섭리"라 할 것이다. 섭리란 "보다 상위의, 인류의 객관적인 궁극 목적을 지향해 있고, 이 세계운행을 예정하는 어떤 원인의 심오한 지혜".[40] 여기에서 "자연"은 현상으로서의 자연이 아니라 이념으로서의 자연이다. 이 자연의 기계적 과정 속에는 인류의 의지에 배치(背馳)하면서 까지도 자기들의 분열과 불화를 통하여 화합을 실현시키려는 합목적성이 명백하게 나타나 있다.

칸트는 자연이 그의 큰 무대에서 활동하는 인간들을 위해 설치하여 놓은 세가지 예비적 설비가 있다고 하였다. 첫째, 자연은 인간이 지상의 모든 지역에서 살 수 있도록 배려했다. 둘째, 자연은 전쟁을 통해 모든 곳에, 극히 황량한 지역에까지 인간을 쫓아 보내 그곳에 거주하도록 했다. 셋째, 자연은 또한 바로 전쟁을 통해 인간을 크든 작든 법적 관계에 들어서도록 강요했다.[41]

칸트는 "세계 시민적 관점에서 본 보편사의 이념"에서 자연을 역사의 주체로 보았다. 제5 명제에서 강조하기를 "자연이 인류에게 과(課)하여 그 해결을 강요하는 최대의 문제는 보편적으로 법을 행사(行使)하는 시민사회를 이룩하는 일이다. … 외면적 법률의 지배하에 있는 자유가 저항하기 어려운 권력과 가장 잘 결합되어 있는 사회, 다시 말하면 완전히 정의가 실현되어 있는 시민적 조직체가 자연이

---

40) ZeF, p. 24f., 정 진, p. 60. 『영원한 평화』p. 139f.
41) ZeF, p. 27. 『영원한 평화』p. 145f.

인류에게 과(課)한 최고의 과제(課題)가 아닐 수 없다. 왜냐하면 자연
은 이 과제를 해결하고 완수함으로써만 우리들 인류에 대한 자연의
그 밖의 다른 의도를 성취할 수가 있기 때문이다."[42] 제8 명제에서는
"인류의 역사는 전체적으로 보면 자연의 은밀한 계획, 즉 내적으로
완전하며 이 목적을 위하여 외적으로 완전한 국가조직을 성취하기
위한 계획의 수행이라고 볼 수 있다. 이때 국가조직은 자연이 인류에
게 준 모든 소질을 완전히 발전시킬 수 있는 유일한 상태로서 성취
되는 것이다"라고 강조하였다.[43]

자연은 민족들의 분리와 일치에 동시에 기여하며 결국 인간들에
게 시민적 체제를 만들게 하고 영구평화에 접근하여 궁극적으로 영
원한 평화를 보증하게 한다.

## 4. 영구 평화를 위한 비밀 조항

칸트는 영구평화를 위한 추가조항의 첫 번째로 영구평화의 보증
으로 자연에 관해서 논한 다음 제2 추가조항으로 영구평화를 위한
비밀조항을 제시하였다. 이 비밀조항에서는 영구평화를 위한 철학
과 철학자들의 역할에 대해서 논하고 있다.

먼저 공법적 협상에서 객관적으로는 비밀조항이라는 말이 성립이
되지 않는 것이 모순이지만 주관적으로는 인격적 존엄성 때문에 성

---

42) I. Kant, Idee zu einer allgemeinen Geschichte in weltbürgerlicher Absicht, 이석윤역,「세계
　　시민적 견지에서 본 보편사의 이념」『세계의 대사상. 16』휘문출판사, 1986. p.339.
43) 칸트,「세계시민적 견지에서 본 보편사의 이념」, 이석윤 역, p.345.

립된다고 한다. 그것은 비밀조항에 초안자(草案者)를 보호하려는 의도에서 말한 것이다. 비밀조항의 초안자라는 사실이 공개되면 그 작성자가 인격적 존엄성에 손상을 입을 수 있기 때문에 비밀조항이라는 말을 사용할 수 있다는 것이다. [44)]

권력을 잡은 권력자들은 철학을 어떻게 생각하고 철학자들을 어떻게 활용하며 통치자와 철학자의 관계는 어떠해야 하는가?

칸트 당시에 서구의 학문세계는 신학부, 법학부, 의학부, 철학부가 있었다. 이 중 신학부, 법학부, 의학부를 통칭하여 '상부학부'라고 하였고 철학부를 '하부학부'라고 하였다. 심지어 철학은 신학의 시녀(ancilla theologiae, die Magd der Theologie)로 일컫기까지 하였다.( 사람들은 이런 말들을 하였다. "그 시녀가 횃불을 들고 그 귀부인들을 앞서 가고 있는지, 끌리는 옷자락을 들고 뒤따르고 있는지를 사람들은 제대로 보지 못하고 있다.)"[45)]

칸트는 법학이나 의학도 신학의 시녀라는 말을 할 수 있다고 말하였다. 법학과 철학과의 관계에서도 사실상 법학은 철학보다 하위단계의 학문으로 간주되고 있었다. 그럼에도 불구하고 현실적으로 법률가는 권력의 비호를 받기 때문에 법학을 높은 서열에 속하는 학문으로 간주하였다.

영구평화를 위해서 권력자들이나 통치자들은 철학자들의 말에 귀를 기울이고 가르침을 받고 지혜를 배워야 한다. 철학자들은 영구 평화를 실현하기 위한 복지증진과 평화수립에 보편적 준칙에 관해 공

---

44) *ZeF* p.34. 『영원한 평화』 p. 154.
45) *ZeF* p.35. 『영원한 평화』 p. 156.

공연하면서도 자유롭게 피력할 수 있을 것이다. 또한 도덕적으로 입법적인 보편적 인간이성에 의해 의무의 형태로 이루어진 것을 제시할 수 도 있다. [46]

칸트는 국가가 법률가의 발언보다 철학자의 원칙에 우위를 둘 필요는 없고 철학자의 말에 귀 기울여야 한다고 하였다. 여기서 유의할 것은 칸트는 플라톤이 주장한 철인왕에 대하여 수정한다. 철학자가 왕이 된다는 것은 기대할 수도 없고 바람직하지 않다고 하였다. [47] 왜냐하면 권력의 소유는 이성의 자유로운 판단을 불가피하게 손상시키기 때문이다. 이것은 칸트가 플라톤을 넘어 민주적으로 희망을 주는 것이다. 철학자 왕들(Philosophenkönige)이 되는 것이 아니라 국민 스스로가 왕적 국민들(königliche Völker)이 되는 것을 말한 것이다.[48]

칸트는 정치와 철학, 통치와 철학함을 상보적 관계로 본 것이라고 말 할 수 있다. 칸트는 철학의 비판적 및 논증적 활동에 대한 강한 신뢰와 정치에 대한 신뢰를 정립하고자 하였다. 이것은 정치와 철학이 각자의 자립성을 포기하지 않고서도 일반적으로 소통할 수 있는 공공성의 매개적 행위를 통해서 보장된다는 것을 의미한다. [49]

통치자인 왕들은 철학들이 공공연하게 말하게 해야 한다. 철학자들은 본성상 도당조직이나 비밀결사 선동에 무능하기 때문에 공개

---

46) *ZeF* p.34. 이한구 p.58. 백승균, 『세계사적 역사인식과 칸트의 영구평화론』 p. 388f.
47) 48) *ZeF* p.35. 이한구 p.58. 『영원한 평화』, p. 156.
48) Volker Gerhardt, Immanuel Kants Entwurf 폴커 게르하르트, 『다시 읽는 칸트의 영구평화론』, p.223
49) Ibid.

적으로 발언할 수 있도록 하면 통치나 영원한 평화에 기여할 수 있기 때문이다.[50)

비밀 조항은 한마디로 요약하자면, 여러 국가들은 평화실현에 관한 철학자들이 제시한 준칙을 충고로써 받아들여야 한다는 것이다.

## 5. 도덕과 정치

칸트는 도덕과 정치와의 관계를 부록에서 다루었다. 여기서 그는 도덕과 정치와의 관계를, 정치에 대하여 도덕이 우위에 있음을 주장하였다. 도덕과 정치는 대립되는 것이 아니라 서로 합치되는 것이다. 진정한 의미의 정치는 도덕에 충성을 다해야 하는 도덕적 정치이어야 한다. 칸트는 모든 정치는 도덕 앞에서 무릎을 꿇어야 한다고 하였다.[51)

칸트는 정치적 도덕가(Politischer Moralist)와 도덕적 정치가(Moralischer Politiker)를 구별하였다. 정치적 도덕가는 도덕을 정치가의 이익과 일치시키려는 도덕가이며 도덕적 정치가는 국가정략의 원리를 도덕과 합치할 수 있도록 이해하여 보려고 하는 정치가이다.[52)

칸트는 '정략적 정치가들은 실천을 자랑하지만 그들이 다루는 것은 실천이 아니라 술책이다'라고 하였다. 그들은 개인적 이익을 잃지 않으려고 현재 지배하고 있는 권력에 아첨하고 민족과 또한 전 세계

---

50) *ZeF* p.35. 이한구 p.59. 『영원한 평화』, p.156.
51) p.49. 『영원한 평화』, p.178.
52) *Zef* p.44. 정 진, p.94, 백종현 p.171.

라도 이용하고자 염두에 두고 있기 때문이다. 이들이 사용하는 궤변적 준칙은 다음과 같다.

① 행하라 그리고 변명하라.(Fac et excusa) 이것은 독단적으로,

② 만약 행(行)했다면, 부정(否定)하라.(Si fecisti nega)

③ 분할하라 그리고 지배하라.[53] (Divide et impera)

칸트는 이런 국가정략가들의 책략적 준칙은 권력자들이 자기들의 권력을 강화하기 위한 처세술적 술책에 지나지 않으며 정치는 책략의 술수에서는 이루어 질 수 없다는 것을 주장한다.

칸트는 실천 철학이 자기 자신과 일치하도록 하기 위해서는「너의 의지의 준칙이 항상 동시에 보편적 법칙수립의 원리로서 타당할 수 있도록, 그렇게 행위하라」는 형식적인 원리에서 출발한다고 하였다. 이것은 법의 원리로서 무제약적 필연성을 지니고 있는 것을 의미한다.[54]

칸트는 "순수 실천 이성의 왕국과 그 정의를 추구하라, 그러면 너희 목적(곧 영구평화의 은총)은 스스로 너희에게 주어질 것이다"라고 하였다. 이것은 정치는 도덕에 충실하고 복종하여야 할 것을 표현한 것이다. "참된 정치는 이미 도덕에 충성하지 않고서는 한 걸음도 앞으로 나아갈 수 없다. 그리고 정치는 그 자체가 확실히 어려운 기술이라 하겠지만 도덕과 정치의 합치는 결코 어떤 기술이 아니다. 왜냐하면 양자가 서로 충돌하자마자 정치가 풀 수 없는 매듭은 도덕을 둘

---

53) Zef.41f. K.Jaspers p.132. 참조. .
54) 이한구, 해제 p.104 참조.

로 절단하기 때문이다.[55]

칸트는 공법의 선험적 개념에 의한 정치와 도덕의 합치에 관한 논의에서 공개성의 형식(Form der Publizität)을 강조하였다. 공법의 선험적 형식이란 시민법이나 국제법의 개념 속에 있는 모든 경험을 배제해 버린 후에 남는 공법의 골격을 의미한다. "다른 사람들의 권리와 관련되면서 그 준칙이 공개성과 일치하지 않는 모든 행위는 정의롭지 않다."[56]

# 결 론

칸트의 영구평화론이 쓰인 1795년으로부터 200주년이 지났다. 칸트의 영구평화론은 철학적이며 사상적인 관점에서 평화론을 연구할 때 고전적 위치를 차지하는 기념비적 글이다. 칸트 스스로 '몽상곡'이라고 표현했던 이 영구 평화론은 200년의 시간을 넘어 오늘 몽상곡에 머무르지 않고 평화를 위한 구상에 커다란 빛을 던져 준다.

칸트가 제시한 국내에서 공화정치제도, 국제간에 국제연맹, 인류에게 세계시민사회가 완전한 실현이 불가능하다 할지라도 원리적 의미에서는 큰 가치를 지니고 있다.

---

55) ZeF, p. 49. 『영원한 평화』p. 178.
56) ZeF, p. 49. 『영원한 평화』p. 179.

칸트는 영구평화를 향하는 인류의 노력을 도덕적 의무인 동시에 이성적 필연성으로 보았으며 이를 단순히 지상목표의 선언에 그치지 않고 종말론적 대망과 결합시키려 하였다.[57] 칸트의 영구평화론을 다음과 같이 끝맺고 있다. 공법의 상태를 실현하는 일은 그런 상태에 서로 무한히 전진하는 접근만이 있다 하더라도 근거 있는 희망이 동시에 존재할 경우에는 우리의 의무이다. 만약 그렇다면 영구평화는 결코 공허한 이념이 아니라 오히려 과제이다.[58] 법적 평화주의, 정의적 평화주의 입장에서 철학적 구상으로서 전개한 칸트의 영구평화론은 인류의 평화를 위한 구상에 초석이 될 것이다. 평화는 인류 모두의 의무이며 과제이며 책임이다.[59]

---

57) 최상용, 칸트의 영구평화론, p.311.
58) ZeF, p. 56. 『영원한 평화』p. 191.
59) 칸트의 영구평화론에 관하여 더 상세한 것은 아래문헌을 참조. Otfried Höffe(Hg.) Zum ewigen Frieden, Berlin, 1995.

# 제8장 함석헌의 평화사상

## - 예수·간디·함석헌의 비폭력저항 -

## 서론

함석헌은 종교적 신념을 가지고 저항하며 평화를 실천하고자 했던 평화주의자였다. 함석헌은 한국사회와 교회를 향하여 비판의 소리를 낸 시대의 예언자였고, 군사독재정권에 항거하여 민주화투쟁에 앞장서서 민주화운동의 정신적 지주역할을 하였다. 함석헌은 노벨평화상 후보로 1979년과 1985년 두 차례 추천을 받았으며, 한국의 간디로 불리는 비폭력 평화주의자였다. 함석헌 평화론은 다른 평화주의자와는 달리 기독교에서 출발은 하지만 노자 장자의 도가사상, 유학사상, 인도의 간디의 비폭력사상과 힌두교 경전 등 여러 분야의 사상을 융합한 비폭력 평화론이다.

현대 평화연구에서 논의되고 있는 평화의 개념과 함석헌의 평화개념 그리고 함석헌이 영향을 받은 예수와 간디의 비폭력사상과 함석헌의 비폭력사상을 비교하기로 한다. 현대 시민불복종의 효시격인 소로와 그의 영향을 받은 간디 그리고 간디의 영향을 받은 함석헌의 시민 불복종에 대하여 살펴보기로 한다.

## 1. 평화의 개념과 함석헌 평화론의 특징

### (1) 평화의 개념 : 정의로운 평화

함석헌은 평화운동가이며 평화실천가였다. 그러나 그의 일생에 글 쓰고 말한 것이 평화에 대한 것이며 평화를 위한 것이라고 말할 수 있다. 그는 평화론을 이론적으로나 체계적으로 전개한 것이 아니라 평화에 관하여 직관적이고 선언적으로 하였다.[1]

오늘날 국제정치학, 철학, 신학 등에서 논의되는 평화연구(Peace Studies),[2] 평화학에서 정립된 평화의 개념과 기독교에서 말하고 있는 평화개념이, 함석헌이 생각했던 평화의 개념과 중심사상에서 어떤 관련성을 가지고 있는지를 비교하여 보기로 한다.

현대 평화론에서 평화의 개념을 정의할 때 소극적 개념과 적극적 개념으로 정의(定義)한다. 소극적 평화는 전쟁의 부재(absence of war,

---

1) 안병무, 『한국 민족운동과 통일』(한국신학연구소: 2001), p. 443.
2) Joshua S. Goldstein, International Relation, 4th Edition, New York, 2002, 자슈아 골드스틴, 『국제관계의 이해』, 김연각, 김진국, 백창제 옮김(인간사랑), pp. 174-195.

Abwesenheit von Krieg), 곧 전쟁이 없는 상태, 폭력, 궁핍, 불안, 억압이 없는 상태를 말한다. 소극적 평화개념은 동서의 핵 위협체계가 평화를 지켜주었으며 휴전상태를 평화 상태로 혼동하게 된다. 전쟁의 부재 상태만으로는 전쟁의 재발을 방지할 수 없고, 폭력의 방지만을 의미하는 소극적 평화는 정의롭지 못한 현상(status quo)을 고착시킬 수 있다.

적극적 평화개념은 정의(正義)의 현존(presence of justice, Anwesenheit von Gerechtigkeit), 사회정의가 행해지고 있는 상태를 말한다. 다시 말하면 평화는 삶을 위한 능력과 수단이 균등하게 분배되어 사회정의가 실현되는 상태이다. 노르웨이의 평화학자 요한 갈퉁은 평화개념에 폭력개념을 도입하여 구조적 폭력(structural violence)이 없는 상태를 평화라고 하였다.[3] 구조적 폭력은 기아, 빈곤, 의료시설 부족, 인종차별, 무질서, 환경오염, 여성불평등, 국제난민, 종교갈등, 인종분규 등을 포괄한다. 적극적 평화는 사회적 관계의 구조적 변혁을 추구하기 때문에 사회의 구조적 폭력이나 전쟁의 원인들을 제거하고자 한다.[4]

기독교적 평화는 평화의 소극적, 적극적 개념을 연결시키면서 정의(正義)를 강조하는 것을 통하여 적극적 개념을 우선시하는 정의로운 평화(peace with justice)다. 구약성서 이사야서에 "정의의 열매는 평

---

3) Johan Galtung, "Violence, Peace, and Peace Research", (ed..)Mattew Evangelista, Peace Studies. Critical Concepts in Political Science vol.1, New York, 2005, 27. Johan Galtung, Peace by peaceful Means. Peace and Conflict, Development and Civilization, London, 1996. pp. 2ff.

4) 자슈아 골드스틴, 『국제 관계의 이해』, p.180. 참조.

화"(이사야 32:17)라고 기록된 것처럼 기독교의 평화는 정의와 밀접히 연관되어 있다. 기독교의 평화는 정의로운 평화이며, 주어진 상태가 아니라 실현되어가는 과정이고, 소유가 아니라 공동의 길이다.[5]

이러한 평화개념에 의하면 함석헌은 소극적, 적극적 개념을 포괄한다. 그에게서는 전쟁의 부재뿐만 아니라 정의의 현존과 구조적 폭력을 제거하는 평화개념을 찾아볼 수 있다. 현대 평화연구에서 정립된 평화의 개념에 함석헌은 내용적으로 상당히 일치한다. 함석헌은 평화란 전쟁을 하지 않는 것, 전쟁을 없애는 것으로 보았다.[6] 이것은 평화의 소극적 개념을 말하는 것이며, 함석헌은 더 나아가 "평화는 정의 없이는 실현되지 않는다"[7]고 하였다. 이 말은 평화란 정의의 현존이라는 적극적 평화의 의미와 부합하는 말이며 기독교에서 말하는 정의로운 평화와 "정의가 평화를 창조한다"는 사상에도 일치한다.

## (2) 함석헌 평화론의 특징

첫째, 함석헌은 평화를 신조와 생명과 필연과 역사의 절대적 명령이라고 하고 인간이 마땅히 해야 할 당위와 의무로 보았다. 마치 칸트의 정언명령과 같은 것이다.

---

5) J. Moltmann, Gerechtigkeit schafft Zukunft, p. 58.
6) 『함석헌 전집』제11권, 한길사, p. 369.
7) 『함석헌 전집』제5권, p. 142.

"평화는 할 수 있으면 하고 할 수 없으면 말 문제가 아니다. 가능해도 가고 불가능해도 가야하는 길이다. 이것은 역사의 절대명령이다. 평화 아니면 생명의 멸망이 있을 뿐이다. 그러므로 이것은 믿음의 길이지 계산의 길이 아니다."[8]

"삶이 하나 밖에 없는 유일한 길인 것처럼 평화도 유일한 길이다. 평화는 크고 하나 밖에 없는 길인 대도(大道)이며, 궁극의 문제, 언제나 있어야 할 도(道)이다."[9]

둘째, 평화는 전쟁을 하지 않고 사회정의를 실현하는 것이다.[10] 정의를 통해 평화를 실현하려면 힘의 숭배, 돈의 숭배를 그만두어야 하고 사회악을 제거해야 한다.[11]

함석헌은, 정의는 마침내 승리한다고 단언적으로 확신에 차서 말한다. "정의는 이긴다. 정의만이 이긴다."[12] 일본군국주의와 히틀러의 나치가 패망한 것은 정의가 이긴다는 것의 증거이며, 하나님의 정의의 빗자루에 쓸려 패망한 것이라고 하였다.[13] 함석헌은, "사회정의가 서지 않는 나라는 나라가 아니요 어떤 한 파가 결속하고 전체

---

8) 『함석헌 전집』제14권, p.29.
9) 『함석헌 전집』제14권, p.30.
10) 『함석헌전집』제5권, p.142.
11) 『함석헌 전집』제5권, p.143.
12) 『함석헌 전집』제19권, p.325.
13) 『함석헌 전집』제19권, p.325.

를 지배하고, 있는 하나의 집단주의다"[14]라고 하면서 "미치는 정치를 이기는 것은 정의와 평화의 정신밖에 없음을 안다"고 하였다.[15] 구조적 폭력의 제거를 평화로 보는 갈퉁의 평화론처럼, 함석헌은 사회적 문제를 구조적으로 보았다. 함석헌은 개인의 문제를 사회의 구조적인 문제로 이해하였다. 1964년 서울 남가좌동에서 생활고로 세 자녀를 독살하고 자기도 자살한 아버지의 사건을 보고, 세 자녀를 죽인 것은 우리 사회라고 하는 구조적 악의 문제로 보았다.[16]

셋째, 평화운동은 공동체의식과 연대의식을 가지고 "같이 살기운동"을 펴는 것이다.[17] "같이 살기운동"은 사회정의를 실천하여 평화의 삶과 사회를 만들자는 운동이다. 차별이 없고, 평등하고, 자유로우며, 사회적 약자를 돕는 정의롭고 평화로운 사회를 만드는 것이다.

평화는 공동체의식과 연대의식을 가지고 "같이 살기운동"을 펴는 것이다. 기독교적 평화개념이 정의로운 평화, 주어진 상태가 아니라 실현되어 가는 과정, 소유가 아니라 공동의 길인 것처럼, 함석헌은 평화를 실천하려면 함께 더불어 연대성을 가지고 공동의 작업으로 실현할 것을 강조하였다. 함석헌은 평화운동은 전체의식 없이는 될 수 없다고 하였다.[18] 여기서 전체의식은 하나가 되는 공동체의식과

---

14) 『함석헌 전집』제14권, p.15.
15) 『함석헌 전집』제14권, p.19.
16) 『함석헌 전집』제14권, p.23.
17) 『함석헌 전집』제14권, p.8.
18) 『함석헌 전집』제14권, p.42.

도 같은 것이다.

함석헌은 "같이 살기운동을 일으키자"고 함께 더불어 사는 운동을 제창하였다.[19] "같이 살기운동"은 결과적으로 사회정의를 실천하여 평화의 삶과 사회를 만들자는 운동이다. 차별이 없고, 평등하고 사회적 약자를 돕는 자유로운 사회를 만드는 것이다. 생존경쟁을 원리로 삼는 국가주의의 사회가 아니라, 사랑으로써 자유와 평등을 동시에 가능하게 하는 "같이 사는 사회"를 만드는 것이다.

넷째, 함석헌은 전쟁을 비판하고 거부하는 절대적 평화주의(Pacifism)이다.[20] 『노자』의 31장 "무릇 좋은 병기는 상서(祥瑞)롭지 못한 도구다"(夫佳 兵者 不祥之器)라는 말을 원용하여 전쟁을 비판하고 반대한다.[21] 종교적·사회적 변화를 전제로 군대의 폐지를 주장하기도 하였으며 병역거부를 주장하였다. 그 자신이 군사독재정권에 항거하였으며 월남파병 당시에 단식으로 파병을 반대하였다. 함석헌은 국가주의를 반대한다. 국가는 폭력을 합법화하기 때문이다. 함석헌은 구한말에 태어나 일제 강점기에 성장하여 교육받고 활동하다가 해방 후 북한공산 치하에서 고초를 겪던 중 월남하여 박정희 군사정권 하에서 지내면서 군사화된 국가의 국가주의는 평화의 반대라는 확

---

19) 『함석헌 전집』제14권, p.8.

20) 정지석, "한국기독교 평화윤리의 연구: 기독교평화주의(Christian Pacifism)와 함석헌의 평화사상," 『기독교사회윤리』제11집, pp.207-236. 정지석 "개혁적 반전평화주의의 사상," 김영호,"비폭력 평화정신," 씨알사상연구회편, 『씨 일 생명 평화』(한길사: 2007). Jiseok Jung, Ham Sokhon's Pacifism and Reunification of Korea. A Quaker Theology of Peace. New York, 2006.

21) 『함석헌전집』제20권, pp. 39-43.

신이 생기게 된 듯하다. 함석헌은 국가주의를 일제의 군국주의나 박정희의 군사독재와 동일시하여 국가를 폭력을 행사하는 집단으로 보았다. 정치의 목표는 권력을 잡는 것이다. 권력을 잡고 유지하기 위해서는 폭력의 집단을 양성하는 것이며 군사주의를 낳게 된다. 이 군사주의를 합법화시키기 위하여 국가라는 것을 만들게 되었다. 국가주의를 청산하지 못하면 인류의 구원이 없을 것이다.[22] 함석헌은 국가주의를 "평화의 정말 방해자"라고 규정하고 국가지상주의 정부 지상주의 국가주의라는 큰 우상을 "깨뜨려야 하는" 대상으로 설정했다. [23]

현대 평화론에는 세 가지의 입장이 있다.[24] 첫째, 거룩한 수단으로 전쟁을 하는 십자군전쟁과 같은 성전론(聖戰論, Holy War Theory), 둘째, 정의와 평화를 이루는 데에 전쟁이 불가피하다면 전쟁을 하는 것이 정당하다는 정당한 전쟁론(Just War Theory), 셋째, 폭력사용과 전쟁 참여를 반대하는 평화주의(Pacifism)이다. 터툴리아누스, 오리게누스, 톨스토이, 간디, 마틴 루터 킹, 메노나이트, 퀘이커교도들이 이러한 입장에 서 있다. 평화주의에는 인도주의 입장에서 전쟁을 반대하는 인도적 평화주의(humanistic pacifism)와 비폭력이 폭력보다 더 효과적인 방법이라는 실용주의적 평화주의(pragmatic pacifism)가 있다. 함석헌은 실용주의적 평화주의보다 인도적 평화주의라고 할 수 있다.

---

22) 『함석헌전집』제11권, p.33.

23) 박노자, "함석헌: 국가주의를 극복해 나가는 길," 씨알사상연구회 2007, 발표문, p.8.

24) 신원하, 『전쟁과 정치』, 대한기독교서회, 2003, pp.134ff. . 철학연구회, 『정의로운 전쟁은 가능한가』( 철학과 현실사: 2006). Michael Walzer, Just and Unjust Wars: A Moral Argument With Historical Illustrations, New York, 1977.

다섯째, 함석헌의 평화론은 씨을평화주의이다. 함석헌 하면 씨을, 씨을하면 함석헌을 연상한다. 그러나 '씨을'은 함석헌의 스승되는 유영모가『大學』의 "大學之道 在明明德 在親(新)民 在止於至善"을 "한 배움 길은 밝은 속알 밝힘에 있으며 씨알 어뵘에 있으며 된데 머묾에 있나니라"에서 백성 '民'자를 '씨알'로 옮긴 것을 함석헌이 '씨을'로 사용한 것이다.[25] 씨을은 영어로는 'people'이다. 씨을이란 무엇인가? 씨을은 권력도 지위도 없이 못났기 때문에 주인노릇을 할 수 있다고 함석헌은 말한다.

> "말 그대로 지위도 없이 권력도 없이 그저 땅을 디디고 서서 전체를
> 위해서, 전체라는 걸 의식도 못하면서 전체를 위해서 봉사하다 가는
> 사람들입니다. 그러니까 난대로 있는 사람, 못났기 때문에 하나님이
> 만들어준 그 본성을, 그 바탈을, 비교적 깨뜨리지 않고 가지고 있는
> 사람들, 그러니까 나라의 주인 노릇할 수 있는 거지만, 지위가 있는
> 사람은 지위가 있는 대신에 그 바탈을 다 팔아 먹었어."[26]

함석헌은 씨을은 평화의 담지자요, 평화의 원천이라고 보았다. 함석헌 평화론의 궁극목표는 씨을의 평화이다. "씨을의 바탈이 평화요, 평화의 열매가 씨을이다"[27]라고 주장한다. 씨을의 목적은 평화

---

25) 『함석헌전집』제14권, p.323.
26) 『함석헌전집』제12권, p.124.
27) 『함석헌전집』제12권, p.282.

의 세계이다. 모든 국민이, 모든 민중이, 모든 씨올이 평화롭게 사는 것이 진정한 평화가 이루어지는 세계이다. 씨올 자체가 평화요, 씨올은 평화를 이룰 능력이 있다고 본 것이다. 평화가 이루어지지 않는 것은 씨올이 있어야 할 자리에서 제 능력을 발휘하지 못하고 있다는 증거다. 그것은 국가지상주의, 정부지상주의 때문이라고 한다. 함석헌은 평화를 세우는 데 가장 큰 방해가 되는 것은 강대국의 정치가들이라고 하면서 이들은 군대라는 조직적 폭력과 선전과 과학적인 정보기술로 세계를 지배하려고 한다고 하였다. 함석헌은 씨올은 이기고 말 것인데, 국가주의 암벽을 무너뜨리고 폭력주의의 사나운 짐승을 잡기 위해 몇 가지 할 일이 있다고 한다. 첫째, 씨올이 손을 잡는 것, 둘째, 씨올의 과학화, 셋째, 비폭력 투쟁을 널리 일으키는 일이라고 말한다.[28]

여섯째, 함석헌은 "세계를 위한 평화기구"와 한반도 중립화 평화 통일론을 주장하였다. 그는 한반도 통일문제는 세계평화를 실현하는 일의 한 과정이라고 이해하고,[29] 통일의 방식에 대해 중립화 통일론을 주장하였다. 그는 중립화 통일론은 공산주의와 민주주의의 두 주의(主義)의 대립을 초월하는 자리에서 될 수 있을 것이라고 주장을 하고, 공산주의자에 대한 미운 생각이 없어져야 통일을 이룰 수 있을 것이라고 하였다. 이것을 이루기 위해서는 민중이 각성을 하고

---

28) 『함석헌전집』제12권,pp.285~288.
29) 『함석헌 전집』제3권,p.188.

세 가지 단계를 거쳐야 한다. ① 불가침조약을 맺는 일 ② 군비축소 ③ 평화를 국시로 하는 세 단계이다.[30]

## 2. 종교적 비폭력저항의 평화론.

### 1) 비폭력저항의 종교적 평화주의 : 예수, 간디, 함석헌의 비폭력저항

#### (1) 예수의 비폭력저항

##### ① 비폭력 : 폭력에서 해방

예수의 비폭력사상은 예수의 산상설교에서 찾아볼 수 있다.(마태복음 5: 38-48) 예수는 산상설교에서 "악한 자를 대적하지 말라 누구든지 네 오른 뺨을 치거든 왼편도 돌려대라"(마태 5:39)는 보복하지 말라는 것과 "원수를 사랑하라"(마태 5:44)고 말하고 있다. 이것은 폭력에서의 해방과 적대감의 극복을 말하고 있다. 다른 말로 표현하자면 폭력으로부터 자유로운 행위인 비폭력과 선으로 악을 갚을 것을 말하고 있다.

"악한 자를 대적하지 말라"의 "대적한다"(표준 새번역에는 "맞서지 말라"로 번역됨)의 성서원문 그리스어 안티스테나이(άντιστῆναι, antistēnai)는 일반적으로 인명살상의 가능성이 있는 소요사태나 무장혁명을 가리키며, 여기 마태복음 5:39에서는 "힘으로 저항한다"(to resist

---

30) 『함석헌 전집』 제14권, pp.8-61.

forcibly)는 뜻으로 사용되었다.[31] 따라서 "악한 자를 대적하지 말라" 는 "악에 대해 (혹은 너에게 악을 행한 사람에 대해) 똑같은 식으로 맞받아 치지 말아라"는 의미이다. 이 구절을 영어권에서 "악한 자에 맞서서 폭력적으로 대응하지 말라"(Don't react violently against the one who is evil) 로 새롭게 번역하기도 하였다. 예수의 말씀은 악에 저항하려는 의지 를 꺾어버리고 굴종하도록 권고하는 말씀이 아니라 악에 대하여 대 항하기 위한 수단에 관한 말씀이다. 악에 대한 일반적 대응 방법은 수동적 태도로 도피(flight)하는 것, 폭력적 대항으로 싸움(fight)하는 것이 있는 데, 예수의 방법은 제3의 길인 전투적 비폭력(militant non-violence)이다.[32] 예수의 비폭력은 비폭력저항이다. 예수가 말한 비폭 력은 폭력의 포기처럼 해석하여 왔으나, 폭력의 포기가 아니라 폭력 으로부터 자유로운 것(Gewaltfreiheit)이다. 무기력 때문에 폭력을 사용 하지 않는 것이 아니라 폭력을 사용할 수 있음에도 불구하고 사용하 지 않고 비폭력을 행사하는 것이다. "예수의 폭력으로부터의 자유 는 탈정치화를 의미하지 않으며 권력에 대한 포기를 의미하지도 않 는다."[33] 불의(不義)한 권력 행사에 대하여는 저항의 의무가 발생 된다.

31) Walter Wink, Jesus and Nonviolence . A Third Way, Minneapolis, 2003, p.11.p.p.107. 월터 윙크, 『예수와 비폭력 혁명. 제3의길』, 김준우 옮김( 한국기독교 연구소: 2003), p.29.p.111.

32) Walter Wink, Jesus and Nonviolence . A Third Way, pp. 9-14. 월터 윙크, 『예수와 비폭력 혁 명. 제3의길』, pp.27-30.

33) J. 몰트만, 『예수 그리스도의길』, 김균진·김명용역( 대한기독교서회: 1989), p.191. U. Luz Das Evangelium nach Matthäus, EKK 1/1 Zürich./Neukirchen, 1985. pp.290ff. G. Strecker, Die Bergpredigt, Göttingen, 1984. pp.85ff. G.Lohfink ,Wem gilt die Bergpredigt?, Freiburg, 1988. pp.42ff. 참조.

권력과 폭력은 어떻게 구분할 수 있는가? 권력(Macht, power)은 힘의 정당한 사용을 말하며 폭력(Gewalt, violence)은 힘의 정당하지 못한 사용을 의미한다. 폭력과 비폭력을 구분하는 척도(Maßstab)는 정의(正義)에 있다. 폭력은 폭력을 불러오기 때문에 폭력의 악순환을 끊으려면 비폭력을 사용해야 한다.

② 원수사랑: 적대감의 극복과 원수에 대한 책임

예수에 의하면 평화에 이르는 길은 적대감을 극복하고 원수를 사랑하는 것이다.(마 5:43-48) 원수사랑은 가장 완전한 이웃사랑 형태이며 가장 완전한 정의의 형태로서 이 땅위에 항구적 평화를 정착시키는 지름길이다. 원수사랑은 결코 원수에게 굴복하는 것이 아니라 적대감을 창조적이고 지혜롭게 극복하는 것이다.

개인적인 생활에서 원수사랑의 실천은 매우 어려운 일이다. 그러나 오늘날 핵시대를 맞아 원수사랑은 정치적으로 유일하게 합리적인 것이다. 왜냐하면 핵무기의 위협 속에서 원수만 선택하여 죽일 수 없으며, 핵시대는 원수를 전멸시키고자 하면 적과 함께 죽게 되기 때문이다. 인류가 살 수 있는 길은 적대감을 극복하고 인류 공동의 안전과 항구적 발전을 위한 책임을 떠맡음으로써 평화를 정착시키는 것이다. 원수사랑은 핵시대에 인류가 생존할 수 있는 평화의 정치를 만들 수 있다.[34)]

독일의 비스마르크는 "산상설교를 가지고 국가를 통치할 수 없다"

---

34) J.Moltmann, Gerechtigkeit schafft Zukunft, p.59f. p.62.

고 말한 바 있지만 몰트만은 핵시대에 산상설교를 거슬러서는 생존의 정치가 있을 수 없다고 주장하였다.[35] 산상설교로서 비로소 평화의 정치를 만들어 낼 수 있다. 이렇게 함으로써 성서에서 말하는 "칼을 쳐서 보습을 만들고 창을 쳐서 낫을 만들어"(이사야 2:4, 미가 4:3) 더 이상 전쟁을 하지 않는 시대가 올 수 있을 것이다. 그리스도교 신앙은 폭력과 전쟁의 시대에 정의와 평화를 공개적으로 증언하는 것이다. 원수사랑은 자기희생이기에 예수의 고난에 동참하는 십자가를 지는 행위가 된다.[36]

### (2) 간디의 비폭력저항

간디의 비폭력사상은 사티아그라하(Satyagraha 진리파지)와 아힘사(Ahimsa 비폭력, 사랑)를 행동으로 실천하는 것이다. [37]

사티아그라하(Satyāgraha)는 진리파지(眞理把持), "진리를 단단히 붙드는 것"(firmly holding to the truth)[38]으로 진실성, 절제, 비폭력, 가난 그리고 무소유의 서약들을 지향하는 사람들의 자세를 의미한다.[39]

아힘사(Ahimsa)는 원래 비폭력, 불상해(不傷害), 죽이거나 상해하려

---

35) J. Moltmann, Gerechtigkeit schafft Zukunft, p. 42.

36) 유석성, "본회퍼의 그리스도의 제자직," 『신학과 선교』 제23집, 서울신학대학교, 2000, p. 299.

37) 간디의 사티아그라하에 관하여: 라가르 이예르 편, 『마하뜨마 간디의 도덕·정치사상 권3. 비폭력저항과 사회 변혁 (상) 』허우성 역 (소명출판: 2004), pp. 21-272. 간디의 아힘사에 관하여: 라가르 이예르 편, 『마하뜨마 간디의 도덕·정치사상 권2. 진리와 비폭력 (하) 』허우성 역 (소명출판: 2004), pp. 275-651.

38) Terrence J. Rynne, Gandhi &Jesus. The Saving Power of Nonviolence, New York, 2008, p. 1.

39) Wolfgang Huber. Hans-Richard Reuter, Friedensethik, Stuttgart, 1990, p. 123.


240   정의와 평화윤리

는 의지의 포기를 뜻하지만 간디는 이것을 적극적 의미인 사랑으로 해석하였다. "아힘사는 적극적인 형태로는 최대의 사랑과 자선을 의미한다."[40] 따라서 아힘사는 "폭력이나 저항을 행사하지 않는다는 수동적이고 소극적인 것이 아니라 용서와 관용, 동정, 사랑, 봉사를 포함하는 보다 적극적인 의미를 갖는다. 그리고 사랑의 증거는 자기희생과 고통의 감내로서 이것이 바로 고행이며 그에 의해 마음이 정화된다."[41]

사티아그라하는 강자의 무기이며, 폭력을 용납하지 않고, 진리를 고수한다.[42] 사티아그라하는 약자(弱者)의 철학이 아니라 오직 강자만이 따를 수 있는 신념이다.[43] 간디는 증오와 폭력을 약함과 비겁의 표현이라고 하였다. 간디의 입장은 평화윤리를 위한 의미에서 약자의 비폭력(non-violence of the weak. Gewaltlosigkeit)과 용감한 자의 비폭력(non-violence of the brave. Gewaltfreiheit) 사이의 구별을 고려할 때만 이해되어 질 수 있다. 약자의 비폭력은 무기력(無氣力 Gewaltlosigkeit)이고, 용감한 자의 비폭력은 폭력으로부터 자유로운 비폭력(Gewaltfreiheit, non-violence)이다. 무기력은 힘이 열등하거나 전술적 차원에서 무력사용을 포기한 사람들의 행동방식을 의미한다. 이와는 달리 폭력으로부터 자유로운 비폭력은 폭력의 성공적인 사용을 위한 외적 전제 조건들이 존재하는 데도 불구하고 의도적으로 그리고 자발

---

40) 라가르 이예르 편, 『마하뜨마 간디의 도덕.정치사상 권2. 진리와 비폭력 (하) 』 p.277.
41) 이지수, 『인도에 대하여. 한권에 담은 인도의 모든 것』, 통나무, 2002, p.282.
42) 라가르 이예르 편, 『마하뜨마 간디의 도덕·정치사상 권3.비폭력저항과 사회변혁 (상) 』 p.81.
43) 라가르 이예르 편, 『마하뜨마 간디의 도덕·정치사상 권2. 진리와 비폭력 (하) 』, p.410.

적으로 생각, 말, 행동에 있어서 모든 폭력을 포기한 사람들의 자세이다.[44] 간디의 비폭력은 적이 폭력적 수단을 사용할 경우에도 비폭력을 고수할 것을 요구하는 것이다. 비폭력의 목적은 수단의 선택에 있어서 모든 폭력을 포기할 때 가능하다.[45] 간디의 비폭력은 적대자에게 파괴적 감정이 없는 비폭력저항이다. 이것은 비기독교도인 간디가 예수의 산상설교의 정신을 따른 것이다. 간디의 투쟁방식을 흔히 비폭력무저항이라고 하지만 비폭력무저항이 아니라 비폭력저항이다.

간디에게 종교와 정치는 분리할 수 없기에[46] 정치적, 사회적 행동은 종교적 행위였다. 간디는 정치적 활동은 종교적 원리를 현실적 삶에 실현하는 종교적 수행 내지 실천행위라고 생각하고, 이웃에 대한 봉사의 행위에서 진리, 즉 신을 찾았다. 간디는 그의 자서전에서 분명하게 말한다. "나는 신은 오직 봉사를 통해 실현된다고 생각하였기 때문에 봉사의 종교를 내 종교로 삼았다. 그 종교란 인도에 대한 봉사였다."[47]

종교를 현실에 실현시키는 방법이 사티아그라하이며, 진리의 힘, 영혼의 힘으로서 사티아그라하는 폭력이나 물리력에 반대되는 사랑

---

44) W.Huber, H.-R.Reuter, Friedensethik, p.124.

45) 라가르 이예르 편, 『마하뜨마 간디의 도덕·정치사상 권2. 진리와 비폭력 (하)』, p.584.

46) 라가르 이예르 편, 『마하뜨마 간디의 도덕·정치사상 권1 문명·정치·종교(하)』허우성 역 (서울: 소명출판,2004, p.517.

47) Mohandas K. Gandhi, An Autobiography. The Story of My Experiments With Truth, Boston,1957, 158. 간디, 『간디자서전』, 박홍규 옮김 (문예출판사 : 2007), p.232. 간디, 『간디자서전. 나의 진리실험이야기』, 함석헌 옮김 (한길사: 2006) p.239.

의 힘이다.[48] 간디는 신은 만물 속에 존재하는 내적 본질이기 때문에 나 자신과 이웃 모두 속에 내재하는 실재인 진리라고 생각하였다. 간디는 진리, 즉 신을 이웃에 대한 봉사의 행위에서 구했다. "신은 내 마음을 사랑으로 정화시키고 동시에 타인에게 동정과 친절과 사랑을 베풀 때 신에 가까이 다가가는 것이다. 이웃에 봉사하는 것이 곧 신에 대한 사랑이며, 그것이 곧 신을 실현하는 것이다."[49]

간디의 비폭력적 실천은 도덕과 행동의 일치를 지향했고, 인간의 마음과 똑같이 사회의 구조를 목표로 하였다. 사티아그라하는 자기 정화와 행동을 위한 준비와 함께 시작한다. 사티아그라하는 내적인 준비, 마음의 정화를 하고 사회적, 정치적 행동을 하는 것이다. 협력거부, 보이코트, 시민불복종은 소극적 측면이고, 사회를 위한 조직적 조치들은 적극적 측면이다. 사티아그라하의 도구로써 단식은 개인적 자기정화와 정치적 의사표시가 가장 분명하게 결합된 것이다.[50]

### (3) 함석헌의 비폭력저항

함석헌 평화사상의 특징은 비폭력저항이라고 할 수 있다. 함석헌은 평화를 실현하는 유일한 길은 오직 비폭력의 길밖에 없다고 하면서 비폭력은 참이요 진리라고 하여 비폭력을 종교적 차원으로 이해

---

48) 이지수, 『인도에 대하여. 한권에 담은 인도의 모든 것』, p.279.
49) 이지수, 『인도에 대하여』, p.281.
50) W. Huber., Friedensethik, p.124.

하였다.[51] 그는 정신의 중요성을 강조하여 비폭력을 정신이요 말씀의 얼이라고 주장하며 비폭력 혁명을 정신혁명이라고 하였다.[52] 이 정신혁명인 비폭력혁명은 새로운 도덕, 새 국가관, 새 정치철학, 새 문명을 만드는 원리로서 인류의 나갈 길을 제시한다.[53]

함석헌은 비폭력주의에 대해서 다음과 같이 정의하였다. "비폭력주의는 서로 경쟁이 아니고 문제가 있을 때에도 자기희생에 의하여 서로 저쪽의 속에 숨어있는 좋은 힘을 끌어내도록 하자는 노력이다."[54] 비폭력을 행하려면 먼저 예수 정신에 따라 십자가를 지는 것과 같은 자기희생이 필요하다. 그뿐 아니라 상대방을 인정하고 인간으로서 신뢰하고 대접하고 상대방을 헤아려 존중하는 황금률의 정신(마태 7:12)이 필요하다. 그렇게 함으로써 상대방 속에 잠재해 있는 좋은 점을 끌어내어 "같이 사는 사회"인 사랑과 평화의 사회로 만들자는 것이 함석헌의 비폭력정신이라고 이해할 수 있다. 우리 민족은 역사상 다른 민족을 침략한 일이 별로 없고, 건국사상, 3.1운동, 4.19혁명에서 보여준 바와 같이 비폭력정신을 가진 평화민족이기 때문에 세계평화에 기여할 수 있다.[55]

함석헌은 비폭력정신의 최고봉이요 꽃이라고 할 수 있는 예수의 원수사랑의 정신, 적대감을 극복하는 길에 대한 "너희 원수를 사랑

---

51) 『함석헌전집』제2권, p.34.
52) 『함석헌전집』제2권, p.36.
53) 『함석헌전집』제2권, p.44.
54) 『함석헌전집』제2권, p.49.
55) 『함석헌전집』제2권, p.45.

하며 너희를 박해하는 자를 위하여 기도하라"(마태 6:44)는 예수의 정신을 충실하게 따르고 있다. "사랑하는 것, 대적을 위해서 기도하는 것, 우리가 악을 대적하기는 하지만 그 사람을 미워해서는 안 된다는 것, 그런 것을 하기는 어렵지만 힘닿는 데까지 해야 해요"[56)

예수와 간디, 함석헌의 비폭력저항사상은 어떻게 다른가? 예수의 비폭력사상은 폭력의 포기가 아니라 폭력으로부터 자유스러운 비폭력이며 적대감의 극복이다. 간디의 비폭력사상은 비폭력저항이며 이 비폭력은 진리를 실현하는 것이다. 함석헌의 비폭력사상은 평화를 실현하기 위한 삶의 길이며 정신혁명이었고 자기희생 정신이었다.

예수 그리스도가 비폭력정신과 동기를 마련했다면 간디는 그 실행방법을 마련한 것이다. 힌두교도인 간디가 예수의 정신을 가장 잘 실천하였다는 평가를 받는다. 본회퍼는 "동쪽에 있는 이교도에게 우리는 수치를 당해야만 하는가?"[57)라고 하였다. 물론 이 이교도는 간디를 말한 것이다. 본회퍼는 간디가 어느 기독교인보다도 더 예수의 비폭력저항과 원수사랑의 가르침을 가장 잘 실천하였다고 본 것이다.

예수의 비폭력정신은 간디에게로, 간디의 비폭력정신은 함석헌에게로 계승된다. 예수와 간디는 무기력에서 비폭력을 행하는 것이 아니라 폭력을 행사할 수 있음에도 불구하고 비폭력을 행하는 것이며,

---

56) 함석헌기념사업회 엮음, 『끝나지 않은 강연』( 삼인: 2001), p.127.
57) Dietrich Bonhoeffer, Gesammelte Schriften I. München,1978, p.219.

수단의 선택에서도 비폭력을 택하는 것이고, 미워하는 감정을 극복하는 것이다. 비폭력에 대하여 예수는 원수사랑으로, 간디는 사티아그라하로, 함석헌에게는 삶의 길, 도(道)를 행하는 방법으로 표현되었다. 함석헌에게 비폭력은 삶의 원리요 행동의 준칙(Maxime)이었다.

그래도 남는 문제는 예수의 보복금지와 원수사랑에서 말하고 있는 비폭력정신이 과연 인간에게 실천 가능한 것인가? 인간의 이상적인 규범으로 생각할 수도 있지만 간디는 예수의 비폭력을 수동적이아니라 창조적이고 용기 있고 단호하게 실현 가능하다고 보았다. [58]

## 3. 시민불복종과 저항권

### (1) 헨리 소로의 시민불복종

함석헌의 비폭력사상은 비폭력저항이다. 이와 연관하여 생각할수 있는 것이 시민불복종과 저항권의 문제이다.

국가권력에 저항하는 방법에는 시민불복종과 저항권이 있다. 시민불복종은 일반적으로 비폭력적 방법을 사용하지만 저항권은 폭력적 방법을 사용한다. 시민불복종은 정의감과 양심에 따라서 위법적행동으로 항거하는 것이다. "시민불복종은 법이나 정부의 정책에 변혁을 가져올 목적으로 행해지는, 공공적이고 비폭력적이며 양심적

---

58) Terrence J. Rynne, Gandhi &Jesus, The Saving Power of Nonviolence, p.131.

이긴 하지만 법에 반하는 정치적 행위이다"[59]

현대의 시민불복종(civil disobedience)은 미국의 헨리 데이비드 소로
(Henry David Thoreau 1817- 1862)에서 시작하여 인도의 마하트마 간디
(Mohandas Karamchand Gandhi 1869-1948), 미국의 흑인 민권운동가 마
르틴 루터 킹(Martin Luther King 1929-1968)이 펼친 시민저항운동이다.
시민불복종은 서구에서는 키케로, 토마스 아퀴나스, 존 로크 등의 사
상 속에서도 찾아볼 수 있지만 현대에 시민불복종을 시작한 사람은
소로이다.

소로는 1849년에 발표한 「시민 정부에 대한 저항」(Resistance to
Civil Government)'을 발표하였다. 그의 사후 『시민의 불복종』(Civil
Disobedience)으로 출판되어 시민불복종운동의 중요한 사상적 텍스
트가 되었다. 이 책이 나오게 된 것은 1846년(29세) 소로가 노예제도
와 멕시코 전쟁(1846-1848)에 반대해 인두세 납부를 6년간 거부하다
가 감옥에 수감되나 친척이 몰래 대납을 하여 하루만에 석방이 된다.
이 감옥에 수감된 사건에 대해 1848년 콩고드 지역의 문화회관에서
강연을 하고 그 이듬해(1849, 32세) 글로써 발표한 것이 『시민의 불복
종』이다.  이 『시민의 불복종』을 톨스토이가 읽고 높이 평가하여 세
상에 알려지게 되었다. 그후 사티아그라하 운동을 펼치던 간디가 이
글을 읽고 크게 감명받았고, 그후 미국에서는 1950년대와 1960년
대 마르틴 루터 킹 목사가 예수, 간디, 소로의 영향으로 흑인 민권운

59) John Rawls, A Theory of Justice, Revised Edition, Cambridge, 1999, p.320. 존 롤즈, 『정의
론』황경식 옮김 ( 이학사: 2003), p.475.

동을 비폭력적 방법으로 펼치게 된다. 인도는 독립을 하였고 미국은 법적으로는 흑인에 대한 인종차별이 없어졌으며, 민주당에서는 흑인인 오바마가 대통령 후보가 될 정도로 미국사회가 변화하였다.

소로는 시민불복종의 특징을 수동적이고, 비폭력적이고, 정중하고, 시민적이라고 하였다. 비폭력운동을 전개하기 위해서는 네 단계를 거쳐야 한다. ① 부정이 존재하는가 여부의 결정 ② 협상 ③ 자기정화 ④ 직접적 행동이다.[60]

소로의 시민불복종의 주장은 3명제로 요약할 수 있다. ① 사람은 불법을 해서는 안 된다. ② 부정을 지지 하는 것은 불법적인 것이다 ③ 부정한 법을 제정·집행하는 정부의 권위를 수락하는 것은 이들 불법을 지지하는 것이다. 이러한 논리에서 정부가 부정을 저지를 경우에는 시민은 저항을 하여야 한다고 하였다.[61] 소로는 시민불복종은 정의와 양심의 문제 때문에 하게 된다고 한다. "우리는 먼저 인간이 되어야 하고, 그다음에 국민이 되어야 한다고 생각한다. 법에 대한 존경심보다는 먼저 정의에 대한 존경심을 기르는 것이 바람직하다. 내가 떠맡을 권리가 있는 나의 유일한 책무는, 어떤 때이고 간에 내가 옳다고 생각하는 일을 행하는 일이다."[62]

소로는 양심 때문에 국가에 필연적으로 저항하게 된다고 하였

---

60) Crawford (ed.), Civil Disobedience„ Thomas Y. Crowell Co., 1973,231-232. 윤명선, "시민적 불복종의 법리," 『법치국가와 시민적불복종』, p.167, 재인용.

61) Crawford (ed..),Civil Disobedience, 152. 윤명선, p.163.

62) 헨리 D. 소로, 『시민의 불복종』, 강승영 옮김(서울: 도서출판 이레, 1999), p.13.

다.[63] 소로는 부당하게 가두는 정부 밑에서 의로운 사람이 진정 있을 곳은 감옥이라고 하였다.[64] 투옥은 불복종자의 행동을 정당화하고 그 이론을 합리화하는데 중요한 역할을 한다. 시민들에게 교육적인 면에서 체포·구금·투옥되는 것이 불복종자들의 행위가 정당하므로 무죄를 주장하는 것보다 효과적이다.[65]

소로는 인류의 역사는 전제군주제에서 입헌군주제로, 입헌군주제에서 민주주의로 발전되었다고 하고 '다수자의 지배' 보다도 '개인의 양심'을 중요하게 생각하였다. 그는 단 한사람이라도 도덕적으로 우위이면 그는 이미 다른 사람들을 이길 수 있다는 '한사람의 다수(majority of one)'라는 표현을 사용하였다.[66] 그는 권위 없는 정부인 '다스리지 않는 정부'를 이상적 정부로 생각하였다. 이점 때문에 소로가 무정부주의자라는 비판을 받기도 한다. 소로는 끝까지 비폭력을 견지하고 저항의 수단으로 평화적 방법을 선택하였다. 정부의 폭정이나 무능이 너무나 커서 참을 수 없을 때는 정부에 대한 충성을 거부하고 정부에 저항하는 권리 즉, 저항권을 혁명의 권리라고 하였다. 그러나 폭력적이고 유혈적인 방법이 아닌 '평화적 혁명'을 말하고 있다. 불의한 정부 아래에 있는 국민이 충성을 거부하고 세금을 징수하는 공무원이 사표를 내는 것을 혁명이라고 말하고 있다.[67] 소

---

63) 헨리 D. 소로, 『시민의 불복종』, p.15.
64) 헨리 D. 소로, 『시민의 불복종』, p.32.
65) 윤명선, 「시민의 불복종원리」, p.165.
66) 헨리 D. 소로, 『시민의 불복종』, p.57, p.30.
67) 헨리 D. 소로, 『시민의 불복종』, p.16, p.34.

로는 부정의(不正義)한 법규에 대해서는 불복종할 도덕적 의무가 있다고 한 것이다. 소로는 정의(正義)와 부정의(不正義)의 구별 기준을 생명, 자유, 재산, 기회, 명예들을 부여하는 것은 정의이고, 이들을 박탈하는 것은 부정의라고 하였다. 소로는 법적 안정성을 위해 불복종을 정당화할 수 있는 때는 "크고 감내할 수 없는" 경우로 한계 지었다. 그에 대한 비판은 선과 악의 사회적 투쟁을 너무 단순화하였고 도덕적으로 순수한 행동의 가능성을 맹신하고 있는 이상주의자라고 한다.[68]

### (2) 간디의 시민불복종

간디의 시민불복종운동은 사티아그라하와 아힘사 원리에서 수행되었다. 간디에게 비폭력과 시민불복종에 영향을 준 것은 인도의 『바가바드 기타』, 예수의 산상설교 그리고 영국의 존 러스킨(1819-1900), 미국의 헨리 데이비드 소로, 러시아의 톨스토이다.

간디가 시민불복종운동을 시작하게 된 것은 소로의 책을 읽은 후가 아닌 이미 그 이전부터 시작하였다. 간디는 사티아그라하의 이념에 따라 남아프리카 권력자들에게 정치적 저항을 하였고, 이 정치적 투쟁 방법을 '소극적 저항'이라고 불렀다. 간디는 이 용어가 적당하지 않아 구자라트어를 사용하는 동포들인 인도인들을 위해 '사티아그라하'라는 단어를 만들어 내었다. 이 저항의 과정 속에서 간디는

---

68) 윤명선, "시민의 불복종원리," p.165.

1907년 수동적 저항 투쟁이 한창일 때 한 친구가 보내준 소로의『시민의 불복종』을 읽고 깊은 감명을 받았다.[69] 간디는 소로를 읽고 불의(不義)와 부정의에 저항하는 것과 이 저항에는 비폭력적 방법을 사용해야 한다는 확신을 갖게 되었다.

간디는 영국의 독자들에게 자신을 더욱 더 잘 이해시키기 위해서 소로의 책 제목인 "시민의 불복종"이란 말을 사용하였다. 그러나 '시민의 불복종'이라는 표현이 투쟁의 전반적인 범위를 다 설명해 주지 못했기 때문에 간디는 더 적극적 표현인 "시민의 저항"이라는 이름을 붙이고 투쟁하였다.[70] 간디가 시민불복종 운동으로 행한 대표적인 것으로는 영국의 전매제도인 소금법에 반대해 1930년 3월 12-4월6일까지 78명의 지지자들과 함께 아메다바드에서 단디까지 241마일의 "소금행진"을 하고 5월4일 체포되어 1931년 1월 26일까지 복역한 일이 있다. 그외에 1939년 제2차 세계대전이 일어나자 1940년 10월, 전쟁을 반대하는 시민불복종 운동을 펼쳤다.

소로와 간디의 차이점은 무엇인가? 소로의 저항은 정의와 양심에서 잘못된 국가의 법과 정책에 저항하는 시민 개인의 투쟁이었다. 결국 소로 한 사람의 투쟁이 된 것이다. 물론 그가 남긴『시민의 불복종』은 정의와 양심에서 국가권력에 투쟁하는 교과서적 지침서가 되었다.

간디는 진리의 실현하는 방법으로 비폭력을 주장하였고 그 비폭

---

69) 라가르 이예르 편,『마하뜨마 간디의 도덕·정치사상 권1. 문명·정치·종교(상)』허우성 역(소명출판::2004), p.137.

70) 1935년 9월10일 '인도의 하인 협회'의 P. 코단다 라오 에게 보낸 간디의 편지에서 밝힘. 요게시 차다,『마하트마 간디』정영목 옮김, 한길사,2006, p.270. 하이모 라우,『간디』, 윤태원 옮김(한길사, 2000), pp.71-74.

력은 비폭력저항의 시민불복종운동이 되었다. 간디는 소로와 달리 개인적 신념과 비폭력저항 의식이 개인적 투쟁으로 끝난 것이 아니라 대중들을 각성시켰고 정치적 투쟁을 하여 마침내 조국인 인도를 영국의 식민지로부터 독립을 시켰다.[71]

### (3) 함석헌의 시민불복종

함석헌에게 시민불복종의 영향을 준 것은 간디이다. 간디를 통해서 소로의 시민불복종을 이해하였을 것이다. 소로에 대한 언급은 『시민의 불복종』의 첫머리에 나오는 "가장 좋은 정부는 전혀 다스리지 않는 정부"라는 표현을 인용하기는 하지만 함석헌은 소로보다 간디의 영향을 더 받은 것으로 보인다.[72] 함석헌이 평화에 다시 한 번 깊이 생각하게 된 계기가 된 것이 1947년 퀘이커교도들이 양심적 병역거부를 하고 감옥에 가는 이야기를 듣고 나서였고, 그 자신이 젊어서 병역에 해당하는 나이라면 양심적 거부를 할 것이라고 하였다.[73]

함석헌의 삶은 저항하는 삶이었다. 그는 1919년 평양고보시절 3·1운동에 참여하여 결국 평양고보를 중퇴하고 오산학교로 편입하게 되었다. 그후 일제 강점기 성서조선사건으로 1년간 투옥되었고, 자유당 치하에서도 사상계에 발표한 「생각하는 백성이라야 산다」라는 글로 20일간 구금을 당한다. 그후 박정희 군사독재정권과 맞서

---

71) 원경림, 『간디의 비폭력사상에 대한 기독교 윤리적 성찰』, 이화여자 대학교 박사학위논문, 2004, p.31. 참조
72) 『함석헌전집』 제3권, p.294.
73) 『함석헌전집』 제9권, p.394.

3선개헌 반대 투쟁위원회, 민주수호 국민협의회 등에서 반독재 민주화운동을 하였다. 특히 한일회담 반대, 월남파병 반대에 단식으로 비폭력저항운동을 하였다. 함석헌은 월남파병을 "역사상 씻지 못할 민족적 부끄러운 죄악"이라고 하였다.[74] 각종 민주화 투쟁의 성명서에는 그의 이름이 맨 앞자리를 차지하는 일이 많았다. 함석헌은 군사정부시절 시민적 저항으로 일관한다.

### (4) 저항권과 함석헌

시민불복종이 소극적 저항, 헌법내적 저항이라면 헌법외적 적극적 저항인 저항권이 있다.[75] 저항권은 국가권력의 남용을 방지하는 기능이 있고, 그 목표는 법치국가헌법을 쟁취, 유지, 수호, 회복하는 데 있다. 일반적으로 저항권은 "민주적·법치국가적 기본질서 또는 기본권 보장체계를 위협하거나 침해하는 공권력에 대하여 더 이상의 합법적인 대응 수단이 없는 경우에 주권자로서의 국민이 민주적·법치국가적 기본질서를 유지·회복하고 기본권을 수호하기 위하여 공권력에 저항할 수 있는 최후의 비상 수단적 권리를 말한다."[76] 저항권은 국가 권력이 남용되기 시작했을 때부터 그에 대한 대응 권력으로서 존재하여 왔다. 폭군이 존재하는 곳엔 폭군살해와 폭군방벌

---

74) 『함석헌전집』 제14권, p.18.
75) 저항권에 대하여: 심재우, 『저항권』, 고려대학교 출판사, 2000, . E.Wolf. Wirderstandsrecht, RGG. Bd.6, 3.Aufl. pp.168ff..
76) 권영성, 『헌법학원론』, 법문사, p.76f.

이라는 저항권이 뒤따랐다. 서양에서는 폭군방벌론이 있었고 동양에서는 맹자의 역성혁명론이 있었다.[77]

비폭력을 주장하는 평화주의에서도 항거의 방법으로써, 최후 수단(ultima ratio)으로 저항권을 인정하기도 한다. 함석헌도 최후 수단의 방법으로써 무력사용을 인정하였다. "모르긴 몰라도 옆에서 사람을 포악무도 하게 죽이는 것을 당하면 나도 총 들고 나갈지도 몰라 … 다른 사람이 아닌 간디를 읽어보면 아주 그 점이 잘 밝혀지는 것이 있어요."[78]

함석헌이 인용한 간디는 어떤 입장인가?

간디는 비폭력은 인간이 신으로부터 부여받은 것 중에서 가장 위대한 힘이며 진리는 비폭력을 통하여 도달할 수 있다고 하면서[79] 비폭력이 폭력보다 무한히 우월하고 용서가 처벌보다도 더 사내다운 일이라 믿었다.[80] 그러나 간디는 비겁은 폭력보다도 특히 더 나쁜 것으로 보았다. '비겁과 폭력 중에 하나를 선택할 수밖에 없다면 폭력을 권고할 것'이라고 하였다.[81] 간디는 연약한 사람이 공격을 받을 경우 목숨을 바쳐서라도 구해야 하며 생명을 내놓을 힘이 없다면 폭력을 사용해서 도와야 한다고 하였다.

---

77) 심재우, 『저항권』, i.
78) 『함석헌 전집』 제14권. p.384.
79) 라가르 이예르 편, 『마하뜨마 간디의 도덕·정치사상 권2, 진리와 비폭력 (하) 』, p.403.
80) 라가르 이예르 편, 『마하뜨마 간디의 도덕·정치사상 권2, 진리와 비폭력 (하) 』, p.385.
81) 라가르 이예르 편, 『마하뜨마 간디의 도덕·정치사상 권2, 진리와 비폭력 (하) 』, p.385.

만일 우리의 자매나 연약한 사람이 제삼자의 공격을 받을 경우, 우리 목숨을 바쳐서라도 그녀를 구하기를 노력해야 할 것이네. 사람이 남을 죽일 수 있다면, 자기 자신의 목숨을 내놓을 수 있을 것이네. 하지만 만일 생명을 내놓을 힘이 우리에게 없다면, 우리는 폭력을 사용해서라도 도와야 하네. 그런 폭력은 비폭력이 되는 것은 아니고, 악으로 남을 것이네. 하지만 비겁은 폭력보다 더 나쁘네 [82]

비폭력주의자인 간디가 어떻게 폭력 사용을 말할 수 있을까? 오늘날 평화연구에서 "평화적 수단에 의한 평화"를 주장하더라도 저항권의 입장에서 폭력 사용을 정당화하기도 한다. 간디나 함석헌의 경우, 폭력과 비폭력은 선택의 문제가 아니라 정의의 관점에서 보아야 하고, 저항권의 입장에서 보아야 한다. 폭력과 비폭력을 나누는 척도는 정의이기 때문이다. 폭력의 반대는 비폭력이 아니라 정의이다. 비폭력주의자인 간디는 절대로 폭력을 행사해서는 안 되지만 극한의 부정의에 저항할 때에는 생명을 버릴 각오를 해야 한다는 의미에서 폭력행위를 인정한 것이다.[83]

평화주의자인 본회퍼가 히틀러 암살 음모에 가담한 것도 같은 이야기이다. 간디나 함석헌은 최후의 수단의 방법으로 폭력 행사를 실행으로 옮기지는 않았지만 최후의 수단으로 저항권을 인정한 것으

82) 1932. 4. 18 편지. 라가르 이예르 편, 『마하뜨마 간디의 도덕·정치사상 권2. 진리와 비폭력 (하)』, p.370.
83) 박홍규, 『나의 헨리 데이비드 소로』(필맥: 2008), p.199.

로 보인다.

## 결론

　함석헌은 20세기 한국의 대표적 평화주의자였다. 그의 삶은 평화를 위해 저항하고 투쟁한 비폭력저항의 종교적 평화주의자였다. 그가 종교적 평화주의자라는 것은 그의 평화에 대한 생각이 종교적 사상에 기반을 두었기 때문이다. 예수의 보복금지와 원수사랑, 간디의 사티아그라하와 아힘사의 비폭력사상, 힌두교경전『바가바드 기타』, 노자의 무위자연(無爲自然), 소국과민(小國寡民), 약팽소선(若烹小鮮)의 정신, 장자의 「소요유」와 「제물론」의 자유와 평등의 정신, 퀘이커의 절대평화주의, 맹자의 민본사상이 융화된 비폭력저항의 종교적 평화주의라고 할 수 있다. 특히 함석헌은 간디의 비폭력저항 사상으로부터 결정적인 영향을 받았다.

　함석헌은 평화실현의 비폭력정신이 원리가 되어야 하며, 비폭력정신은 인류의 삶을 바꾸어 놓은 혁명정신임을 역설하였다. 예수의 비폭력정신은 기독교를 세계적 종교로 만들었고 평화를 위한 인류의 영원한 희망과 생명의 메시지가 되었다. 간디의 비폭력 운동인 사티아그라하는 인도를 독립시켰다. 이것은 비폭력이 폭력보다 강함을 말해준다.

　예수·간디·함석헌의 비폭력사상은 비폭력무저항이 아니라 다같이 비폭력저항이다. 예수는 보복금지와 원수사랑의 정신으로 폭력으로부터 자유함과 적대감의 극복을, 간디는 진리를 실현하는 방법으로 사티아그라하 실천을 정치적 현실 속에 비폭력적 방법으로 사회적 변혁을 가져오기 위해 노력하였고, 함석헌은 평화를 실현하기 위해 삶의 원리요 행동의 준칙으로 비폭력저항을 실천하였다.

함석헌의 비폭력저항의 종교적 평화주의는 오늘의 세계갈등과 전쟁, 세계화의 역기능을 극복하고 세계평화를 추구하는데 빛이 될 수 있을 것이다. 오늘의 평화를 위협하는 것은 종교와 인종의 갈등, 각국의 경제적 이해관계, 세계유일 초강대국인 미국의 패권전략이다. 그 중에서도 세계평화를 가장 위협하는 것이 종교문제이다. 한스 큉은 "종교의 평화 없이는 세계평화가 없다. 종교의 대화 없이는 종교의 평화 없다"[84]고 하였다. 함석헌의 비폭력 평화론은 인류 평화를 실천하는 등불이 되며, 특히 한반도의 염원인 평화통일을 위한 길잡이가 될 것이다.

함석헌이 평화는 생명의 길이며 비폭력 혁명정신은 모험이라고 말하였듯이[85] 인류는 세계평화를 위하여 과감하고 위대한 모험을 하여야 한다. 그것은 비폭력저항의 혁명정신으로 정의롭고 평화로운 세계를 만들어 평화 혁명을 이루어가는 것이다.

(이 논문은 2008년 8월 3일 서울대학교에서 개최된
제22차 세계 철학대회에서 발표한 논문임.)

---

84) Hans Küng, Projekt Weltethos, München ,1990, p.13.
85) 『함석헌 전집』제2권, p.37.

# 제9장 본회퍼의 평화 윤리

## 1. 서 론

본회퍼는 평화주의자였으며, 현대 에큐메니칼 평화운동의 선구자였다. 본회퍼는 1934년 8월에 이미 평화를 위한 에큐메니칼 회의를 개최할 것을 제창한 바 있다. 본회퍼의 평화회의 구상은 그 당시에는 이루어지지 않았지만 50년이 지나서 실현되었다. 1990년 3월 5-11일 서울에서 "정의, 평화, 창조질서의 보전"(Justics, Peace and Integrity of Creation)을 주제로 평화에 관한 세계대회가 개최되었다. 이 대회는 1983년 카나다 뱅쿠버에서 개최된 세계교회협의회 총회에서 독일 대표에 의하여 제안되었고 그후 몇 차례의 협의 과정을 거쳐 1988년 8월 10-20일까지 독일 하노버에서 열린 실행위원회에서 서울에

서 개최하기로 결정되어 열리게 되었다.[1]

본회퍼의 평화에 대한 구상과 사상은 1945년 제2차 세계대전 후 핵시대를 맞아 평화의 문제를 생각하는데 출발점이 되었다. 제2차 세계대전 중 '아우슈비츠'의 대학살(Holocaust)과 히로시마 – 나가사끼에 원자폭탄 투하에 따른 인류의 참사에서 그 필요성을 절감하게 되었다. 오늘의 역사 속에서 그 어느 시대보다도 평화에 대한 학문적 연구와 관심이 높은 것은 인류의 생존을 위협하는 핵무기의 개발과 자연환경 오염에 따른 생태학적 위기에서 비롯된 것이다.[2] 본회퍼의 평화사상은 시대의 변화를 넘어서 오늘의 평화문제를 생각하는 데 큰 의미를 지닌다.

본회퍼와 평화를 논의할 때 문제는 다음과 같다.

본회퍼는 과연 평화주의자였는가. 본회퍼가 평화주의자였다면 어떻게 평화주의자인 목사요, 신학자가 사람을 죽이는 히틀러 암살음모에 가담할 수 있었겠는가 하는 문제이다. 이러한 문제점을 가지고 본회퍼의 평화사상과 그의 정치적 저항의 문제 그리고 평화의 의미를 다루고자 한다.

---

1) 한국기독교사회문제연구원 편, 『정의. 평화. 창조질서의 보전 세계대회자료집』, p.31. Vgl.: Martin Bogdahn, (Hrsg.) *konzil des Friedens Aufruf und Echo, München, 1986. Frieden in Gerechtigkeit, Die offiziellen Dokumente der Europäischen Ökumenischen Versammlung,* 1989 in Basel, Basel/Zürich, 1989.

2) 유석성, 《현대사회의 사회윤리》, 서울신학대학교 출판부, 1997. p.9.

## 2. 평화 강연과 평화 설교

본회퍼는 1930년대에 두 차례에 걸쳐 평화에 관한 그의 견해를 발표하였다. 첫 번째는 1932년 7월 체코슬로바키아 체르노호르스케 쿠펠레(Cernohorske Kupele)에서 개최된 청년평화회의에서 「세계연맹사업의 신학적 근거를 위하여」라는 제목으로 행한 강연이다.[3] 두 번째는 1934년 8월 덴마크 파뇌(Fanö)에서 에큐메니칼협의회 때 행한 강연과 평화에 관한 설교가 남아 있다.[4]

### 1) 체르노호르스케 쿠펠레 강연

본회퍼는 1932년 7월 26일 체코슬로바키아 체르노호르스케 쿠펠레(Cernohorske Kupele)에서 개최된 청년평화회의에서 「세계연맹사업의 신학적 근거를 위하여」라는 제목으로 강연을 하였다.[5] 이 강연을 할 당시는 독일은 바이마르 공화국이 붕괴되기 직전으로 세계적 경제공황의 시기에 경제적 위기와 좌우익의 극단주의자들이 정치적으로 대결하는 혼란기였다. 본회퍼는 이러한 내적인 정치적 위기를 국제적인 제도와 밀접히 연관되어 작용된다고 보았다. 본회퍼는 교회의 평화에 대한 관심과 그 운동의 전개도 개교회적인 것보다 전세

---

3) Dietrich Bonhoeffer, *Gesammelte Schriften* I, (이하GSI) München, 1978, 3Auflage. pp.141-161.

4) *GS I, pp.*212-219.

5) GS I, p.140, p.158; 테제, pp.159-161

계적인 접근방법을 시도하였다.

이 강연은 세 가지 측면에서 그 내용의 주안점을 파악할 수 있다.

첫째, 본회퍼는 이 강연에서 평화운동의 신학적 근거는 교회론적, 기독론적이어야 한다고 강조하였다. 본회퍼는 "에큐메니칼 운동에 신학이 없다"고 말하고 에큐메니칼 운동에서 교회의 자기 이해의 새로운 모습을 위하여 새로운 신학이 필요하다고 강조하였다.[6] 본회퍼는 에큐메니칼 운동을 신학적으로 이해할 때 이 운동을 이끌어 가는 지도자들이 에큐메니칼 기구를 목적조직(Zweckorganisation)으로 만들어 정치적 경기변동에 종속시키게 되었다고 비판하였다. 예를들면 독일에서 젊은이들에게 압도적으로 흥미를 끌며 정치적 물결을 일으키고 있는 민족주의 때문에 에큐메니칼 운동이 무기력하고 무의미하게 되었다는 것이다.[7] 에큐메니칼 운동을 교회의 새로운 모습으로 이해한 본회퍼는 세계연맹 사업의 영역을 "전 세계"라고 주장한다. 그 이유는 전 세계는 그리스도에게 속하였기 때문에 장소적 제약을 받지 않기 때문이다. 세계의 주가 되는 예수 그리스도의 공동체로서 교회는 전 세계에 그리스도의 말씀을 말하여야 하는 위탁을 받았다. 교회는 그리스도 현존이다. 따라서 오직 전권을 가지고 복음과 계명을 선포한다. 계명은 구체성을 띤다. 하나님은 우리에게 "언제나" 바로 "오늘"의 하나님이기 때문이다. 여기에서 그리고 여기 그리고 지금(hier und jetzt) 하나님의 계명의 인식은 하나님의 계

---

6) GS I, p. 140.
7) GS II. p. 141.

시의 행위이다. 이것은 다음의 내용을 의미한다. 산상설교 역시 성서적 법이 아니고 우리의 행위를 위한 절대적인 규범도 아니다. 우리는 산상설교를 단순하게 받아들이고 현실화시켜야 한다. 이것이 신적인 계명에 대한 순종이다.

둘째, 본회퍼는 질서를 이해할 때 창조질서(Schöpfungsordnung)를 거부하고 보존질서(Erhaltungsordnung)라는 표현을 사용한다. 모든 주어진 질서는 단지 타락한 세계의 부분이기 때문에 창조질서가 아니다. 타락한 세계의 질서들은 그리스도를 향하여, 새로운 창조를 향하여, 미래로부터 이해되지 않으면 안 된다.[8] "우리는 전 세계를 타락한 세계로서 그리스도로부터 이해하지 않으면 안 된다."[9] 본회퍼가 1932년 사용한 이 보존(Erhalten)이라는 표현은 하나님이 새로운 가능성을 보증한다는 것을 뜻한다.

보존은 타락한 세계와 더불어 하시는 하나님의 행위를 의미한다.[10] 그리스도 안에서 계시를 위하여 개방되지 않는 것은 파괴되어야 한다.[11] 본회퍼는 1932년경 몇 년 동안 보존질서라는 말을 사용하였으나 그후 신(新)루터교의 오용 때문에 이 표현을 사용하지 않았다. 본회퍼는 이 질서로부터 세계연맹의 평화에 대한 인식을 새롭게 한다. "국제적 평화의 질서는 오늘 우리를 위한 하나님의 계명이다."[12]

---

8) GS I, pp.149ff.
9) GS I, p.160.
10) GS I, p.151.
11) GS I, p.131.
12) GS I, p.152.

셋째, 평화를 어떻게 이해할 것인가? 본회퍼는 잘못된 평화주의 이해를 비판하고 있다. 본회퍼는 세계연맹 안의 앵글로색슨계의 신학적 사고의 압도적인 영향력으로 복음의 현실로서 평화를 "지상에 건설된 하나님 나라의 일부"로 이해하였다. 여기서부터 "평화의 이상"은 절대화되었다. 그것은 국제적 평화를 본존질서로 이해하는 것이 아니라 그 자체가 완성된 가치질서 속에 궁극적인 것으로서, 타락된 세계 속으로 피안의 질서가 침투하는 것으로서 오해되었다. 이러한 평화에 대한 이해는 평화주의적 인도주의인 것으로서 광신적이며, 따라서 비복음적이기 때문에 거부될 수밖에 없다.[13] 본회퍼는 평화주의(Pazifismus)라는 말을 두려워하여서는 안된다고 말한다. 궁극적인 평화를 만드는 것은 하나님의 재량에 맡기고 우리는 "전쟁의 극복"을 위한 평화의 실천을 하여야 한다.[14] 본회퍼는 보존질서로서의 국제 평화는 진리와 정의가 확립되는 곳에 건설된다고 하였다. 진리와 정의가 유린되는 곳에 평화는 성립될 수 없다.[15]

## 2) 파뇌강연과 평화설교

### (1) 파뇌강연

본회퍼의 파뇌(Fanö)의 강연 원고는 남아 있지 않고 7개항의 테제

---

13) GS I, p.152f.
14) GS I, p.155f.
15) GS I, p.160.

(These)만 남아있다.[16] 이 강연에서 본회퍼는 세계연맹(Weltbund)의 신학적.교회론적 의미와 평화를 위한 세계연맹사업의 방향(테제 1.2) 전쟁의 특성(테제 3) 전쟁의 정당성(테제 4) 세속적 평화주의와 전쟁의 거부(테제 5) 전쟁과 평화의 세계관적 평가에 대한 기독론적 비판(테제 6) 기독교 교회적 대답(테제 7)에 관하여 논하였다.

본회퍼는 세계연맹의 성격에 대하여 분명하게 교회론적으로 밝힌다. 세계연맹은 자기스스로를 교회로서 이해하는가 아니면 목적단체(Zweckverband)로서 이해하는가에 세계연맹의 운명이 결정된다. 세계연맹은 자신을 목적단체가 아니라 교회로서 이해하여야 하고 순종 가운데 함께 하나님의 말씀을 듣고 선포하는데 그의 근거를 가진다. 세계연맹은 교회로서 이해할 때만 교회와 민족들에게 전권을 가지고 그리스도의 말씀을 말할 수 있기 때문이다. 세계연맹사업이라는 것은 민족들 가운데서 평화를 위한 교회의 일을 뜻하며 전쟁의 극복과 종식을 위하여 진력하는 것이다. 본회퍼는 평화사업의 적(敵)은 전쟁이라고 전제하고 전쟁의 수단을 가지고 인류의 평화적 복지를 가져올 수 없다고 말한다.[17]

본회퍼는 세속적 평화주의(der säkulare Pazifismus)와 기독교의 평화를 구별한다. 세속적 평화주의에서는 인간행위의 척도는 인류의 복지이지만 교회는 하나님의 계명에 대한 순종이다. 평화를 위한 기독교 교회의 계명은 "살인하지 말라"는 산상설교의 예수의 말씀이

16) GS I, p. 212-215
17) GS I, p.p.212

다. 본회퍼는 전쟁을 통한 국가안보, 평화 창출 등을 거부한다. 전쟁은 평화를 창조하는 것이 아니라 인류멸절을 가져온다. 평화를 위한 세계연맹의 에큐메니칼 운동은 조직을 통하여 평화를 실현하겠다는 환상을 버려야 한다. 악마의 세력들은 조직을 통하여 파멸시키는 것이 아니라 기도와 금식을 통하여 파괴시킬 수 있다.(막 9:29) 지옥의 악령들은 오직 그리스도 자신을 통하여 몰 낼 수 있다. 따라서 숙명론이나 조직이 아니라 기도가 중요하다. 기도는 조직보다도 더 강하다고 하였다.[18]

본회퍼는 이렇게 1934년의 긴급하고 위협적인 상황속에서 정열적으로 산상설교의 정신에 따라 예수 그리스도에게 단순한 순종을 하는 행위로서 평화를 주장하였다.


(2) 평화설교

1934년 8월 유틀란드 서해안에 위치한 덴마크의 작은 섬 파뇌(Fanö)에서 에큐메니칼협의회가 개최되었다. 청년협의회가 1934. 8.22-23 본회의는 8월 24-29일까지 열렸다.

본회퍼는 1933년 10월 17일이후 영국 런던에서 목회를 하고 있었다. 8월 28일 아침예배시간에 본회퍼는「교회와 민족들의 세계」라는 제목으로 평화에 관하여 설교하였다. 이 설교는 평화설교(Friedenspredigt)라고 일컬어진다. 이 설교는 청중들에게 깊은 감명과 공명

---

18) GS I, 214.

을 일으켰다고 한다.[19] 28세의 본회퍼가 행한 이 설교는 그후 평화를 위한 세계교회협의회(Ökumeuische Konzil)의 출발점이 되었다. 이 설교는 앞의 강연과 함께 민중들을 위한 그리스도의 평화의 계명을 연관시켜 선포한 것이다. 평화의 설교는 시편 85: 8말씀이었다. "내가 하나님 여호와의 하실 말씀을 들으리니 대저 그 백성, 그 성도에게 화평을 말씀하실 것이라." 평화설교에 나타난 본회퍼의 평화사상은 다음과 같다.

첫째, 하나님의 계명(Gebot Gottes)으로서의 평화를 이해한다. 본회퍼는 평화문제를 신학적으로 접근하고 있다. 평화는 민족주의나 국제주의에서 말하는 정치적 필요성과 가능성에서 말하는 평화가 아니라 하나님의 계명으로서의 평화이다.[20] 평화를 향한 하나님의 부름은 토론이 아니라 엄격한 계명을 뜻하며 이 계명은 그리스도 자신이 나타나신 것을 의미한다. 이것은 평화를 향한 그리스도의 부름을 가리키며 하나님의 평화의 계명에 순종하도록 부르심을 말한다. 계명은 고려함 없이 세상의 한가운데로 부른다.[21] 따라서 평화를 건설하는 것이 기독교인과 교회의 의무이자 신학의 과제이다. 본회퍼에게 있어서 하나님의 계명은 본질적으로 신앙과 순종 안에서 성립된다.[22]

---

19) 청중의 그날 기록에 의하면 다음과 같이 기록하고 있다. "morning, striking speech by Bon-hoeffer", E. Bethge, DB, p.449

20) GS I, p.216

21) GS I, p.216

22) Yu, Suk-Sung, Christologische Grundentscheidungen, Tübingen, 1990. Diss., p.183

둘째, 평화는 이 세상 속에 그리스도의 현존 때문에 가능하다. 평화에 대한 교회와 기독교인의 의무는 이 그리스도의 현존(Präsenz Christi)에 근거하고 있다. 왜냐하면 지상의 평화는 예수 그리스도가 스스로 나타남으로써 주어진 계명이기 때문이다. 본회퍼는 여기에서도 또 한 번 평화에 대한 기독론적·교회론적 근거를 말한다. 평화는 이상주의나 휴머니즘에 의해 기초되어 있는 것이 아니라 그리스도론적 교회론에 기초되어 있다. 평화는 세상 안에서 그리스도와 오직 전 세계를 생존하게 하는 그리스도의 교회가 있기 때문에 존재할 수 있다. 이 그리스도교회는 민족적, 정치적, 사회적, 인종적 방식의 한계를 넘어서 존재하고 있다.[23] 이 세계 안에서 거룩하고 신성한 영역만이 그리스도에게 속한 것이 아니라 이 세계 전체가 그리스도의 영역이다. 셋째, 평화는 어떻게 이루어질 것인가? 본회퍼는 사회복음적 전통에서 하나님 나라가 차안의 세계에서 현실화 할 수 있다는 세속적 평화주의를 거부한다. 본회퍼는 정치적 계약이나 제도 같은 정치적 방법, 국제자본의 투자 등의 경제적 수단, 군비확장 같은 군사적인 방법을 통하여 진정한 평화가 실현될 수 없다는 것이다. 왜냐하면 이런것들은 평화(Friede)와 안전(보장) (Sicherheit)를 혼동하기 때문이다. 안전보장의 길에는 평화에로의 길이 존재하지 않는다. 평화는 안보와 반대이다. 안보는 불신이라는 것을 요구하며 이런 불신은 전쟁을 초래한다. 안보는 자기를 지키려는 것을 뜻하며 평화는 신앙과 순종 안에서 모든 것을 하나님의 계명에 맡기는 것을 의미한

---

23) GS I, p.217.

다.[24) 이것은 1933년 10월에 히틀러 나치정권은 국제연맹을 탈퇴하였고 재군비에 착수하였다. 본회퍼는 여기에서 간접적으로 히틀러의 재군비착수를 비판하고 있는 것이다. 본회퍼는 평화는 민족중심주의적인 정치·경제적·이데올로기의 방법이 아니라 신학적·신앙적 방법으로 이룰 것을 촉구한 것이다. 본회퍼는 여기에서 평화는 하나의 위대한 모험( großes Wagnis)이기 때문에 과감하게 행하지 않으면 안된다고 강조한다.[25) 본회퍼는 여기에서 무기와 군비확장, 안전보장의 방법을 통해서가 아니라 기도와 비폭력적 방법을 통하여 평화를 추구할 것을 호소하고 있다. 전쟁은 파멸을 가져오기 때문에 교회에 의해서 거부되어야 한다. 평화를 위한 싸움은 무기를 가지고 이기는 것이 아니라 하나님과 함께 함으로 이기는 것이다. 평화를 위한 싸움은 십자가의 길로 인도하는 곳에서 승리하게 된다.[26) 본회퍼는 평화를 위하여 성스러운 그리스도 교회의 거대한 세계교회회의( großes Ökumenisches Konzil)을 개최할 것을 촉구하였다. 개개 그리스도교신자도 아니고 개개의 교회도 아니고 다만 세계 모든 곳으로부터 모인 세계교회회의가 필요하다는 것이다. 본회퍼는 소리높여 비명을 지르듯이 갈파하였다. "시간이 급박하다.(Die Stunde eilt) 세계는 무기를 가지고 노려보고 있으며 모든 사람들이 무섭게 불신의 눈초리로 바라보고 있다. 내일아침 전쟁의 나팔소리가 들릴 수 있다."[27) 본

24) GS I, p.218.
25) GS I, p.218.
26) GS I, p.218.
27) GS I, p.219.

회퍼의 촉구하는 말은 그 당시 개신교, 가톨릭교회에서 실현되지 않았다. 본회퍼의 예언은 그대로 적중하였다. 7개월 후 히틀러는 독일에서 국민개병의무를 선포하였다. 물론 독일이 재무장을 위한 정당성을 줄 수 있도록 소련의 군사적 위협도 없었고 교회의 저항도 없었다.[28] 그로부터 5년 후 1939년 9월 1일 독일의 폴란드 침공으로 시작된 제2차 세계대전(1939-1945)이 일어나 수천만 명의 사망자를 내고 인간의 불행과 고통, 정치적 혼란, 경제 질서의 붕괴, 재산의 손실을 가져온 전쟁을 겪게 되었다. 넷째, 본회퍼는 간디의 비폭력저항의 방법에 감명을 받아 이를 실천에 옮기고자 하였다. 본회퍼는 평화설교에서 "우리는 동쪽에 있는 이교도로부터 수치를 당하지 않으면 안 되는가"라고 질문을 한다.[29] 이것은 간디를 두고 한 것으로 짐작된다. 본회퍼는 1933년 10월 이후 영국 런던에서 목회를 하는 동안에 인도에 가서 간디의 평화주의에서 비폭력적 방법을 배우기 위하여 간디를 만나러 갈 계획을 세웠다. 간디에게 편지를 보내 한 번 만나고 싶다는 뜻을 전달하였고 간디로부터 환영의 1934년 11월 1일자의 답신을 받았다. 그러나 독일 고백교회에서 세운 목사연수소인 핑켄발데 신학교 책임자로 부름을 받아 인도행을 포기하였다.[30]

---

28) H.E. Tödt, "Dietrich Bonhoeffers ökumenische Friedensethik", in :*Frieden-das unumgängliche Wagnis*, München, 1982, p.106.

29) GS I, p.219.

30) 본회퍼와 간디의 평화주의 비교에 관하여:W.Huber/H.R. Reuter, *Friedensethik, Stuttgart*, pp.123ff.

## 3. 신앙의 결단과 정치적 행위로서 평화의 실천

("나를 따르라", "윤리", "옥중서간"의 평화신학)

지금까지 본회퍼가 체르노호르스케 쿠펠레에서 행한 강연과 파뇌에서 행한 강연과 설교를 통하여 1930년대 본회퍼의 평화사상을 고찰하였다. 본회퍼는 세속적 평화주의를 거부하고 평화를 하나님의 계명과 그리스도의 현존으로 파악하고 평화의 문제가 그리스도에 대한 신앙의 순종 문제라는 것을 명확하게 밝혔다. 여기에서 본회퍼의 1930년대 후반부터 1945년 4월 처형 당하기까지 쓴 그의 저서 『나를 따르라』(Nachfolge), 『윤리』(Ethik), 『저항과 복종』(Widerstand und Ergebung)을 중심으로 본회퍼의 평화사상을 밝혀 보자.

본회퍼는 파뇌강연 이후 1935년 독일로 돌아와 고백교회에서 세운 목사 후보생을 위한 신학교의 책임을 맞게 된다. 이때 본회퍼는 신학생들에게 강의한 내용이 『나를 따르라』(Nachfolge)는 책으로 발간되었다. 본회퍼는 이 책에서 평화사상을 비폭력과 원수사랑의 문제를 중심으로 다루었다.

또한 본회퍼는 「나를 따르라」에서 평화를 제자직(Nachfolge/discipleship)과 연관시켜 다루고 있다. 본회퍼는 예수의 부름에 순종하는 신앙, 자기 십자가를 지고 그리스도의 고난에 참여하여 평화를 건설하여가는 모습에서 평화의 문제를 논하고 있다. 『나를 따르라』에 나타난 본회퍼의 평화사상은 두 가지로 요약될 수 있다.

첫째, 십자가신학(theologia crucis)에 근거한 제자직의 평화론이다.

본회퍼는 산상설교 가운데 "화평하게 하는 자는 복이 있나니 그들이 하나님의 아들이라 일컬음을 받을 것임이요"(마 5:9)라는 말씀을 다음과 같이 해설하고 있다. "예수를 따르는 자들은 평화를 위하여 부름 받았다. 예수가 그들을 불렀을 때 그들의 평화를 발견하였다. 예수가 그들의 평화이기 때문이다. 그런데 이제 그들은 평화를 소유할 뿐 아니라 평화를 만들어야 한다. … 그리스도의 나라는 평화의 나라이다. 그리스도의 공동체에서는 서로 평화의 인사를 나눈다. 예수의 제자들은 다른 사람에게 해를 끼치기보다 스스로 고난을 당함으로써 평화를 지킨다. 예수의 제자들은 다른 사람들이 파괴하는 곳에서 그들의 사귐을 유지하며 자기 주장을 포기하고 증오와 불의에 대하여 참는다. 이렇게 그들은 선으로 악을 극복한다. 이리하여 증오와 전쟁의 세상 한가운데서 신적 평화의 창설자가 된다. 평화 수립자들은 그들의 주님과 함께 십자가를 진다. 십자가에서 평화가 이루어지기 때문이다. 그들이 이렇게 그리스도 평화작업에 참여하게 되기 때문에 하나님 아들로서 부름을 받고 하나님의 아들들로 일컬어진다."[31]

본회퍼는 제자직의 주제를 중심 주제로 부각시키는데 공헌하였다. 예수 그리스도를 뒤따르는 제자직은 십자가에 달린 그리스도를 추종함으로써 성립한다. 본회퍼는 제자직에로 부름은 예수의 수난 선포와 밀접하게 연관되어 있다고 하였다.[32] 예수의 십자가의 종합적 표현은 수난과 버림받음을 뜻한다. 제자직은 예수 그리스도와의

---

31) Nachfolge, p.88.
32) Nachfolge, p.61.

인격적 결합이요, 십자가를 의미한다. 수난을 위한 제자직의 표현은 그리스도의 십자가를 의미하고, 이 십자가는 철저하게 예수 그리스도의 고난에 동참하는 것을 의미한다.[33]

본회퍼는 예수 그리스도를 뒤따르는 제자직에서 평화의 원천을 발견하고, 십자가에서 평화가 이루어진다고 본 것이다.

둘째로 절대적 비폭력을 통한 비폭력저항의 평화주의다. 본회퍼는 평화를 만들어 가는데 "폭력이나 폭동을 포기"할 것을 강조하며 폭력이나 반란의 방법으로 그리스도의 일을 결코 도울 수 없다고 하였다.[34] 그러나 그는 "예수도 악인을 악한 사람이라고 말했다"[35]고 하면서 무저항이 세상적 삶의 원리가 된다면 하나님이 은혜로 보존하는 세상질서를 파괴하는 결과를 가져 올 것이라고 하였다. 따라서 『나를 따르라』에서 본회퍼의 평화주의는 비폭력무저항이 아니라 비폭력저항이다. 그러나 그것은 수동적 저항이다.

그후 『윤리학』(Ethik), 『저항과 복종』(Widerstand und Ergebung) 등에서 그의 사상적인 발전을 찾아 볼 수 있다. 하나님의 계명과 그리스도의 현존으로 파악된 평화는 『윤리학』(Ethik)에서는 계명의 구체성과 상황성, 현실, 책임의 개념과 연관되어 파악될 수 있다. 1938년 이후 독일에서는 모든 독일인의 이름으로 자행된 살인적인 유대인 배척주의, 군국주의, 민족주의를 내세우는 정치적 상황이 전개되었다. 본회퍼는 더 이상 원칙적 평화주의를 고수할 수 없었고 상황에 의존하

---

33) Yu, Suk-Sung, *Christologische Grundentscheidungen bei Dietrich Bonhoeffer*, p.174.

34) Nachfolge, p.87f.

35) Nachfolge, p.117.

는 상황적 평화주의를 택할 수밖에 없었다. 여기에서 평화주의적 준칙( pazifistische Maxime)은 더 이상 비폭력이나 무저항일 수 없었다.[36] 하나님의 계명인 평화는 구체적으로 현실에 적합하게 정치적·책임적 모습으로 실현된다. 평화는 "오늘" "여기에서" "우리들 사이에서" "예수 그리스도 안에서 하나님의 현실이 이 세계의 현실로 들어온"[37] 그 그리스도의 현실에 참여함으로써 이루어진다. "그리스도의 현실은 그 자신 안에 세계의 현실을 포함한다."[38]

본회퍼의 "직접적·정치적 행동"은 히틀러 암살음모에까지 나아갔다. 이 저항은 기독교인의 신앙의 결단에서 오는 정치적 책임의 행위였다. 구체적 상황에서 내린 그의 결단은 평화의 실천을 위한 이웃과 다음 세대를 위한 책임적 행위였다.[39]

## 4. 본회퍼 평화주의 발전과 그 문제점

여기서 문제가 제기된다. 본회퍼의 신학사상은 어떻게 발전했으며, 근본적 변화는 없었는가? 다시 말하면 그의 신학에서 단절인가

---

36) E. Bethge, *"Dietrich Bonhoeffers Weg von "Pazifismus" zur Verschwörung"*, *in*: Hans Pfeifer(Hg.), Frieden –das unumgängliche Wagnis, München 1982, p.126.

37) Ethik, p.207.

38) Ethik, p.210.

39) Vgl.:Widerstand und Ergebung, Neuausgabe, p.16, p.25.

연속성인가? 즉, 1930년대 평화를 통한 기독교인과 교회의 정치적, 사회적 책임을 강조하며 비폭력적 방법으로 평화를 실현하여야 한다고 강조한 평화주의자가 어떻게 히틀러 암살음모에 가담할 수 있었는가 하는 점이다. 본회퍼는 평화주의를 포기하였는가? 본회퍼의 평화주의에 사상적 변화가 온 것일까? 본회퍼의 신학적 사고와 정치적 행동 사이의 차이가 있는 것인가?

본회퍼는 신학에서 행위로, 교회에서 세상으로, 성찰에서 행위의 길로 나가지 않았다. 오히려 본회퍼에게는 신앙과 행위, 성찰과 행동이 일치를 이룬다. 히틀러 암살음모에 참여하면서 같은 시기에 그의 필생의 저작이었을『윤리학』를 쓴 것은 가장 인상 깊은 증명이 된다. 본회퍼는 정치적 현실에 관계하면 할수록 더욱더 신학적 사색이 깊어졌다. 그는 그가 참여하였던 정치적 행위의 모험이 커지면 커질수록 그의 윤리적 성찰을 철저하게 하였다.[40]

본회퍼가 1930년대 초에 평화주의를 주장하거나 1940년대 초에 히틀러 암살단에 가담한 것은 평화주의를 포기한 것이 아니라 구체적인 신의 계명에 순종한 것을 의미한다. 본회퍼는 일찍이 말하였다. "계명은 구체적이어야 한다. 그렇지 않으면 계명이 아니다. 하나님의 계명은 지금 우리로부터 아주 특별한 어떤 행동을 요구한다. 그리고 교회는 이것을 회중에게 전파하여야 한다."[41]

본회퍼는 "히틀러는 전쟁을 의미한다"[42]고 말한 바 있다. 평화를

---

40) W.Huber, *Protestantismus und Protest, Hamburg*, 1987. p.40.
41) GS I, p.149.
42) E.Bethge, DB, p.446.

위한 기독교 교회의 일이 전쟁의 종식과 극복을 뜻한다면, 본회퍼의 결단의 행위는 구체적이고 신적인 계명에 순종하는 행위로 이해할 수 있을 것이다. 본회퍼 신학과 평화사상은 그의 삶속에서 전기와 후기의 단절이 아니라 "일치 속의 다양한 모습의 결단"이었다.

## 5. 본회퍼 평화사상에서 저항권과 책임윤리의 문제

평화주의자인 본회퍼가 히틀러 암살모의에 가담한 행위를 어떻게 볼 것인가. 이 문제는 두 가지 관점에서 이해하여야 한다.

첫째, 폭력과 비폭력의 시각에서가 아니라 저항권의 관점에서 이해하여야 한다. 평화연구에서 또 평화 실현과정에서 직면하게 되는 문제가 폭력의 문제이다. 폭력의 문제를 이야기할 때 두가지 핵심적 문제가 제기된다. 첫째, 폭력적 방법인가 아니면 원칙적 비폭력인가, 둘째, 폭력과 저항권의 문제이다.[43] 이 문제를 논의할 때 원칙적인 폭력의 포기인가, 아니면 폭력사용이 최후의 비상수단(ultima ratio)으로 허용되는 문제인가 하는 것이 논의되어 왔다.

평화는 궁극적으로 폭력, 구조적 폭력의 제거에 있다. 평화는 폭력으로부터의 해방, 즉 폭력으로부터 자유한 곳에 있다. 이 폭력으로부터 자유는 탈정치화(Entpolitisierung)나 권력에 대한 포기를 의미하는

---

43) Yu, Suk-Sung, *Christologishe Grundertscheidungen bei Dietrich Bonhoeffer*, p.88.

것이 아니다. 언어상으로 폭력(violence, Gewalt)과 권력(power, Macht)은 아주 분명하게 구별되기 때문이다. 권력은 힘의 정당한 사용을 의미하고, 폭력은 힘의 정당하지 못한 사용을 의미한다.[44) 폭력의 문제는 폭력인가 또는 비폭력인가의 양자택일의 문제가 아니라 정당한 권력의 사용인가 아니면 정당치 못한 권력의 사용인가에 따른 판단의 표준의 문제이다.[45) 폭력의 대립(Gegensatz)은 비폭력에서가 아니라 정의(Gerechtigkeit)에서 성립된다. 폭력의 척도(Maßstab)는 정의에 있다.

폭력을 어떻게 극복할 것인가. 이 문제를 놓고 서구의 신학자들은 예수의 산상수훈(마 5:38-48)의 말씀에서 그 해결방법을 찾는 논의를 하여 왔다. 예수의 산상설교의 중심은 비폭력을 통한 폭력의 극복, 폭력으로부터의 해방과 자유이다. 원수사랑을 통한 적대감의 극복이다. 평화를 창조함으로써 적대관계의 극복을 말한다. 보복을 하지 말라(마 5:38-42)는 예수의 말씀은 그동안 폭력의 포기(Gewaltverzicht)로 간주되어 왔으나 이것은 폭력의 포기가 아니라 폭력으로부터 자유스러운 것(Gewaltfreiheit)를 의미한다.[46) 따라서 평화의 실현은 비폭력적 방법에 있으나, 이 비폭력의 방법은 비폭력무저항을 의미하는 것이 아니다.

히틀러 암살단에 가담한 본회퍼의 결단과 행위도 저항권의 관점

---

44) J. Moltmann, *Der Weg Jesu Christi, Christologie in messianischen Dimensionen,* München, 1989, p.150.

45) J. Moltmann, *Das Experiment Hoffnung,* München, 1974. p.153.

46) Ibid.

에서 보아야 한다.[47]

저항권(Widerstandsrecht/right of resistance)이란 무엇인가. 일반적으로 저항권은 "민주적·법치국가적 기본질서 또는 기본권 보장체계를 위협하거나 침해하는 공권력에 대하여 더 이상의 합법적인 대응 수단이 없는 경우에 주권자로서의 국민이 민주적·법치국가적 기본질서를 유지·회복하고 기본권을 수호하기 위하여 공권력에 저항할 수 있는 최후에 비상수단적 권리를 말한다"[48] 중세의 교회에서는 기독교의 자연법에 근거하여 저항권을 받아들였다. 토마스 아퀴나스는 한계상황에서 폭군살해를 허락하였다. 루터도 극단적인 경우 저항할 것을 언급하고 저항을 위한 신적 계명을 말하였다.[49] 1560년 작성된 스코틀랜드 신앙고백 14조에도 "무죄한 자의 생명을 보호하고 폭정에 저항하며 억압을 받는 자를 돕는다"[50]고 말하고 있듯이 무죄한 자의 피를 흘리게 하는 폭군이나 폭정, 불의에 대해서는 항거할 의무가 있다. 칼 바르트도 이 14조 "폭정에 저항하는 것"(tyrannidem opprimere)의 해설에서 무죄한 자의 피흘림을 허용하지 않는 것이 "살인하지 말라"는 계명을 성취하는 것에 속한다고 하였다.[51] 사랑 안에서 수행하는 예수 그리스도에 대한 신앙은 우리의 적극적(정치적)

---

47) Vgl., Yu, Suk-Sung, *Christologische Grundeutscheidungen bei Dietrich Bonhoeffer* p.88ff.

48) C.Creigelds, Rechtswörterbuch, 3.Aufl., München, 1973. 1315. 참조. 권영성, 『헌법학원론』(법문사 : 1995), p.76. 저항권에 관하여: E.Wolf. Wirderstandsrecht, RGG. Bd.6. 3.Aufl. s.168ff. E.Wolf. Sozialethik. Theologische Girundfrangen. Göttingen 2.Aufl.982. C.Creigelds, Rechtswörterbuch, 3.Aufl., München, 1973. p.1315.

49) Jürgen Moltmann, Das Experiment Hoffnung, p.154f.

50) K. Barth, Gotteserkenntnis und Gottesdienst nach reformatorischer Lehre, Zürich, 1938, 21.

51) Ibid., p.213.

저항을 불가피한 필연적인 것으로 만든다.[52] 정치적 권력의 오용에 저항하기 위하여 필요한 경우에는 폭력사용은 이웃과 국가를 위한 책임의 틀 속에서 계명이 된다.[53] 명백한 폭정과 폭군에 대하여 기독교 전통에 따라 세운 신학적 근거에서 저항에 대한 의무와 권리가 정당화된다.

본회퍼의 저항과 폭력사용은 처음부터 정상적인 상황에서 행하여진 것이 아니라 마지막으로 비상시에 행하여진 것이다.[54] 처음의 수단(prima ratio)으로 한 것이 아니라 최후의 수단(ultima ratio)으로 한 것이다.

둘째, 본회퍼의 히틀러 암살음모에 가담한 행위를 책임윤리적 시각에서 이해하여야 한다. 책임의 개념은 본회퍼가 히틀러를 제거하기 위해 참여한 모반행위를 이해하는데 열쇠가 되는 개념이다.[55]

본회퍼는 신학계에서는 처음으로 책임윤리의 문제를 제기하였다. 1941년 여름부터 1942년 초 사이에 쓴 『윤리학』가운데 「책임적 삶의 구조」에서 책임윤리 문제를 다루었다.[56] 본회퍼는 이때 히틀러 암살음모 계획의 과정에 있었으며 모반의 행위의 정점에 있을 때 책임과 책임윤리 문제를 썼다.[57] 본회퍼는 그의 책임윤리를 신학

52) Ibid., p.214.

53) J.Moltmann, Das Experiment Hoffnung, p.156.

54) W.Maechler, "VonPazifistenzum Widerstandskämpfer. Bonhoeffer Kampf für die Entrechteten", in : Die Mündige Welt, I, p.92.

55) W.Huber, Protestantismus und Protest,p.p.40.

56) 본회퍼의 책임윤리에 관하여 다음을 참조할 것. Yu, Suk-Sung,a.a,O. 131-136.

57) Vgl., E.Bethge, "Bonhoeffers Weg von 'Pazifismus' zur erschwöroung", in : H.Pfeifer (Hg.), Friede-das unumgängliche Wagnis, Die Aktualität der Friedensethik Dietrich Bonhoef-

적이며 그리스도론적으로 해명하는데, 여기에 중심 개념은 대리사상 (Stellvertretung), 현실 적합성(Wirklicheitsgemäßheit), 죄책을 받아들임 (Schuldübernahme), 자유(Freiheit)이다.[58]

본회퍼는 추상적 법칙윤리, 결의론, 의무론적 윤리를 거부하고 책임윤리를 주장하였다. 그의 책임윤리는 그리스도가 성육신한 이 세상의 현실에서 세상을 위한 책임적인 삶을 말한다. "이 세상은 예수 그리스도 안에서 예수 그리스도를 통하여 우리에게 주어진 구체적인 책임의 영역"이기 때문이다.[59] 본회퍼의 책임은 철저하게 신학적이요, 그리스도론적이며, 예수 그리스도를 통하여 우리를 향하여 하시는 하나님 말씀에 응답함으로써 사는 응답구조이다.

본회퍼에 의하면 책임적 삶의 구조는 인간과 하나님에게 속박 (Bindung)되어 있다는 것과 자기의 삶이 자유(Freiheit)하다는 것의 이중적으로 규정된다.[60] 본회퍼는 책임이란 속박과 자유가 밀접하게 결합되어 있을 때 존재하게 된다고 하였다.[61] 속박은 대리행위와 현실적합성의 형태를 취하며, 자유는 삶과 행위의 자기검증과 구체적인 결단의 모험에서 증명된다. 책임은 대리행위에 근거하고 있다. "대리적 삶과 행위로서 책임은 본질적으로 인간과 인간에 대한 관계이다. 그리스도는 인간이 되었고 따라서 인간을 위한 대리적 책임을

fers, München, 1982, pp.119ff.

58) Dietrich Bonhoeffer, *Ethik*, pp.238-278.

59) Ethik, p.247.

60) Yu, Suk-Sung, a.a.O., pp.127-136.

61) Ethik, p.238.

지셨다."[62] 예수 그리스도의 삶은 책임적 삶으로 대리행위의 근원과 본질과 목적이다. 책임은 타자를 위한 삶과 행위이다. 한걸음 더 나아가서 책임은 죄책을 받아들이는 것이다. 죄 없는 예수 그리스도가 그의 형제의 죄를 대신 짊어지신 것은 타인에 대한 관심과 형제에 대한 사심없는 사랑이며 책임적 행위이다. 이 책임적 행위는 본회퍼에 의하면 현실에 적합한 행동이다. 이것은 주어진 구체적 책임의 영역에서 예수 그리스도 안에, 예수 그리스도를 통하여 역사적으로 현실적 상황에 적합한 행위여야 한다. 본회퍼의 책임윤리는 개인윤리가 아닌 공동체의 윤리이며, 사회윤리이다. 본회퍼는 교회의 정치적 책임의 모습을 다음과 같은 말에 극명하게 잘 표현되었다. "바퀴 아래 깔린 희생자에게 붕대를 감아주는 것뿐 아니라 바퀴 자체를 멈추게 하는 것이다."[63] 따라서 본회퍼가 히틀러의 암살 음모에 가담한 행위는 저항권과 그의 책임윤리적인 관점에서 이해하여야 한다.[64]

## 결론 : 하나님의 계명과 그리스도 현존으로서의 평화

지금까지 본회퍼의 평화사상의 전개 과정을 고찰하였다. 본회퍼

---

62) Ethik, p.240.
63) Gesammelte Schriften II, p.48.
64) Yu, Suk-Sung, a.a.O., pp.185.

의 평화사상과 윤리를 신학적 의미를 찾아보면 한편으로 그리스도론적이며 교회론적으로 이해할 수 있고, 다른 한편으로 세상에 대한 책임과 그리스도를 뒤따르는 순종과 십자가적 제자직으로 파악할 수 있다.

본회퍼는 평화를 하나님의 계명과 그리스도의 현존으로 이해하였다. 하나님의 계명으로서 평화는 구체성을 띠고 있으며, 신앙의 결단의 문제로서 책임적·정치적 행위였다. 본회퍼는 평화주의자였고 동시에 저항의 투사였다. 그는 저항의 투사로서 평화주의자였으며, 평화주의자로서 저항의 투사였다. 본회퍼가 기독교인과 교회에 남긴 오늘의 과제는 평화를 위한 의무와 책임을 인식하고 평화를 증언하고 평화를 만들어 가는 것이다. 평화는 주어진 상태가 아닌 실현되어 가는 과정이다. 본회퍼가 평화를 위대한 모험(großes Wagnis)이라고 말하였듯이 오늘 평화를 위하여 기독교인과 교회는 과감히 행하여야 할 것이다. 무엇보다도 한국의 기독교인과 교회는 불평화의 구조적 원천인 분단을 극복하고 민족의 비원인 평화통일을 이루도록 헌신하여야 한다. 그뿐 아니라 정의로운 평화가 실현되도록 하여야 할 것이다.

본회퍼가 참된 교회의 모습을 타자를 위한 교회(Kriche für andere)에서 찾았듯이 오늘 교회는 평화를 위하여 평화를 건설하는 교회가 되어야 한다. 본회퍼는 나치하에서 박해받고 있는 유대인들에게 교회가 침묵하거나 그들에 대하여 무관심하고 있을 때 "유대인을 위하여 소리치는 자만이 그레고리안 찬가를 부를 수 있다"고 갈파하였다. 본회퍼는 책임적인 기독교인의 삶의 모습과 교회의 참모습을 가르쳐 주었다. 오늘의 교회는 "가난한 자들에 대한 우선적 선택"과 "가난한 자들을 위한 당파성"을 고려하는 교회의 모습에서 그의 역할을 찾아야 한다. 오늘의 세계는 인구 폭발, 자원 고갈, 환경 파괴 속에서 폭력 제거를 위한 제도 확립, 경제적 남북문제 해결, 지구 환경보전의 과제를 안고 있다. 이 모든 문제는 평화의 문제와 직결되어 있다. 오늘날처럼 핵무기의 위협, 생태적 위기, 제1세계 국가들에 의한 제3세계 국민들의 착취, 세계 도처에서 자행되는 인권 침해, 경제적 불평등, 성적 차별, 종교 간의 갈등의 상황에서 평화만이 인간다운 삶을 가능하게 한다. 본회퍼는 기독교인과 교회에게 평화의 책임과 의무를 일깨워 주었다. 오늘 본회퍼가 남겨준 과제는 그리스도를 뒤따르는 제자로서 그리스도에 순종하는 행위로 평화 창조를 통하여 제자직을 수행하는 것이다. 그 제자직은 정의로운 평화를 이루어가기 위한 평화의 사명과 책임 속에서 자기의 십자가를 짊어지는 가운데 이루어질 것이다.

오늘의 세계는 탈냉전 시대를 맞아 신(新) 국제질서로 개편되는 대변혁의 역사적 전환점에 서 있다. 신 국제질서는 제2차 세계대전이 끝난 후 이데올로기적 대결의 냉전 체제를 청산하고 화해와 협력의 시대로 나아가는 탈 냉전, 탈 이념의 시대를 의미한다. 오늘날 한반도에 삶을 살아가는 우리는 지구상 마지막 분단국가로 남아 탈 냉전 시대에 냉전 지역으로 남게 되었다. 이러한 때 평화는 세계와 한민족과 교회와 이 시대에 부여된 절대적 명령인 정언명법(Kategorischer lmperativ)이다.[65] 또한 새로운 세기를 맞아 종교에 의한 『문명충돌』[66] 로 인해 세계평화를 위협하게 될지도 모르는 21세기에 「평화의 문화」(Culture of Peace)를 만들어 가야 할 것이다.[67]

65) Yu, Suk-Sung. a.a.o. 185.

66) Samule P.Huntington, *The Clash of Civilization and The Remaking of World Order*, 1996, 이희재 역《문명충돌》, 1997. 참조.

67) UNESCO and a Culture of Peace, Promoting a Global Movement(Paris: UNESCO Publishing, 1995): From a Culture of Violence to a Culture of Peace(Paris: 1996). 참조.

# 제10장 함석헌과 본회퍼의 평화사상

## 서론

함석헌(1901.3.13.-1989.2.4)과 디트리히 본회퍼(1906.2.4.-1945.4.9.). 이 두 사람의 삶은 평화의 실현을 위해 그의 삶을 살았다.

함석헌(咸錫憲)은 20세기가 시작되는 1901년 3월 13일 나라운명이 풍전등화(風前燈火) 같던 조선말기 한반도 북쪽 끝 평안북도 용천군 부라면 원성동(일명 사자섬)에서 한의사 함형택(咸亨澤)과 김형도(金亨道)의 장남으로 태어났다. 함석헌의 일생은 조선의 멸망, 일제 강점기, 3·1운동, 해방의 감격과 분단의 아픔, 6·5전쟁과 4·19혁명, 5·16군사쿠데타, 박정희의 18년간의 독재정권 그리고 신군부의 군사정권의 시대에 민족사의 고난과 함께 그의 삶을 살고 천수라고 할 수 있는 88세로 세상을 하직하였다.

디트리히 본회퍼(Dietrich Bonhoeffer)는 1906년 2월 4일(이 날은 공교롭게도 함석헌이 그의 삶을 마감한 날이다) 독일의 브레슬라우(Breslau 현재는 폴란드 영토)에서 신경 의학교수인 칼 본회퍼(Karl Bonhoeffer)와 클라라 본회퍼(Klara Bonhoeffer, 출생 시 성은 폰하제(von Hase)의 8남매 중 여섯 번째로 태어났다. 여동생 자비네(Sabine)와는 쌍둥이였다. 본회퍼는 제1차 세계대전 (1914-1918)과 바이마르 공화국, 히틀러 치하(1933-1945)에서 살다가 히틀러 암살모의에 가담하여 1945년 2년간의 감옥 생활 후 1945년 4월 9일 이른 아침 교수형에 처형된 신학자요 목사였다. 본회퍼는 17세 때 튀빙겐대학에 입학하여 신학공부를 시작하였으며 베를린대학으로 옮겨 1927년 21세 때 신학박사를 받은 수제였다.

함석헌과 본회퍼는 한반도와 독일에서 그의 삶을 살았지만 그들은 모두 평화의 실천을 위해 살았다. 물론 본회퍼는 함석헌을 몰랐다. 함석헌은 본회퍼의 이름을 알았을 것으로 짐작된다. 그러나 본회퍼의 책을 읽거나 그의 신학적 사상의 영향을 받았는지 또 그에 대해서 어떻게 생각하고 있었는지는 알 수 없다. 아마 본회퍼는 히틀러를 암살하려고 하다가 처형된 목사였다는 정도로 본회퍼에 대한 소개를 받았을 것으로 생각된다. 본회퍼가 현대 기독교 평화운동에 선구자였다는 것을 알지 못하였을 것이다. 만일 기독교 평화운동에 선구자로서 본회퍼의 사상을 알았다면 함석헌의 평화에 대한 생각들이 더 풍부하고 깊어졌을 것이다. 한국의 평화사상은 1990년 이후로 손규태와 유석성에 의하여 한국에 소개되었다. 1990년 세계교회협의회 주최로 개최되었던 "정의 평화 창조질서의 보전"(JPIC)의 세계대회는 1934년 본회퍼가 덴마크 파뇌에서 제안했던 평화에 관한 "에큐메니칼 공의회"에 그 뿌리를 두고 있다.

함석헌과 본회퍼의 공통점이 있다. 두 사람은 평화를 위해 살았고 그의 평화에 대한 생각의 근거를 예수 그리스도의 산상설교에 두고 있으며 간디의 비폭력 사상에 영향을 받았다. 또 1930년대 동양과 서양에서 '고난'의 문제를 가지고 함석헌의 조선의 역사(한국의 역사)를 성서적 입장에서 조명하였고, 본회퍼는 20세기 들어 최초로 고난의 문제를 신학화하였으며 십자가신학(theologia crucis)으로 기독교의 신학과 신앙과 교회를 해석하고자 하였다. 이 글에서는 함석헌과 본회퍼의 평화사상을 추적해 보고 두 사람의 평화사상의 같은 점과 다른 점을 살펴보고자 한다.

## I. 함석헌의 평화사상

### 1. 평화사상의 출발

함석헌이 평화에 관심을 갖게 된 것은 넓은 의미로 보면 일제 강점기 하에서 이미 있었겠지만 기독교의 평화주의에 관심을 갖게 된 직접적인 계기는 그의 40대 후반인 1947년이다. 1947년 서울 YMCA 현동완 총무가 미국에서 개최된 세계 YMCA대회에 참석하고 돌아와서 여행담을 얘기하는 중에 미국 퀘이커들의 평화운동 특히 양심적 병역거부에 대하여 소개하였다.

수많은 젊은이들이 사람 죽이기를 목적으로 하는 전쟁에는 같이 곁들여 할 수 없다는 생각에 징병령을 반대하고 나서서 즐겨 감옥에 들어가고 남아있는 교도들은 책임을 지고 그들의 뒤를 돌봐주며 운동을 전개해 나간다는 것이었습니다. 그래서 정부에서도 그 뜻을 이해하고 정말 종교정신 때문에 하는 것이 분명하면 군대복무를 면제하고 대신 다른 평화적인 사업으로 돌려주고 법령을 만드는 데까지 이르렀다고 했습니다.[1]

함석헌은 그 동안 들어보지 못했던 이 말을 듣고 많이 놀랐다. 그 후 함석헌은 20년 후 1967년 퀘이커 태평양 연회의 초청으로 제4차 세계 퀘이커 대회와 로스앤젤레스에서 열렸던 태평양 연회의 모임에 참석한 후 퀘이커 회원이 되었다. 함석헌이 퀘이커 회원이 된 것은 퀘이커들의 "우의(friendship)에 대해 책임감을 느껴서 그렇게 결정하였다고 말했다.[2] 퀘이커교 회원이 된 일을 놓고 볼 때 함석헌의 성격과 성품을 짐작할 수 있다.

## 2. 함석헌의 평화사상에 영향을 준 사상들

함석헌에게 영향을 준 사상은 기독교사상, 웰즈, 우찌무라 간조의

---

1) 『함석헌 전집』, 15권, 352.
2) 『함석헌 전집』, 15권, 354.

무교회주의, 톨스토이 휴머니즘, 간디 비폭력저항사상,『바가바드기타』, 노자장자의 도가사상, 퀘이커의 평화사상, 테야드 샤르뎅의 신학사상에게서 영향을 받았다.[3]

함석헌의 평화사상에서도 이러한 사상 속에서 영향을 받았다.

첫째, 성서 특히 예수의 산상설교와 구약성서의 이사야서이다. 함석헌의 사상의 출발은 기독교였다. 그의 사상은 도가사상, 인도사상과 지평융합이 이루어지지만, 기독교사상을 뿌리로 하여 '더하여' 확대된 것이라 할 수 있다. 그의 대표 저서인『성서적 입장에서 본 조선역사』(후에『뜻으로 본 한국역사』로 개제)를 쓰게 된 동기도 "십자가의 원리를 민족에 적용"[4] 하여 고난 사관으로 한국의 역사를 기록하였다. 한국의 역사의 기조를 고난으로 잡고 그 견지에서 모든 사건을 해석하였다.[5] 이사야 53장과 예수의 십자가의 의미를 가지고 한국역사를 쓴 것이다.[6] 그래서 이 책의 제목을『성서적 입장에서 본 조선역사』로 하였다. 이 고난의 문제는 함석헌 사상을 이해하는 관건(關鍵)이 되는 핵심개념이며, 평화사상을 이해하는데 근거가 되는 개념이다. 고난과 자기희생이 없이 평화는 실현되지 않기 때문이다.

---

3)「죽을 때 까지 이 걸음으로」,「이단자가 되기까지」,「하나님 발길에 채어서」「함석헌 전집」4권 참조.
4)「하나님 발길에 채어서 I 」,『함석헌 전집』4권, 217-218
5)「하나님 발길에 채어서 I 」,『함석헌 전집』4권, 218
6) 유석성,「시대의 예언자」, 함석헌 기념사업회 편,『다시 그리워지는 함석헌 선생님』, 한길사, 2001, 261.

함석헌은 예수의 산상설교의 보복금지(마태복음 5:38-42)와 원수사랑(마태복음 5:43-48)을 근거로 비폭력저항과 전쟁을 반대하는 반전평화사상(反戰平和思想)을 주장하게 되었다.

둘째, 간디의 비폭력 사상과 힌두교의 『바가다드 기타』의 영향이다.[7] 함석헌의 평화사상의 구상과 그 실천방법의 결정적 영향을 받은 인물은 인도의 간디이다. 함석헌은 간디의 자서전을 번역하기도 하였고, 간디의 비폭력 방법을 실천하려고 하였다. 함석헌의 글에 간디에 관한 다섯 편이 있는데 이 글들 속에서 간디에 대한 함석헌의 생각들을 찾아 볼 수 있다. 그것은 1. 간디의 길 2. 간디의 참모습 3. 새 인도와 간디 4. 마하트마 간디 5. 현대사의 조명탄 간디이다.[8]

함석헌은 간디의 길을 참을 지키기 위한 진리파지(眞理把持)인 '사티아그라하'와 그 실천 방법인 비폭력저항주의라고 하였다.[9] "비폭력운동은 사나운 힘을 쓰지 말자는 운동이다. 폭력으로 하지 말고 혼의 힘을 가지고 싸우는 운동이다. 혼(아트만)은 저(自我)의 힘을 드러냄이다. 간디에 자기를 드러냄은 하나님께 도달하는 하나님의 이름이다. 간디의 길은 밖으로 정치인 동시에 안으로는 종교, 즉 믿음이다."

함석헌은 간디의 비폭력주의는 혼의 힘을 가지고 모든 폭력을 곧 물력(物力)으로 되는 옳지 않음을 싸워 이기자는 것이라고 하면서 간

---

7) 이거룡, 「하나님 발길에 채어 인도사상까지」, 함석헌 기념사업회 편, 『민족의 큰 사상가 함석헌 선생』, 한길사 139-157 참조.
8) 「간디의 길」, 『함석헌전집』 7권, 9-43.
9) 「간디의 길」, 『함석헌전집』 7권, 11.

디를 비폭력 무저항주의라고 하는 것은 오해를 불러일으키는 말이라고 하였다. 간디는 비폭력무저항이 아니라 비폭력저항주의라는 것이다. "간디는 옳지 않은 것에 대해 저항을 하지 말자는 것이 아니다. 반대로 그는 죽어도 저항해 싸우자는 주의다. 다만 폭력 곧 사나운 힘을 쓰지 말자는 주의다. 그러므로 자세히 말하면 비폭력저항주의다.[10]

함석헌은 간디를 배워야 하는 이유를 세 가지를 들고 있다. 첫째, 가난과 무지와 타락의 인도의 사정이 우리와 같다. 새 나라를 건설하기 위해 해결하는 방법은 간디가 인도 민중에게 한 것 같은, 깊은 속의 혼을 불러내는 진리운동이 아니고는 될 수 없을 것이다. 둘째, 정치와 종교를 하나의 세계로 되어 가는 시대에 세계의 평화를 위해 한국이 기여하기 위해서이다.[11]

함석헌은 간디를 존경하였고 간디를 배우려고 하였고, 간디가 인도를 위해서 하였던 것처럼 한국에서 간디처럼 하고자 하였다. 간디는 「민중교육」, 「청년인도」, 「하리잔」이라는 잡지발행, 「아슈람 한」이라는 공동체를 만든 것처럼 함석헌은 강연과 고전강좌를 통하여 "씨올"(people)들을 계몽하고 「씨올의 소리」 잡지 발간, 천안의 "씨올농장"을 열기도 하였다. 이렇게 하여 함석헌은 "한국의 간디"라고 불리기도 하였다. 함석헌은 간디를 통하여 참과 비폭력정신 종교와 정치적 투쟁을 배웠다.

함석헌은 6·25한국전쟁 시 피란지 부산의 중고서점에서 우연히

---

10) 「간디의 길」, 『함석헌전집』 7권 11.
11) 「간디의 길」, 『함석헌전집』 7권, 12-15

발견하여 구입한 힌두교 경전인 『바가바드 기타』(기원전 5세기에 쓰여짐)에 매료되었고 그 회통의 정신의 영향을 깊이 받았다. 함석헌은 이 책을 번역하기도 하였다.

셋째, 동양 특히 노자와 장자의 도가 사상이다.

함석헌은 평화주의자로서 노자를 강조하였다. 함석헌은 노자를 평화주의 첫째 사람이라고 하면서 전쟁을 비판하고 비폭력을 주장하였다.

나는 노자를 평화주의의 첫째 사람이라고 한다. 물론 그전에 이미 이사야가 있어 "칼을 쳐서 보습을 만들 것"을 외친 일을 모르는 바 아니지만, 노자처럼 시종일관해서 순수한 평화주의를 부르짖은 사람은 없다고 한다. 더구나 그것이 살벌한 부국강병주의를 부르짖은 사람은 없다고 한다.[12]

함석헌이 노자에 대하여 처음 알게 된 것은 21세 때인 오산학교에서 당시 32세의 교장선생인 유영모에게서 수신시간에 소개받아서였지만,[13] 깊이 읽게 된 것은 40대 중반 이후인 제2차 세계대전이 끝나면서 이다.[14] 자유 하는 민중과 문명의 새 방향을 찾기 위해서 동양고전에서 지혜를 찾았다.[15]

---

12) 「老莊을 말한다」, 『함석헌전집』 제20권, 31.
13) 「이단자가 되기까지」, 『함석헌전집』 제4권, 188.
14) 함석헌전집 17, 409.
15) 조민환, 「노장철학의 창조적변용」, 함석헌 기념사업회편, 『민족의 큰사상가 함석헌 선생』, 한

함석헌은 장자에서 자유와 평등의 정신을 배웠을 것이다.

넷째, 퀘이커의 평화사상

위에서 말한 대로 함석헌이 평화사상에 눈을 뜨게 된 것은 퀘이커를 통해서였다. 함석헌은 예수의 평화주의를 적극적으로 실천하는 모임이 퀘이커라고 생각하였다. 퀘이커의 평화운동과 반전운동에 동의하여 퀘이커 회원이 되었다.

## 3. 함석헌의 평화사상의 전개

함석헌의 말과 글 모두가 넓은 의미에서 평화를 위한, 평화에 대한 것이라고 할 수도 있겠지만 평화에 대하여 직접적으로 쓰고 말한 것은 단지 몇 편의 글과 대담이 남아있다. 1. 세계평화의 길(12권 275-290) 2. 평화운동을 일으키자.(14권 28-49) 3. 평화적 공존은 가능한가(11권 369-381) 4. 대화를 통한 평화(19권 366-369) 5. 퀘이커와 평화사상(대담 3권 154-174) 6. 예수의 비폭력 투쟁(3권 319-328)

이상의 글들이 본회퍼의 사상을 찾아 볼 수 있는 글들이다.

### 1) 평화의 정의(定義)

함석헌의 평화론은 체계적으로 평화론을 전개한 것이 아니라 직

---

길사, 2001, 107-137 참조.

관적이고 선언적으로 하였다.[16) 그러나 그의 일생에 글 쓰고 말한 것이 평화에 대한 것이며 평화를 위한 것이라고 말할 수 있다. 함석헌은 평화를 신조와 생명과 필연과 역사의 절대적 명령이라고 하고 인간이 마땅히 해야 할 당위와 의무로 보았다. 함석헌에게 평화는 칸트가 말한 정언명령(Kategorischer Imperativ)과 같은 것이다.

> "평화운동이 가능하다 하고 문제 내놓는 그 태도부터가 잘못이라고 나는 본다. 평화는 할 수 있으며 하고 할 수 없으면 말 문제가 아니다. 가능해도 가고 불가능해도 가야하는 길이다. 이것은 역사의 절대 명령이다. 평화 아니면 생명의 멸망이 있을 뿐이다. 그러므로 이것은 믿음의 길이지 계산의 길이 아니다."[17)

함석헌은 삶의 길과 평화의 길을 동일시하였다. 삶은 하나밖에 없는 유일의 길인 것처럼 평화도 유일한 길임을 강조하였다. 평화는 크고 하나밖에 없는 길인 대도이다.

함석헌의 평화운동에 장애가 되는 것이 남북의 긴장, 주위 강대국 등의 야심, 인간의 본성, 민중의 도덕운동으로 보고[18) 생명과 평화의 길로 가기 위해서 4가지를 말하고 있다. 전체의식, 종교적 신념, 민족의 특성, 우주사적 비전이다.[19)

---

16) 안병무, 「함석헌의 평화사상」, 한병무, 『한국 민족운동과 통일』, 한국신학연구소, 2001, 참조.
17) 「평화운동을 일으키자」, 『함석헌전집』 14권, 29.
18) 「평화운동을 일으키자」, 『함석헌전집』 14권, 30-31
19) 「평화운동을 일으키자」, 『함석헌전집』 14권, 42.

## 2 ) 종교적 평화주의로서 함석헌의 평화사상

### (1) 비폭력저항의 종교적 평화주의이다.

함석헌의 평화사상은 기독교의 예수의 보복금지, 원수사랑, 십자
가의 고난, 간디의 비폭력저항사상, 힌두교의 평화주의, 노자의 평화
사상을 아우르는 비폭력저항의 종교적 평화주의이다.

함석헌은 예수의 산상설교의 가르침인 다섯 번째 반대 명제인 "오
른뺨을 치거든 왼편도 돌려대라"(마태 5:38-42)와 세상을 위한 "소금
과 빛"(마태5:13-16)의 말씀을 근거로 비폭력과 사랑의 실천을 강조한
다.[20] 간디에게서 비폭력저항과 종교의 신앙, 내면의 바탕에서 나오
는 저항의 정신과 참의 실천으로서의 평화를 배우고 이를 실천하고
자 한다. 노자에게서 전쟁을 반대하고 소국과민(小國寡民) 정신, 무위
자연(無爲自然)의 정신을 통한 평화를 강조한다.

함석헌은 "내게 버리지 못하는 것이 셋이 있는데 그것은 민족과
신앙과 과학"이라고 하였다. 민족 없이는 나 없으니 나는 민족적 전
통을 지킬 의무가 있고, 하나님을 믿으니 내 신앙적 양심을 짓밟을
수 없고, 나는 또 현대인으로서 실험을 토대로 하는 과학을 존중하지
않을 수 없다고 하였다.[21] 함석헌의 평화사상은 종교와 신앙을 바탕
으로 하는 비폭력저항의 종교적 평화주의이다.

---

20) 「예수의 비폭력 투쟁」, 『함석헌전집』 3권, 319-328.
21) 「하나님의 발길에 채어서 Ⅰ」, 『함석헌전집』 3권, 217.

(2) 전쟁을 반대하는 절대적 평화주의

함석헌은 전쟁을 비판하고 거부하는 절대적 평화주의이다.[22] 노자의 31장 "군대란 좋은 일의 그릇이 아니다(兵者不祥之器)"를 원용하여 전쟁을 비판하고 반대한다. 종교적·사회적 변화를 전제로 군대의 폐지를 주장하기도 하였으며 병역거부를 주장하였다. 그 자신이 군사독재 정권에 항거하기도 하였다. 월남파병 당시에 단식으로 파병을 반대하였다.

함석헌은 시급히 "세계적인 평화기구"를 세우는 일의 필요성을 주장하였다.[23] 이것은 칸트의 영구 평화론에 의하여 국제연맹이 창설된 것을 연상한다. 상호불신만 제거하면 평화가 이루어진다고 하였다.

함석헌은 국가주의를 반대한다. 국가는 폭력을 합법화하기 때문이다.

현대 평화론에는 세 가지의 입장이 있다. 성전론, 평화주의 그리고 정당한 전쟁론이다. 함석헌의 입장은 평화주의라고 할 수 있다.

(3) 씨을의 평화주의이다.

함석헌 하면 씨을, 씨을하면 함석헌을 연상한다. 그러나 '씨을'은 함석헌 스승되는 유영모가 『大學』의 "大學之道 在明明德 在親民 在止於至善"을 "한배움 길은 밝은 속알 밝힘에 있으며 씨알 어뵘에 있

---

22) 정지석,「한국기독교 평화윤리의 연구: 기독교 평화주의(Christian Pacifism)와 함석헌의 평화사상」,『기독교 사회 윤리』제11집, 207-236. 참조
23)「세계 평화의 길」,『함석헌전집』12권, 283.

으며 된데 머묾에 있나니라"에서 백성 '民'자를 '씨알'로 옮긴 것을
함석헌이 '씨올'로 사용한 것이다.[24] 씨올은 영어로는 'people'이다.

씨올이란 무엇인가? 함석헌은 "씨올은 권력도 지위도 없이 못났
기 때문에 주인 노릇을 할 수 있다"고 말한다.

말 그대로 지위도 없이 권력도 없이 그저 땅을 디디고 서서 전체
를 위해서, 전체라는 걸 의식도 못하면서 전체를 위해서 봉사하다 봉
사하다 가는 사람들입니다. 그러니까 난대로 있는 사람, 못 났기 때
문에 하나님이 만들어준 그 본성을, 그 바탈을 가지고 있는 사람들,
그러니까 나라의 주인 노릇할 수 있는 거지만, 지위가 있는 사람은
지위가 있는 대신에 그 바탈을 다 팔아먹었어.

함석헌은 씨올은 평화의 담지자 평화의 원이라고 보았다. 함석헌
의 평화론의 궁극 목표는 씨올의 평화이다. "씨올의 바탈이 평화요,
평화의 열매가 씨올이다"[25]는 선언 아닌 선언을 한다. 씨올의 목적
은 평화의 세계이다. 모든 국민이 모든 민중이 모든 씨올이 평화롭게
사는 것이 진정한 평화가 이루어지는 세계이다. 씨올 자체가 평화요,
씨올은 평화를 이룰 능력이 있다고 본 것이다.

평화가 이루어지지 않는 것은 씨올이 있어야 할 자리에서 제 능력
을 발휘하지 못하고 있다는 증거다. 국가지상주의 정부지상주의 때

---

24) 「씨올」『함석헌전집』14권, 323.
25) 「세계평화의 길」, 『함석헌전집』12권, 282.

문이라고 한다. 함석헌은 평화를 세우는데 가장 큰 방해가 되는 것은 강대국의 정치가들이라고 하면서 이들은 군대라는 조직적인 폭력과 선전과 과학적인 정보기술로 세계를 지배하려고 한다고 하였다. 함석헌은 씨올은 이기고 말 것인데, 국가주의 암벽을 무너뜨리고 폭력주의의 사나운 짐승을 잡기 위해 몇 가지 할 일이 있다고 한다. 첫째, 씨올이 손을 잡는 것, 둘째, 씨올의 과학화, 셋째, 비폭력 투쟁을 널리 일으키는 일이라고 말한다.[26)]

## II. 본회퍼의 평화사상

### 1. 기독교 평화주의자로서의 본회퍼

디트리히 본회퍼는 기독교 평화운동의 선구자이다. 본회퍼는 예수 그리스도의 가르침인 평화를 이 사회 속에 실천하고자 투쟁하다가 순교하였다.

미국의 라인홀드 니버는 본회퍼를 순교자라 칭하고 "그의 삶은 현대 사도행전에 속한다"고 말한 바 있다. 본회퍼가 남긴 공언 중 가장 위대한 것은 정의와 평화를 위한 기독교인의 의무와 책임을 강조한 것에 있다.

2006년은 본회퍼 탄생 100주년이 되는 해이며, 동시에 인도의 간

---

26) 「세계평화의 길」, 『함석헌전집』 12권, 285-288

디가 비폭력 불복종운동을 시작한지 100주년이 되는 해이기도 하다. 본회퍼 탄생 100주년을 맞아 국제 본회퍼학회는 2월 3일부터 4일까지 본회퍼의 출생지 브레슬라우(Breslau)에서 본회퍼 국제학술대회를 개최하였고 각국에서는 본회퍼 탄생 100주년 기념 각종 행사가 열리고 있다.

본회퍼는 "예수 그리스도는 오늘 우리에게 있어서 누구인가"라고 물었다.[27] 이 질문은 그의 삶과 신학의 주제이다. 본회퍼는 그 질문에 대하여 고백하고 그 고백한 것을 증언하다가 나치정권에 의해서 처형되었다. 오늘 우리는 본회퍼처럼 "예수 그리스도는 우리에게 누구인가를" 물어야 한다. 피스메이커(peacemaker)로서 평화의 사도가 되라고 말씀한다. 평화운동의 선구자로서 본회퍼는 오늘 우리에게 무엇이며 또 누구이며 그가 말한 기독교 평화론은 오늘 우리에게 무슨 의미가 있는가? 평화론은 인류의 영원한 염원이다. 오늘 세계 각처에서는 전쟁과 테러, 기근과 경제적 불평등, 생태학적 위기, 인종과 종교적 갈등 속에 처해있다. 신의 정의와 자유와 민주주의 이름으로 이라크를 침공한 정의롭지 못한 전쟁, 이스라엘의 레바논 폭격 등 세계 각처는 평화를 갈망하지만 평화롭지 못한 것이 세계의 현실이다. 우리나라를 둘러싸고 있는 동북아에도 북한 핵문제를 비롯한 중국의 팽창주의 일본의 신군국주의가 평화를 위협하고 있다. 기독교는 정의와 평화를 위한 사회적 책무에는 소홀히 하고 오직 기복주의 경향으로 나가고 있다. 이러한 상황에서 본회퍼는 "오늘 여기에서

---

27) Widerstand und Ergebung. DBW 8, Gütersloh, 1998, 402.

우리들에게 구체적으로 정의와 평화를 위한 기독교의 과제를 무엇을 말하고 있으며, 무슨 의미가 있는가?"

## 2. 본회퍼 평화상의 발단과 전개

본회퍼가 평화에 관심을 갖게 된 것은 1905-31년 미국 뉴욕에 있는 유니온 신학교에서 연구한 기간 동안 프랑스에서 온 평화연구자 장 라세르(Jean Lasserre)로부터 기독교 평화주의에 대하여 소개에 의해서 였다. 기독교평화주의는 그 이전까지 독일의 루터교 사람들에게는 들어보지 못한 주제였다. 본회퍼는 장 라세르를 통하여 산상설교를 통한 평화의 중요성을 깨닫게 된다.[28]

본회퍼는 예수의 산상설교 중에서 보복금지, 비폭력, 원수사랑 등의 정신으로부터 기독교 평화의 참된 정신을 배우게 된다. 그 전까지는 조국을 위해서 무기를 드는 것은 국민의 의무이자 그리스도인의 의무라고 생각하였다. 본회퍼는 이때 기독교 평화는 민족적 배경을 초월해야 한다는 필요성을 인식하였다. 본회퍼는 평화와 정의에 관한 예수의 말씀 속에서 기독교 평화의 본질을 발견하였다. 그 이후의 삶은 이때 깨달은 정의와 평화를 실천하는 삶을 살게 된 것이다.

또 한 사람 본회퍼에게 영향을 준 사람은 인도의 간디이다. 간디를 통하여 비폭력 방법의 중요성을 깨닫게 되었다. 본회퍼는 간디의 "폭력을 필요로 하지 않는 저항의 형식"에 감명 받았다. 본회퍼는 앤

---

28) Eberhard Bethge, Dietruch,

드류스의 소개로 간디와 서신교환을 하였고 간디의 초청으로 인도를 방문할 계획이었으나 고백교회에서 세운 목사연수원인 핑켄발데 신학교의 책임자로 가게 되어 그 방문계획을 이루지 못했다. 본회퍼는 간디로부터 히틀러에 대항하는 현실적 저항에 사용할 수 있는 방법들을 배울 수 있다고 생각하였다. 본회퍼는 간디의 비폭력 방법을 높이 평가하였고 평화설교에서 다음과 같이 언급하였다. "우리는 동쪽에 있는 이교도부터 수치를 당하지 않으면 안되는가."[29] 이때 이교도는 간디를 지칭한 말이다. 예수님의 산상설교의 실천이 가장 일찍 이교도인 간디에 의해서 분명하게 드러난 것에 대한 수치를 말한다.

본회퍼의 평화사상의 전개는 1930년대 두 차례의 강연과 설교 그리고 그의 저서 『나를 따르라』와 『윤리』, 『저항과 복종』(옥중서간)등에서 찾아 볼 수 있다.

첫 번째 강연은 1932년 7월 체코슬로바키아 체르노호르스케 쿠펠레에서 개최된 청년 평화회의에서 "세계연맹사업의 신학적 근거"라는 제목으로 행한 강연이다. 두 번째 강연은 1934년 8월 24-29일 덴마크 파뇌에서 개최된 생활과 실천(Life and Work)의 청년협의회 때 행한 강연과 8월 28일 아침 경건회 때 행한 평화설교(Friedenspredigt)라고 일컬어지는 설교가 남아있다. 이날 행한 설교는 에큐메니칼 평화운동의 출발점이 되었다.

이 설교에서 본회퍼는 평화를 위하여 큰 규모의 에큐메니칼 공의회를 개최할 것을 제안하였다. 세계는 무기를 가지고 노려보고 있고,

---

29) 「Kirche und Völkerwelt」DBW 13, 301.

사람들은 무섭게 불신의 눈초리로 바라보고 있고, 사람들은 무섭게 불신의 눈초리로 바라보고 있다고 전쟁이 일어날 수 있음을 말하였다. 그는 절박하고 시급한 상황을 "시간이 급박하다"(Die Stunde eilt!)고 외쳤다. 본회퍼는 "내일 아침 전쟁의 나팔소리가 들릴 수 있다"고 역설하면서 평화를 위한 세계교회의 관심을 촉구하며 에큐메니칼 공의회를 열 것을 제안한 것이다.[30] 불행하게도 본회퍼의 예감은 현실로 드러났다. 7개월 후 히틀러는 독일에서 국민 개병의무를 선포하였고 5년 후 1939년 9월 1일 폴란드를 침공함으로써 제2차 세계대전을 일으켰다. 본회퍼의 이 제안은 56년이 지나서 1990년 서울에서 "정의, 평화 그리고 창조질서의 보전"의 대회로 실현되었다.

## 3. 기독교 평화주의로서 본회퍼의 평화사상

첫째, 본회퍼의 평화사상은 성서에 기반을 둔 기독교 평화사상이다. 기독론적이며 교회론적인 기독교 평화사상이다. 특히 예수님의 산상설교에 기초를 두고 있다. 본회퍼의 평화사상은 세속적 평화주의와는 다른 복음적 평화사상이다.[31]

당시에 세속적 평화주의에서는 정치적 계약이나 제도 같은 정치적 방법, 국제자본의 투자 등의 경제적 수단, 군비확장 같은 군사적 방법을 통하여 진정한 평화가 실현될 수 있다고 생각하였다. 본회퍼

30) 「Kirche und Völkerwelt」DBW 13, 301.
31) 유석성 「본회퍼 평화주의와 정치적 저항권」, 『神學思想』 91. 1995 겨울, 28-49.

는 이런 방법을 안보(Sicherheit)라는 용어로 사용하였는데 이 안보라는 개념을 가지고는 평화가 실현될 수 없음을 말하였다.

안보는 오늘로 말하면 핵무기 같은 것을 가지고 군비를 확장하는 것을 말한다. 본회퍼는 안보의 길에는 평화의 길이 존재하지 않는다고 하였고 안보는 평화의 반대라고 하였다. 왜냐하면 안보는 불신을 초래하기 때문이다. 안보는 자기를 지키려는 것을 뜻하며 평화는 신앙과 순종 안에서 모든 것은 하나님의 계명에 맡기는 것을 의미하기 때문이다. 1933년 10월에 히틀러 나치정권은 국제연맹을 탈퇴하였고 재군비에 착수하였다. 본회퍼는 여기에 간접적으로 히틀러의 재군비 착수를 비판하고 있는 것이다. 본회퍼는 평화는 민족중심적인 정치·경제적 방법이 아니라 신학적·신앙적 방법으로 이루어야 한다고 촉구하였다. 본회퍼는 여기에서 평화는 무기와 군비확장 안전보장의 방법을 통해서가 아니라 기도와 비폭력적 방법을 통해서 이룰 것을 호소하고 있다. 또한 본회퍼는 당시에 기독교계의 일부의 경향인 사회복음적 전통에서 하나님 나라를 이 세상에서 실현될 수 있다는 세속적 평화주의를 거부하였다.

둘째, 본회퍼는 평화의 개념을 진리와 정의가 실천되는 것으로 보았다. 본회퍼는 기독교적 평화를 정의로운 평화로 본 것이다.

현대평화연구에 있어서도 일반적으로 평화의 개념을 소극적 평화의 개념과 적극적 평화의 개념으로 나누어 정의(定義)한다. 소극적 개념에서는 평화란 전쟁이 없는 것이다. 평화는 공공연한 집단적 폭력이 없는 상태, 폭력, 궁핍, 부자유, 불안이 없는 사이로 정의된다. 적극적 평화의 개념에서는 평화는 정의(正義)를 강조하는 적극적 개념을 우선시킨다. 따라서 기독교적 평화는 정의로운 평화로 규정된다. 본회퍼는 이미 평화의 개념을 정의로운 평화로 본 것이다. 성서에도 "정의와 평화가 서로 입을 맞춘다."(시편 85:10) 정의는 평화를 가져온다(이사야 32:17)고 함으로써 정의와 평화를 밀접하게 연관시킨다. 본회퍼는 "진리와 정의가 유린되는 곳에서는 평화가 성립될 수 없다"고 하였다.

셋째, 본회퍼의 평화주의는 전쟁을 반대하는 평화주의다. 본회퍼는 평화사업의 적(敵)을 전쟁이라고 정의하고 전쟁의 수단을 가지고 인류의 평화적 복지를 가져올 수 없다고 하였다. 본회퍼는 1934년 파뇌에서 평화협의회가 열리고 있는 동안 바닷가에서 휴식할 때 "목사님 전쟁이 일어나면 당신은 어떻게 하겠습니까" 하는 질문을 받고 "내가 바라는 것은 하나님께서 능력을 허락하셔서 무기를 손에 잡지 않는 것입니다"라고 답한 일이 있다. 본회퍼는 히틀러 독재의 폭정에 히틀러 집권 첫날부터 저항하였다. 개신교 신학자로 거의 유일하게 1933년 초 유태인들의 박해를 교회의 도전으로 받아들였다. 현대의 평화론에는 세 가지 형식이 있다. 첫째, 성전론.(Holy War Theory) 둘째, 평화주의.(Pacifism) 셋째, 정당한 전쟁론(Just War Theory)[32] 중에서 본회퍼의 입장은 평화주의에 해당된다고 할 수 있다.

---

32) Michael Walzer, Just and Unjust War: Moral Argument With Historical Illustration, Basic Books Inc., 1977

넷째, 본회퍼는 평화를 하나님의 계명과 그리스도의 현존이라고 하였다. 이것은 전쟁을 반대하고 평화를 실천할 수 있는 길을 찾은 것이다. 기독교인은 평화실천을 위하여 하나님의 계명은 그리스도 안에 나타나며 계명에 순종하도록 부르심을 받는다. 평화는 예수 그리스도가 평화의 왕으로 이 세상에 성육신하심으로 주어진 계명이다. 산상설교에 "화평하게 하는 자는 복이 있나니 그들이 하나님의 아들이라 일컬음을 받을 것임이요"(마태5:9)라고 말하듯이 평화를 위하여 일하는 것이 하나님의 자녀로서 마땅히 해야 할 의무와 책임이다. 평화는 그리스도 안에 그리스도를 통하여 나타난 하나님의 계명이다.

다섯째, 본회퍼의 평화론은 십자가신학(theologia crucis)에 근거한 제자직(Nachfoge. Discipleship)의 평화론이다. 십자가신학은 본회퍼 평화신학의 신학적 근거이다. 예수를 따른다는 것은 자기 십자가를 지는 일이다. 십자가는 고난을 의미한다. 따라서 예수 그리스도를 따르는 제자의 길은 고난의 길이다. 평화를 실현하는 길은 그리스도를 뒤따르므로 성립된다. 본회퍼는 제자직의 부름은 예수의 수난성과 밀접하게 연관되었다고 주장한다.[33]

여섯째, 본회퍼의 평화사상은 그의 대리사상과 책임윤리에 근거하여 있다. 대리(Stellvertretung)와 책임(Verantwortung)은 본회퍼 신학

---

33) Dietrich Bonhoeffer, Nachfolge. DBW 4. Gütersloh, 1987, 77-85.

사상의 핵심개념이면서 평화사상을 이해하는 열쇠가 된다. 본회퍼는 예수 그리스도를 타자를 위한 존재로 교회를 타자를 위한 교회라고 하였다. 예수가 구세주가 된 것도 대리적 행위 때문이다. 기독교인의 삶은 하나님 앞에서 하나님을 위하여 이웃 앞에서 이웃을 위한 책임적 행위이다. 평화의 실천도 책임적 행위를 통해서 이루어진다. 본회퍼는 1934년 파뇌의 「평화설교」에서는 평화를 하나님의 계명과 그리스도의 현존으로 1937년대 후반 『나를 따르라』에서는 비폭력저항을 주장하였다. 그러나 1940년대 『윤리학』, 『저항과 복종』(옥중서간) 등에서 그의 사상적인 발전을 찾아 볼 수 있다. 『윤리학』에서는 계명의 구체성과 상황성, 현실, 책임의 개념과 연관되어 파악될 수 있다. 1938년 이후 독일에서는 모든 독일인의 이름으로 자행된 살인적인 유대인 배척주의, 군국주의, 민족주의를 내세우는 정치적 상황이 전개 되었다. 본회퍼는 더 이상 원칙적 평화주의를 고수할 수 없었고 상황에 의존하는 상황적 평화주의를 택할 수밖에 없었다. 여기에서 평화주의적 준칙은 더 이상 비폭력이나 무저항일 수 없었다. 하나님의 계명인 평화는 구체적으로 현실에 적합하게 정치적·책임적 모습으로 실현된다. 평화는 "오늘" "여기에서" "우리들 사이에서" "예수 그리스도 안에서 하나님의 현실이 이 세계의 현실로 들어온" 그리스도의 현실에 참여함으로써 이루어진다.[34] 본회퍼의 "직접적·정치적 행동"은 히틀러 암살계획에까지 나아갔다. 이 저항은 기독교인의 신앙의 결단에서 오는 정치적 책임의 행위였다. 구체적 상황에

---

34) Dietrich Bonhoeffer, Ehik DBW 6,87ff.

서 내린 그의 결단은 평화의 실천을 위한 이웃과 오고 있는 다음 세대를 위한 책임적 행위였다.

1930년대 초에 평화주의를 주장하였던 본회퍼가 1940년대 초에 히틀러 암살단에 가담한 것은 평화주의를 포기한 것이 아니라 구체적인 신의 계명에 순종한 것을 의미한다. 본회퍼는 일찍이 말하였다. "계명은 구체적이어야 한다. 그렇지 않으면 계명이 아니다. 하나님의 계명은 지금 우리로부터 아주 특별한 어떤 행동을 요구한다. 그리고 교회는 이것을 회중에게 전파하여야 한다."

본회퍼는 "히틀러는 전쟁을 의미한다"고 말한 바 있다. 평화를 위한 기독교 교회의 사업이 전쟁의 종식과 극복을 뜻한다면, 본회퍼의 결단의 행위는 구체적이고 신적인 계명에 순종하는 행위로 이해할 수 있을 것이다. 본회퍼의 신학과 평화사상은 그의 삶 속에서 전기 후기의 단절이 아니라, "일치 속의 다양한 모습의 결단"이었다. 본회퍼는 교회의 정치적 책임의 모습을 다음과 같은 말에 극명하게 잘 표현하였다. 교회와 기독교인은 "바퀴 아래 깔린 희생자에게 붕대를 감아주는 것뿐만 아니라 바퀴 자체를 멈추게 하는 것이다."[35] 피 흘리는 일을 중지시키기 위하여 "미친 운전수"인 히틀러를 제거하려 한 것이다.[36] 따라서 본회퍼가 히틀러의 암살계획에 가담한 행위는 저항권과 그의 책임윤리적인 관점에서 이해하여야 한다.[37]

---

35) Dietrich Bonhoeffer, Berlin 1932-1933. DBW 12, Gütersloh 1997, 353.
36) 유석성, 「디트리히 본회퍼」, 『현대신학을 이해하기 위해 꼭 알아야 할 신학자 28인』, 대한기독교서회, 2001, 203-204
37) 유석성, 「본회퍼 평화주의와 정치적 저항권」, 『神學思想』 91. 1995 겨울, 45.

## 4. 본회퍼 평화사상에서 저항권과 책임윤리의 문제

평화주의자인 본회퍼가 히틀러 암살모의에 가담한 행위를 어떻게 볼 것인가. 이 문제는 두 가지 관점에서 이해하여야 한다.

첫째, 폭력과 비폭력의 시각에서가 아니라 저항권의 관점에서 이해하여야 한다. 평화연구에서 또 평화 실현과정에서 직면하게 되는 문제가 폭력의 문제이다. 폭력의 문제를 이야기할 때 두 가지 핵심적 문제가 제기된다. 첫째, 폭력적 방법인가 아니면 원칙적 비폭력인가, 둘째, 폭력과 저항권의 문제이다.[38] 이 문제를 논의할 때 원칙적인 폭력의 포기인가, 아니면 폭력사용이 최후의 비상수단(ultima ratio)으로 허용되는 문제인가 하는 것이 논의되어 왔다.

평화는 궁극적으로 폭력, 구조적 폭력의 제거에 있다. 평화는 폭력으로부터의 해방, 즉 폭력으로부터 자유한 곳에 있다. 이 폭력으로부터 자유는 탈정치화(Entpolitisierung)나 권력에 대한 포기를 의미하는 것이 아니다. 언어상으로 폭력(violence, Gewalt)과 권력(power, Macht)은 아주 분명하게 구별되기 때문이다. 권력은 힘의 정당한 사용을 의미하고, 폭력은 힘의 정당하지 못한 사용을 의미한다.[39] 폭력의 문제는 폭력인가 또는 비폭력인가의 양자택일의 문제가 아니라 정당

38) Yu, Suk-Sung, CG, 88.
39) J. Moltmann, Der Weg Jesu Christi, Christologie in messianischen Dimensionen, München, 189, 150.

한 권력의 사용인가 아니면 정당치 못한 권력의 사용인가에 따른 판단의 표준의 문제이다.[40] 폭력의 대립은 비폭력에서가 아니라 정의 (Gerechtigkeit)에서 성립된다. 폭력의 척도는 정의에 있다.

폭력을 어떻게 극복할 것인가. 이 문제를 놓고 서구의 신학자들은 예수의 산상수훈(마 5:38-48)의 말씀에서 그 해결방법을 찾는 논의를 하여 왔다. 예수의 산상설교의 중심은 비폭력을 통한 폭력의 극복, 폭력으로부터의 해방과 자유이다. 원수사랑을 통한 적대감의 극복 이다. 평화를 창조함으로써 적대관계의 극복을 말한다. 보복을 하지 말라(마5:38-42)는 예수의 말씀은 그 동안 폭력의 포기(Gewaltverzicht) 로 간주되어 왔으나 이것은 폭력의 포기가 아니라 폭력으로부터 자 유스러운 것(Gewaltfreiheit)를 의미한다.[41] 따라서 평화의 실현은 비 폭력적 방법에 있으나, 이 비폭력의 방법은 비폭력무저항을 의미하 는 것이 아니다.

히틀러 암살단에 가담한 본회퍼의 결단과 행위도 저항권의 관점 에서 보아야 한다.[42]

저항권(Widerstandsrecht/right of resitsance)이란 무엇인가. 일반적으로 저항권은 "민주적 · 법치국가적 기본질서 또는 기본권 보장의 체계 를 위협하거나 침해하는 공권력에 대하여 주권자로서의 국민이 민 주적 · 법치국가적 기본질서 또는 기본권 보장체계를 위협하거나 침 해하는 공권력에 대하여 더 이상의 합법적인 대응수단이 없는 경우

---

40) J. Moltmann, Das Experiment Hoffnung, München, 1974. 153.
41) Ibid.
42) Vgl., Yu Suk-Sung, CG, 88ff

에 주권자로서의 국민이 민주적·법치국가적 기본질서를 유지 회복하고 기본권을 수호하기 위하여 공권력에 저항할 수 있는 최후의 비상수단적 권리를 말한다."[43] 중세의 교회에서는 기독교의 자연법에 근거하여 저항권을 받아들였다. 토마스 아퀴나스는 한계상황에서 폭군살해를 허락하였다. 루터도 극단적인 경우 저항할 것을 언급하고 저항을 위한 신적 계명을 말하였다.[44] 1560년 작성된 스코틀랜드 신앙고백 14조에도 "무죄한 자의생명을 보호하고 폭정에 저항하며 억압을 받는 자를 돕는다"[45]고 말하고 있듯이 무죄한 자의 피를 흘리게 하는 폭군이나 폭정, 불의에 대해서는 항거할 의무가 있다. 칼바르트도 이 14조 "폭정에 저항하는 것"의 해설에서 무죄한 자의 피흘림을 허용하지 않는 것이 "살인하지 말라"는 계명을 성취하는 것에 속한다고 하였다.[46] 사랑 안에서 수행하는 예수 그리스도에 대한 신앙은 우리의 적극적(정치적) 저항을 불가피한 필연적인 것으로 만든다.[47] 정치적 권력의 오용에 저항하기 위하여 필요한 경우에는 폭력사용은 이웃과 국가를 위한 책임의 틀 속에서 계명이 된다.[48] 명백한 폭정과 폭군에 대하여 기독교 전통에 따라 세운 신학적 근거에서 저항

---

43) C.Creigelds, Rechtswörterbuch, 3.Aufl., München, 1973. 1315 참조. 권영성, [헌법학원론] (서울:법문사, 1995) 76. 재인용. 저항권에 관하여 : E.Wolf. Wirderstandsrecht, RGG. Bd.6, 3.Aufl. s.168ff. E.Wolf. Sozialethik. Theologische Girundfrangen. Güttingen 2. Aufl.982. 권영성. 헌법학원론, 76ff.

44) Jürgen Moltmann, Das Experiment Hoffnung, 154f.

45) K.Barth, Gotteserkenntnis und Gottesdienst nach reformatorischer Lehre, Zürich, 1938. 21.

46) Ibid., 213.

47) Ibid., 214.

48) J.Moltmann, Das Experiment Hoffnung, 156.

에 대한 의무와 권리가 정당화된다.

본회퍼의 저항과 폭력사용은 처음부터 정상적인 상황에서 행하여
진 것이 아니라 마지막으로 비상시에 행하여진 것이다.[49] 처음의 수
단(prima ratio)으로 한 것이 아니라 최후의 수단(ultima ratio)으로 한 것
이다.

둘째, 본회퍼의 히틀러 암살음모에 가담한 행위를 책임윤리적 시
각에서 이해하여야 한다. 책임의 개념은 본회퍼가 히틀러를 제거하
기 위해 참여한 모반행위를 이해하는데 열쇠가 되는 개념이다.[50]

본회퍼는 신학계에서는 처음으로 책임윤리의 문제를 제기하였
다. 1941년 여름부터 1942년 초 사이에 쓴 윤리 가운데 "책임적 삶
의 구조"에서 책임윤리 문제를 다루었다.[51] 본회퍼는 이때 히틀러
암살음모를 계획의 과정에 있었으며 모반의 행위의 정점에 있을 때
책임과 책임윤리 문제를 썼다.[52] 본회퍼는 그의 책임윤리를 신학적
이며 그리스도론적으로 해명하는데, 여기에 중심 개념은 대리사상
(Stellvertretung), 현실 적합성(Wirklicheitsgemäßheit), 죄책을 받아들임
(Schuldübernahme), 자유(Freiheit)이다.[53]

49) W. Maechler, "Von Pazifisten zum Widerstandskämpfer. Bonhoeffer Kampf für die En-
trechteten", in : Die Mündige Welt, I, 92.

50) W. Huber, Protestantismus und Protest, 40.

51) 본회퍼의 책임윤리에 관하여 다음을 참조할 것. Yu, Suk-Sung. Christologische Grun-
dentscheidungen bei Dietrich Bonhoeffer, Tübingen, 1990. 131-136(이하CG)

52) Vgl., E. Bethge, "Bonhoeffers Weg von 'Pazifismus' zur Verschwöroung", in : H. Pfeifer
(Hg.), Friede-das unumgängliche Wagnis, Die Aktualität der Friedensethik Dietrich Bon-
hoeffers, München, 1982, 119ff.

53) Dietrich Bonhoeffer, Ethik 238-278

본회퍼는 추상적 법칙윤리 결의론, 의무론적 윤리를 거부하고 책임윤리를 주장하였다. 그의 책임윤리는 그리스도가 성육신한 이 세상의 현실에서 세상을 위한 책임적인 삶을 말한다. "이 세상은 예수 그리스도 안에서 예수 그리스도를 통하여 우리에게 주어진 구체적인 책임의 영역"이기 때문이다.[54] 본회퍼의 책임은 철저하게 신학적이요, 그리스도론적이며, 예수 그리스도를 통하여 우리를 향하여 하시는 하나님 말씀에 응답함으로써 사는 응답구조이다.

본회퍼에 의하면 책임적 삶의 구조는 인간과 하나님에게 속박(Bindung)되어 있다는 것과 자기의 삶이 자유(Freiheit)하다는 것의 이중적으로 규정된다.[55] 본회퍼는 책임이란 속박과 자유가 밀접하게 결합되어 있을 때 존재하게 된다고 하였다.[56] 속박은 대리행위와 현실적 합성의 형태를 취하며, 자유는 삶과 행위의 자기검증과 구체적인 결단의 모험에서 증명된다. 책임은 대리행위에 근거하고 있다. "대리적 삶과 행위로서 책임은 본질적으로 인간과 인간에 대한 관계이다. 그리스도는 인간이 되었고 따라서 인간을 위한 대리적 책임을 지녔다."[57] 예수 그리스도의 삶은 책임적 삶으로 대리행위의 근원과 본질과 목적이다. 책임은 타자를 위한 삶과 행위이다.

한걸음 더 나아가서 책임은 죄책을 받아들이는 것이다. 죄 없는 예수 그리스도가 그의 형제의 죄를 대신 짊어지신 것은 타인에 대한

---

54) Ethik, 247
55) Yu, Suk-Sung, CG., 127-136.
56) Ethik, 238.
57) Ethik, 240.

관심과 형제에 대한 사심 없는 사랑이며 책임적 행위이다. 이 책임적 행위는 본회퍼에 의하면 현실에 적합한 행동이다. 이것은 주어진 구체적 책임의 영역에서 예수 그리스도 안에, 예수 그리스도를 통하여 역사적으로 현실적 상황에 적합한 행위여야 한다. 본회퍼의 책임윤리는 개인윤리가 아닌 공동체의 윤리이며, 사회윤리이다. 본회퍼는 교회의 정체적 책임의 모습을 다음과 같은 말로 극명하게 잘 표현하였다. "바퀴 아래 깔린 희생자에게 붕대를 감아주는 것뿐 아니라 바퀴 자체를 멈추게 하는 것이다."[58] 따라서 본회퍼가 히틀러의 암살 음모에 가담한 행위는 저항권과 그의 책임윤리적인 관점에서 이해하여야 한다.[59]

## 5. 본회퍼 평화론의 오늘의 의미

본회퍼 기독교 평화론은 오늘 우리에게 무엇을 말하는가?

첫째, 평화를 위하여 정의를 실현하는 것이다. 기독교 평화는 정의로운 평화이며 본회퍼는 평화에 헌신하는 것이 기독자의 참된 모습으로 보았다. 오늘 교회가 정의와 평화를 실천해야 될 것이다. 본회퍼가 평화는 정의와 진리가 확립되는 곳에 건설된다고 하였듯이 정의를 실현하는 것이 평화를 실현하는 걸이다. 평화는 정의의 실현을 통하여 구체화된다. 사회정의를 실현하는 것이 평화를 실현하는 것

---

58) Gesammelte Schriften Ⅱ, 48.
59) Yu, Suk-Sung, CG, 185.

이다.

오늘 세계가 당면한 테러와 전쟁의 극복문제는 빈곤의 문제와 사회정의문제를 해결하지 않고는 안 된다. 코피 아난 유엔사무총장이 노벨평화상 수상연설에서 한 말은 이 시대 평화의 과제를 위해 깊이 새겨볼 말이다. "인류평화는 빈곤퇴치, 분쟁예방, 민주주의 발전 없이는 이룰 수가 없습니다." 평화실현의 첫걸음은 가진 자와 못가진 자의 문제를 구조적으로 해결하고, 미국을 위시한 가진 자가 나눔을 실천하여 빈부의 격차를 줄여야 한다. 오늘의 테러의 문제는 빈곤의 문제를 해결하여야 극복될 수 있다. 북한의 식량난을 인도적 견지에서라도 도와야 한다.

둘째, 전쟁을 반대하고 비폭력 방법으로 평화를 실현하는 것이다. 여기에는 많은 희생이 뒤따를 수 있고 비폭력의 길은 고통과 희생과 십자가의 길이 될 것이다.

오늘 세계는 보복전쟁 속에 있다. 테러와 폭력의 근절은 보복전쟁을 통해서 해결 될 수 없다. 폭력과 전쟁은 또 다른 폭력을 가져오기 때문이다. 폭력은 폭력을 낳고, 보복은 보복의 악순환을 가져오고 피는 피를 부른다. 평화에 이르는 길은 무력이나 보복으로 이루어질 수 없고, 정의로운 전쟁이란 있을 수 없다.

평화의 길은 비폭력의 길이다. 비폭력의 길은 고통과 희생과 십자가의 길이다. 비폭력 방법은 위대하지만 그 길을 사는 사람은 죽음의 길을 가는 것을 각오해야 한다. 비폭력적 방법은 약한 것 같으나 강한 방법이며, 지는 것 같으나 이기는 길이다. 폭력적 방법은 어두움의 세력들이 사용하는 방법이요, 비폭력은 빛의 자녀들이 사용하는 방법이다. 폭력은 생존자에게는 비참함을, 파괴자에는 야수성을 남겨주고 마침내 그 자체를 파괴한다. 미국 대통령이었던 케네디는 이렇게 말한 바 있다. "인류는 전쟁을 종식시켜야 합니다. 그렇지 않으면 전쟁이 인류를 종식시킬 것입니다."

테러의 극복 방법은 테러로서는 해결할 수 없고 평화는 폭력적 방법으로 해결할 수 없다. 평화학자 요한 갈퉁은 "평화적 수단에 의한 평화"를 주장한바 있다.[60] 본회퍼가 평화는 위대한 모험이라고 하였듯이 평화의 길은 험한 길이다.

셋째, 오늘 동아시아에 있어서의 문제는 동아시아 문제인 동시에 세계평화와 직결되는 문제이다. 한·중·일에서는 동북아시아의 평화문제는 동아시아인의 생존의 문제인 동시에 세계평화와 직결된 일이기도 하다. 한·중·일에서는 북한 핵문제, 한·일간의 독도문제, 일본의 역사교과서 왜곡문제, 일본의 고이즈미 총리의 야스쿠니 신사참배로 나타난 신군국주의 기도(企圖), 중국의 고구려사를 중국역사로 편입시키고자 하는 동북공정(東北工程) 등이 한·중·일 삼국 간에 현안문제로 제기되고 있다. 동아시아가 함께 공존하려고 하면 동북아의 역사문제를 바로 잡고 비핵, 평화를 실현해야 한다.

동아시아 3국은 평화와 공존을 위해 본회퍼로부터 무엇을 배울

---

60) Johan Galtung, Peace by Peaceful Means, 1996. 요한갈퉁, 『평화적 수단에 의한 평화』, 강종일외 옮김, 들녘, 2000.

수 있으며 어떤 교훈을 얻을 수 있겠는가? 역사적 잘못을 바르게 인식하고 참회하여야 한다. 본회퍼가 죄의 인식(Schulderkenntnis)과 죄의 고백(Schuldbekenntnis)을 강조하였듯이[61] 과거의 역사적 과오를 바르게 인식하고 철저하게 반성하고 참회하여야 한다. 잘못을 참회하려면 먼저 잘못을 바르게 인식하고 깨달아야 반성과 참회를 바로 할 수 있다. 지나간 역사에 대한 정리가 되어야 평화공존이 가능하다. 지나간 역사에 대한 반성과 사죄가 동아시아의 선린과 평화공존을 위한 선결 사항이다.

일본인들은 그들이 행한 침략과 학살에 대하여 반성과 사죄와 참회를 하기는커녕, 오히려 자기들이 행한 잘못을 은폐·왜곡·미화시키고 있다. 그들은 역사적 과오에 대하여 형식적인 사과의 말 몇 마디만 하고, 잊을 만하면 또 다시 신 군국주의와 패권주의를 꾀하는 망언을 하고, 한국영토인 독도를 일본영토라고 주장하고, 후손을 교육시키는 역사교과서마저 왜곡시키는 일을 하고 있다.

중국의 동북공정의 결과물로 고구려사를 중국역사에 편입시킨 논문들이 발표되고, 마라도 남방에 있는 이어도를 중국이 한국영토로 인정하지 못하겠다고 보도되었다. 일본은 독도를 일본영토라고 억지 주장을 하고 북한은 핵실험을 하고, 일본은 이것을 신군국주의 건설의 구실로 삼고 있다. 이러한 때 본회퍼로부터 평화에 대한 올바른 가르침을 배워야 할 것이다. 세계는 부익부 빈익빈의 심화되는 빈곤의 세계화의 현상이 나타나고 있다. 20대 80이라는 말이 잘 나타내

---

61) Dietrich Bonhoeffer, Ehik, DBW 6, 125ff.

주듯이 강대국을 위한 세계화가 이루어지고 있다. 한반도에는 현재 분단된 상태로 휴전협정이 발효되는 상태다. 한반도는 휴전협정을 평화협정으로 바꾸고 마침내는 평화통일을 이루어야 할 과제를 안고 있다. 이러한 때 한국교회와 기독교인은 평화수행을 자기 십자가를 지고 예수 그리스도를 따르는 길로 이해를 하여야 할 것이다.

인류의 분쟁의 원인이 이데올로기보다 인종과 종교 갈등에서 일어나고 있다. 인류 평화를 위해 종교 간의 협력을 하면서 평화문화를 만들어가야 할 것이다.

본회퍼가 평화를 하나의 위대한 모험이라고 말한 것처럼 오늘 우리는 평화를 예수님의 처신에서 고난과 죽음을 각오하고 평화를 실천할 때 진정한 평화가 이루어질 것이다.

## 결 론

함석헌과 본회퍼는 1901년 1906년 동양과 서양, 한국과 독일에서 거의 같은 시기에 태어나 평화를 위한 투쟁의 삶을 살았다. 그들은 "싸우는 평화주의자"였다. 본회퍼는 20기 전반기를 살고(39세) 함석헌은 본회퍼보단 2배를 더 살았다.(88세) 본회퍼는 히틀러의 나치에 대한 투쟁을 하다가 처형되었고 함석헌은 그의 삶을 군사독재에 항거하며 평화를 위한 투쟁을 하였다.

두 사람의 공통점은 평화에 대한 근거를 종교적 가르침에 두고 있다. 본회퍼가 기독교에 만 머무르는 기독교 평화주의라면, 함석헌은 기독교, 힌두교, 노장의 도가사상을 아우르는 종교적 평화주의이다.

함석헌은 평화를 생명과 필연과 역사의 절대 명령으로 보았고, 본회퍼는 평화를 하나님의 명령과 그리스도의 현존이라고 하였다. 함석헌과 본회퍼 모두 비폭력저항을 주장하였다. 오늘날 요한 갈퉁이 제시한 "평화적 수단에 의한 평화"를 말한 평화다.

그러나 이들은 저항권이나 책임윤리적 방법이라고 할 수 있는 최후의 수단(ultima ratio)으로서 항거의 방법, 물리적 수단을 인정한다. 함석헌은 이렇게 말한다. "모르긴 몰라도 사람을 포악무도하게 죽이는 것을 당하면 나도 총 들고 나갈지도 몰라 … 다른 사람이 아닌 간디를 읽어보면 아주 그 점이 잘 밝혀지는 것이 있어요."[62]

본회퍼의 미친 운전사 이야기에서도 이것은 같은 이야기이다. 함석헌은 최후의 수단의 방법을 취하지 않았지만 본회퍼는 최후의 수단의 방법으로 미친 운전수인 히틀러를 암살하고자 하였던 것이다.

함석헌이나 본회퍼 모두 평화는 전쟁이나, 군비확장으로 실현되지 않는다고 하였다. 오늘 미국의 이라크 침공과 북한의 핵실험으로 야기된 한반도의 문제를 해결하는데 함석헌과 본회퍼의 평화론은 세계평화를 이룩하는 데 인류를 살리는 해결책이 될 것이다. 비핵화만이 인류를 살리는 길이 될 것이다. 함석헌과 본회퍼의 평화론은 "더 이상 전쟁을 연습하지 않고 칼을 쳐서 보습을 만들고 창을 쳐서 낫을 만드는"(이사야2:4) 세계를 만들 수 있을 것이다.

---

62) 「씨올의 소리, 씨올의 사상」, 함석헌전집, 14. 384.

오늘의 세계평화를 위협하는 것은 종교와 인종과 각국의 경제적 이해관계, 세계유일 초강대국인 미국의 패권전략이다. 한스 큉이 "종교의 평화 없이는 세계평화도 없다. 종교의 대화 없이는 종교의 평화도 없다"고 말한 바 있다.[63] 함석헌의 종교적 평화론은 종교간. 인종간의 평화를 실현하는데 기여할 수 있을 것이다.

본회퍼의 기독교 평화론은 정의와 평화에 대한 기독교인과 교회의 책임의 길을 제시한 기독교평화주의다.

(씨올의 소리 2006년 11·12월호)

---

63) Hans Küng, Projekt Weltethos, München, 1990, 13.

# 정의와 평화윤리

유석성

2016년 8월 30일 초판발행

발행처: 서울신학대학교 출판부
발행인: 유석성

등 록 : 1988년 5월 9일 제388-2003-00049호
주 소 : 경기도 부천시 소사구 호현로 489번길 52(소사본동)서울신학대학교
전 화 : (032)340-9106
팩 스 : (032)349-9634
홈페이지 : http://www.stu.ac.kr
인쇄·홍보 : 종문화사 (02)735-6893
정 가 : 20,000원
©2016, Seoul theological university press printed in korea
ISBN : 978-89-92934-82-4  93190

「이 도서의 국립중앙도서관 출판예정도서목록(CIP)은 서지정보유통지원시스템 홈페이지
(http://seoji.nl.go.kr)와 국가자료공동목록시스템(http://www.nl.go.kr/kolisnet)에서
이용하실 수 있습니다.(CIP제어번호 : CIP 2016021155」